大展好書　好書大展
品嘗好書　冠群可期

大展好書　好書大展

品嘗好書·　冠群可期

陳式太極拳 ⑮

陳式太極拳 老架

王西安 著

大展出版社有限公司

太極歌訣

虎膽英雄照丕公，獨闖北平戰群雄。

首出家門豎旗幟，從此太極更威名。

普及南京陝甘寧，又下豫東到開封。

風塵漂泊三十載，忙裡偷閒著述豐。

年邁歸故享清閒，太極正逢青黃年。

風霜雨雪教眾徒，夜星當空守著練。

喜看後繼滿鄉里，拈鬚長吟樂無邊。

今日太極傳四海，功在丕公萬世傳。

【注釋】

照丕公、丕公——指陳式太極拳第18代傳人陳照丕先生。

陳式太極拳第18代傳人
陳照丕（右）、
陳照奎（左）

2005年作者（前）在法國毛里翁市教授陳式太極拳

2006年王西安拳法研究會名家點評組成員在大會主席台上（左起
張福旺、陳二虎、王戰軍、王西安、王戰海、閻素杰、張保忠）

作者在向學生們示範開中寓合動作

2006年作者（前排坐者）與全國部分入門弟子合影留念

2001年作者在西班牙幫補路那市教拳（學員達數百人）

作者在做太極拳示範動作

作者（右）與師弟陳正雷在一起

作者（右）在向學生講解六封四閉拿法

作者簡介

　　王西安是當代陳式太極拳代表人物，陳式太極拳「四大金剛」之一，享譽世界的太極拳王。現任陳家溝武術院院長，中國民間武術家聯誼會會長，焦作市武術協會副主席。他是國內外50多個武術團體的會長、顧問或總教練。

　　他出生於太極拳發源地陳家溝。自幼隨陳式太極拳大師陳照丕和陳照奎習練太極拳，前後20多載，掌握了陳式太極拳的精髓。他的套路演練舒展大方、形神兼備。他的技擊功夫極好，跌打擲放，迅、猛、靈、脆，威力驚人。

　　1972年，他開始參加比賽，先後20多次獲得全國和河南省太極拳套路和推手比賽冠軍。他是首屆全國太極拳推手錦標賽冠軍，首屆全國太極拳名家邀請賽冠軍。

　　1983年，他開始出國講學傳拳。他的足跡已經遍及30多個國家和地區。他是第一個應邀出國傳拳和將陳式太極拳傳到日本與歐洲的陳式太極拳大師。他的200多個入門弟子都是全國或河南省太

極拳比賽的冠軍，他的弟子的弟子獲得全國或河南省太極拳比賽冠軍者不計其數。他的外籍弟子獲得中國或本國太極拳比賽冠軍者不勝枚舉。

他勤於筆耕，先後出版了《陳式太極拳老架》《陳式太極拳推手技法》《陳式太極拳老架技擊秘訣》《陳式太極拳新架一路》、《陳式太極拳新架二路及單刀單劍》等太極拳著作。

他的著述中處處閃現其對運動走勁的獨特感悟，初學者細讀可粗窺門徑；有志者循序漸進，可達精妙之境。他還錄製了9種陳式太極拳套路演練光碟。他的著作和光碟均在國內外發行。他已入選《中國武術家名典》《東方之子》《中國名人錄》等。

序　言

　　王西安和我交往多年，關係一直十分密切。在其著述出版之際，我很高興說幾句話。

　　王西安是陳式太極拳第19代傳人中最優秀的代表。他不僅自己功夫甚好，而且過去在任河南省溫縣陳家溝大隊黨支部副書記、陳家溝太極拳學校校長期間，為陳家溝新時期太極拳事業的發展出了很大力。陳照奎先生和我，作為陳式太極拳第18代傳人，都受其邀請到陳家溝授拳傳藝。

　　今陳照丕、陳照奎先生俱已仙逝，我也年事已高，西安輩正值拳業黃金時期，看其武德、技藝卓爾，很感欣慰。

　　練拳者千人萬人，成手者一人半人。能夠成為一代拳家，不僅要有明師指點，自己勤學苦練，還要看自己的悟性。

　　太極拳的理論博大精深，招勢變幻神秘莫測，悟性不好不行。在我看來，王西安的成功要緊的也在悟性好。其著述中處處閃現其對運動走勁的獨特感悟，讀了十分欣喜。

　　練拳如逆水行舟，要一步一步奮力向前，由大
圈到小圈，有形歸於無跡，以達爐火純青、登峰造極
之「太極」真境界。我寄希望於西安晚輩，預祝他不
斷取得新成績。

馮志強

1992年5月

自　序

　　余自幼在陳家溝長大，受村中尚武之風影響，加之生性喜愛拳棒，所以很小就迷上了陳式太極拳。幸為陳式太極拳第18代傳人陳照丕、陳照奎老先生錯愛，口授身傳，使余得以真訣，領略了陳式太極拳的點滴玄妙。

　　俗話說：「師傅引進門，修行靠自身。」雖然余長期以來刻苦研練，不敢須臾怠慢，深恐有負先師教誨，然則終因才疏學淺，未成大果，每念先師，慚愧難當。

　　余時刻不忘兩位老先生在世時再三告誡：「一定要推陳出新，繼承發展陳式太極拳」，把它當作自己終生奮鬥的事業。所以不敢妄自菲薄，決心不恥淺陋，吸取前賢精華，結合自己的實踐、理論探索，一邊學習，一邊著述。

　　太極拳的理論比較抽象，套路動作不少地方只可意會，難於準確表達，一些當面可以講明白的道理，形成文字卻千言難述其妙。這是所有拳家著述都會遇到的難題。余雖竭盡全力，也只能掛一漏萬，不

足之處還望同好不吝賜教，多提寶貴意見。

在本書寫作過程中得到著名陳式太極拳家馮志強先生的多次鼓勵。第八章攻防動作陪練由弟子張保忠擔任，閻素杰、李利清、宋振偉為本書修訂再版校對書稿，在此一併致謝。

王西安

2006年10月於陳家溝武術院

目　錄

第一章

概　述

一、陳氏始祖歷史推源

　　陳家溝陳氏始祖陳卜，於明洪武五年（1372年）遷居河南懷慶府，至今已有六百餘年歷史。關於陳卜的歷史淵源，各執己見，眾說紛紜。到底他原籍在哪裡、家鄉在何處，一直是個未解的謎團。

　　據陳氏家譜記載：始祖陳公諱卜，於明洪武五年由原籍山西省澤州府東土河村攜眷避遷洪洞。先是明元逐鹿中原時期，明太祖屢戰懷慶不下，定鼎後曾血洗懷慶，人煙幾乎絕滅，繼遷晉民填補。故我始祖在避遷中，又由洪洞被迫遷至沁陽東南三十里之野，結廬居也。始祖為人忠厚，兼精拳藝，頗受時人所推崇，而以其名命其居處曰陳卜莊，住二年又全家遷居溫縣城東十里之常陽村。後因人丁繁衍，村名易為陳家溝（1976年12月修）。

《陳式太極拳圖畫講義》（陳鑫著）中有一段
敘述道：我陳氏自陳國支流山左派，衍河南始於河
內，而卜居繼於蘇封定宅，明洪武七年（1374年）
始祖諱卜，耕讀之餘，而以陰陽運轉周身者，教子
孫以消化飲食之法理根太極，故名曰「太極拳」
（中華民國二十二年四月初版）。

《陳氏太極拳匯宗》（陳照丕著）自序中有一
段道：「明洪武七年，余始祖卜，由山西洪洞縣
大槐樹遷居河南溫縣常陽村。因我族生嗣繁衍，遂
以陳家溝易名；西距城十里；背負一嶺，名為清風
嶺。當時內匪匪類甚多，擾劫村民，官兵莫敢捕。
余始祖以夙精太極拳，慨然奮起（中華民國二十四
年十月初版）。

《陳氏世傳太拳術》（陳子明著）自序中有一
段道：自我九世祖王廷公創始太極拳術，下逮子
明，已及八世，其間名手輩出（中華民國二十一年
十二月三十日初版）。書中未曾提到始祖之詞。

在《太極拳源流考》中唐范生略提到陳卜，其
意說陳卜不是太極拳創始人。創始人應該是陳王
廷。

1986年前，我在翻閱陳鑫著的《陳式太極拳
圖畫講義》（手抄本，中華民國五年八月中秋五日
品三）時，看到自序中有一段：「始祖陳公諱卜，

山西晉城澤州郡東土河村」。

　　看過之後，我又細心地查閱了陳氏前輩的所有資料，所述各有不同。有的說「澤州郡」，有的說「澤州府」，有說「東土村」，有說「東土河」；有的說陳卜時期人們就會練太極拳；有說陳王廷創始太極拳。此處先不論誰是創始人，且說看過陳鑫手抄稿之後，每當想起總是有點含糊，總想弄個究竟。由於工作忙碌，一晃數年已過。

　　1998 年秋，我與閻素杰、張保忠、張豆豆四人前往山西考察。一路上翻山越嶺，穿溝爬坡，經過幾天的尋找，終於在第三天找到了東土河村。我們先找到村支書郭智慧先生，講明來意後，他對我們的工作非常支持。

　　他笑著說道：「走，我領你們去見一個人，他是我們村的老幹部，對歷朝歷代最清楚，在我們村都叫他是『活字典』。」

　　出了他家向東又向南，沒多時就來到了這位老幹部家，經過支書的介紹，知道他叫郭延祥。老郭問我們是從哪裡來的，我們答：「河南陳家溝。」他一聽說陳家溝來人，笑著道：「陳家溝與土河村是一家人。」我們接著就切入正題，問他：「你怎麼知道陳家溝與貴村有淵源關係呢？」老郭伸手拿起桌上的茶杯，喝了口水，道：「說來話長。」

　　老郭說，這村比較古老，在元代前村裡就幾百口人，後經歷代爭戰，人口愈來愈少。特別到了明代洪武三年（1370年）之後，這一帶連年遭災，加上官府苛捐雜稅繁重，已是民不聊生。待到了洪武五年（1372年）春，這村外出逃荒要飯者更不計其數。

　　老郭說，這村中有一姓陳的老漢，他有三個兒子。有一天，老漢把三個兒子都叫到跟前說：「這個家你們是不能再待下去了，出外逃荒要飯也比咱們都餓死在一塊強。」三個兒子一聽便跪下哭著道：「爹，您年過六旬，應該是孩子們伺候您的時候了。我們怎能忍心自己逃命，扔下您不管？」陳老漢沉下臉道：「你大哥不走，留在家裡。老二、老三你們自個走。」隨即陳老漢到屋裡拿出個鐵鍋，照地上一摔，然後用手一指道：「你們兄弟三人各執一片。若能活下去，日後你們兄弟見面時以鍋片為證。」後來聽村中老人們一代代傳下來說：老三在沁陽邢郜，老二在常陽村（今陳家溝）。

　　我們又接著問道：「陳家在這村會不會練拳？」老郭道：「會。以前陳家還中過武舉呢，這人叫陳錦堂。不過遭荒年後就不練了。」談完後，老郭又領著我們到陳家祠堂舊址，找幾個80歲以上的老人給我們講陳家的歷史。他們和老郭講的都

是大同小異。臨走時老郭又給我們說：「你們如果有時間，到晉城市找一找陳富元，他是陳家輩數長、年歲大的人，對陳家歷史知道的也多些。」我們聽後隨即驅車前往晉城。

趕到晉城，天已是下午了。我們找了個熟人，領著我們找到了陳富元先生。講明來意後，陳富元對我們說，由於以前連年戰亂，記載基本都丟光了，只是陳門長者代代傳說：東土河村已有數百年的歷史，由於歷史的變遷，歲月流逝，家譜只能續到清末。前輩為了延續子孫萬代，陳家先祖曾為陳門啟用了「仲思自文玉、福廷云金和、景作元風殿、毅假良貞洪」這20個字譜，作為子孫續排傳用。我們問：「陳家溝與東土河村姓陳的有啥關係沒有？」陳富元道：「據歷代傳說，明代戰亂剛剛平息，苛捐雜稅愈來愈重，又加上那幾年災荒不斷，家族中曾有不少人背井離鄉，攜兒帶女逃荒到河南，後來傳說他們都在河南懷慶府邘邰、常陽村落戶了。」我們又問他：「你們陳家知道河南有你們陳姓同門，為什麼都沒人去看看？」陳富元道：「以前沒有公路，太行山層巒疊嶂，數十里沒有人家，若沒人結伴同行，遇見狼蟲虎豹那定是有去無回，誰敢去？不過，1965年2月初我們一行幾人去尋訪過。由於年代久遠，又缺少文字記載，一時難

以搞清楚。不過他們都知道自己是晉城人。」

　　第二天，為了弄清澤州郡、澤州府，東土村、東土河的問題。我們又走訪了晉城市史誌辦。他們說：「你們所查的資料歷史年代比較久遠，一時半刻搞不清楚，最好你們親自查。」

　　經過查閱，澤州名最早始於隋代，後經唐、宋、元、明、清、中華民國時期，略有變動。參考變動情況：

　　隋開皇三年（583年）取消郡的制度，以州轄縣。高平郡改為澤州。

　　唐高祖武德元年（618年）廢長平郡置澤州。

　　唐高祖武德二年（619年）撤丹川縣置晉城縣，晉城名由此始。

　　唐太宗貞觀元年（627年）澤州州治由端氏移至晉城。

　　唐玄宗天寶元年（742年）改澤州為高平郡。

　　宋高宗建炎二年（1128年），金太宗天會六年（1128年）改澤州為南澤州。

　　金海陵王天德三年（1151年）南澤州復改為澤州。

　　清世宗雍正六年（1728年）澤州改府。

　　中華民國三年（1914年）廢澤州府，改鳳台縣為晉城縣。

1983年，晉城縣改為晉城市（縣級市）。

1985年，晉城市改為省轄市。1996年晉城市郊區改為澤州縣。

晉城若干村名變異表正數第8行有：東土河村（原名東土蛾村），何時變異沒有記載。

晉城縣的基層行政區劃，明代以前無從詳考。明、清兩代均實行里甲制度。清代以來的里甲制度有較為詳細的記載。《山西通誌》記載：清雍正六年（1728年）鳳台縣劃為170裡，但未記載裡甲的具體名稱。

清乾隆四十七年（1872年）版《鳳台縣誌》及清光緒八年（1882年）版《鳳台縣誌》對鄉里名稱均有詳盡記載。

清乾隆時，全縣劃分4鄉、20都、171里（後改為150里）。鄉轄都，都轄里。城內設10坊。關邊設9廂。4鄉中立南鄉，下轄26里、347莊，東土河村則在其中。

東土河村概況：東土河，全村284戶，耕地面積1197畝。村內以陳、王、郭三姓為主。陳姓165戶。村東西長0.8公里，居住在面南坐北的山窪裡。村內老街比較狹窄，但全是青石條鋪地，由於年代久遠，雨水沖刷，長年失修，如今變得有些凹凸不平。古老房屋處處可見，保存完好。歷代古跡

四處呈現，山青水綠，風光秀美。

　　村東頭，有兩棵老樹，一棵槐樹，一棵楊樹，數人環抱不能圍。由於年代久遠，兩棵樹螺旋形纏繞到一塊，彎曲前伸，由路南到路北又漫圓下垂，遠遠看去好像是一座人工搭成的大寨門。歲月流逝，樹幹中空，人們常在樹下乘涼，樹內避雨。

　　村西頭有座大廟，始於宋代，華麗精美。廟後緊靠青山，兩邊是溝，右邊叫圪里溝，左邊叫化角溝，溝內溪水流淌，長年不斷，聽到嘩嘩的溪水聲，清心悅耳。相傳，這座廟與晉城市廟及河南沁陽二仙廟相繼建立，後人稱這三座廟為姊妹廟。

　　望月壁，在廟的南邊，牆寬20餘公尺，高10餘公尺。影壁牆四周塑著四個彎腰神像，手執鐵鍊，個個齜牙咧嘴，人稱「四大天王」。中間塑了一頭大犀牛，更是精美別緻，在月光的反射下，地面可以現出牛影，故後人把它叫做「犀牛望月」。

　　村南邊山頂有座「珍珠塔」，50多公尺高，始於唐代。這座塔修造得更加精美，層層雕樑畫棟，各種圖畫琳琅滿目，在陽光的照耀下，五彩繽紛，華麗誘人，讓人流連忘返。

　　村西南山腳下，在青石板上有3眼吃水井，開挖於明代，井深3公尺，水至今仍清澈見底。在沒有先進工具的年代裡，石上開井絕非易事。這顯示

了東土河村人民的堅毅和智慧。

　　村西南的大山上，半山腰孤零零地伸出一塊大青石（3公尺多長，兩公尺多寬），遠遠望去像是一隻從山中向外爬出的烏龜，近看更是形象逼真。當地民謠道：「空騰龜天成，人誠龜更誠。踩踩龜身背，輩輩都富貴。踏踏龜脖頭，萬事不用愁。踩踩龜背腰，步步能升高。」

　　為弄清陳卜遷居陳家溝的歷史淵源，我曾去太原，下洪洞，三到晉城，三訪東土河村。調查所得，與陳鑫的《陳式太極拳圖畫講義》中所述相符。陳家溝陳氏始祖陳卜，實屬東土河村人氏。因作俚歌，以志紀念。

　　　　歷代澤州多爭戰，元明時期人更慘。
　　　　苛捐雜稅繁且重，饑荒年裡遭蝗蟲。
　　　　日午灶旁無炊煙，草根樹皮把肚填。
　　　　陳卜攜眷逃洪洞，又遇移民徙懷慶。
　　　　為撥迷霧深山訪，澄清淵源志氣揚。
　　　　歲月如煙空逝去，彈指一揮數百年。

二、陳家溝歷史推源

　　要弄清太極拳的來龍去脈，須弄清陳家溝的歷史演變。陳家溝的歷史要上溯到元代末年。元代的

統治者為了維護其腐朽統治，實行殘酷的政治壓迫和經濟剝削，給人民群眾帶來了深重的災難，更引發了元末農民大起義。安徽鳳陽人朱元璋率眾投奔紅巾軍，攻佔集慶，並於1367年派兵北伐，強渡黃河，統一了中國，但鎮守在河南懷慶府的元將鐵木耳卻堵住朱元璋的北伐部隊。

雙方在黃河北岸懷慶府屬地交鋒，一連打了多日，難分勝負。朱元璋心中十分惱火，便把火氣遷怒於懷慶百姓身上。他稱帝後，山西的一批皇綱在懷慶府溫縣境內耿莊附近一座橋上遇劫，幾個潰逃的明兵向上稟報，說是被懷慶府百姓打劫。

朱元璋聞訊大怒，又記起他在懷慶境內受到元將鐵木耳拼死抵抗的老賬，認為懷慶府內沒良民，遂密令大將常遇春率兵血洗懷慶府，在懷慶府所轄的沁陽、溫縣、孟縣（今孟州市）、武陟等地先後三次實行殘酷的血腥屠殺，致使方圓數百里人煙幾絕，萬頃良田荒蕪。

明洪武五年（西元1372年），朱元璋又下令由山西省洪洞縣向懷慶府屬地移民。移民中有一青年名叫陳卜，祖籍本在山凱撒州郡東土河村，時因家鄉連年遭災，逃荒到洪洞，與妻兒一起被捲入移民隊伍帶入懷慶府境內，在溫縣城東北10公里處落了腳，將此村取名陳卜莊。由於陳卜莊地勢低

窪，常受澇災，明洪武七年（1374年），陳卜闔家遷往常陽村。

此村位於陳卜莊東南的清風嶺上，南臨黃河，北負一嶺，旱澇保收。因村西有寺溝，村東有趙溝，村北有正北溝，三面環溝，隨著陳氏家族人丁繁衍，常陽村易名為陳家溝，直至新中國成立後，陳家溝所用的婚喪嫁娶用具上還寫著「占常陽」的字型大小。陳家溝位於今溫縣縣城正東約5公里處，居民仍以陳姓為主，村中居民現達2600餘人。

三、陳式太極拳的起源

陳氏始祖陳卜全家定居清風嶺上的常陽村後，勤勞耕作，興家立業。為了保衛桑梓不受地方匪盜危害，精通拳械的陳卜在村中設立武學社，傳授子孫習拳練武。

陳卜及其後代六代同居，計有第2代陳剛、第3代陳琳、第4代陳景元、第5代陳堂、第6代陳宗禮等人。到第7代陳思齊、陳思孔、陳思懷三兄弟時開始分家立業。陳思齊傳於第8代陳守身，又傳於第9代陳我讀、陳我講、陳我誦、陳我漠兄弟四人，再由陳我講傳於第10代陳汝信。陳氏另一支由第7代陳思懷傳於第9代陳撫民，由陳撫民傳於

第9代陳奏乾與陳奏廷二人。

陳王廷（約1600－1680年）又名陳奏廷，係明末文庠生、清初武庠生，文武雙全，曾隻身闖玉帶山，勸阻登封武舉李際遇叛亂，為清廷在山東平定盜匪立過戰功，在河南、山東負有盛名卻不被清廷重用。陳王廷報國無門，收心隱退，在耕作之餘，依據自己祖傳之一百單八式長拳，博採眾家之精華，結合陰陽五行之理，並參考傳統中醫學中有關經絡學說及導引、吐納之術，發明創造出了一套具有陰陽相合、剛柔相濟的新型拳術，包括太極拳五路、炮捶一路、雙人推手及刀、槍、棍、劍、鐧、雙人黏槍等器械套路。

從現有的陳王廷的《長短句》中，可以瞭解當時的一些情況：

歎當年，披堅執銳，掃蕩群氛，幾次顛險！蒙恩賜，枉徒然，到而今，年老殘喘，只落得《黃庭》一卷隨身伴。閑來時造拳，忙來時耕田，趁餘閑，教下些弟子兒孫，成龍成虎任方便。

欠官糧早完，要私債即還，驕諂勿用，忍讓為先。人人道我憨，人人道我顛，常洗耳不彈冠。笑殺那萬戶諸侯，兢兢業業不如俺。心中常舒泰，名利總不貪。參透機關，識彼邯鄲，陶情於魚水，盤桓乎山川，興也無干，廢也無干。若得個世境安

康、恬淡如常，不忮不求，哪管他世態炎涼，成也無關，敗也無關。不是神仙誰是神仙？

陳王廷老年能夠造拳，還與一個叫蔣發的武林高手是分不開的。陳王廷早年闖玉帶山李際遇山寨時，曾結識李際遇部下一名戰將蔣發，此人武藝也相當精湛，傳說腳快如飛，可百步追兔。李際遇被清政府鎮壓後，蔣發落難，投奔了陳王廷，以陳王廷為友為師，自己甘願為僕為徒，關係甚密，使陳王廷造拳有了切磋的對手，新造太極拳可以在實踐中得以檢驗，不斷修正。

四、陳式太極拳的理論來源

陳氏第9代傳人陳王廷創造陳式太極拳的理論來源有四：

1.把拳術與易學的陰陽五行之變化相結合

人體是一個不斷運動著的有機整體，易學認為，自然界一切事物的運動，無一不是陰陽的對立統一。人的生命運動，其本身就是陰陽對立雙方，在不斷的矛盾運動中取得統一的過程。

易學認為，凡是屬於溫熱的、上升的、明亮的、興奮的、輕浮的、活動的等方面的事物或現象，統屬於陽的範圍；凡是屬於寒冷的、下降的、

晦暗的、抑制的、靜止的等方面的事物或現象，統屬於陰的範疇。而太極拳就順從陰陽變化之理，在一招一勢動作之中，陰中含陽，陽中具陰，陰陽互變，相輔而生。

2. 把拳術與中醫學中的導引、吐納等理論相結合，將氣功運用於拳術之中

中醫學中的導引是中國古代醫學家們發明的一種養生術。主要是透過呼吸、仰俯，手足屈伸的形體運動，使人體各部血液精氣流通無阻，從而促進身體的健康。

導引在太極拳中的應用即把意與形相結合，使心臟生理正常，從而引導血氣於周身暢通。

中國古代醫學家認為，心為神之居，主掌血脈運行，對人體各個臟腑均有重要的調節作用，是人類生命活動的主宰，是人身上最重要的臟器。五臟主藏精氣論中以心藏脈，肺藏氣，脾藏營，肝藏血，腎藏精；五神臟論中以心藏神，肺藏魄，脾藏意，肝藏魂，腎藏志。

人體全身的血液依賴於心臟的推動作用才可以輸送到全身各個部位。因此，陳王廷在創造太極拳時，把始祖陳卜所傳授下來的一百單八勢長拳等拳術與中醫的導引相結合，在周身放鬆的條件下，使形體的運動符合並且能夠促進血液的循環。演練

太極拳可使心氣旺盛，心血充盈，脈道通利，心主血脈的一切功能正常發揮，血液在脈管內正常運行，起到練拳養生的作用。否則，會使演練者氣血不足，引起推動血液運行循環的力量減弱，脈道堵塞，產生病變，不利於演練者的身體健康。

吐納，也是中國古代醫學家們所發明的一種養生術。吐，即從口中吐出，意為呼氣；納，即收入，意為吸氣，由鼻孔而入。吐納術就是呼吸之術，透過口吐濁氣，鼻吸清氣，吐故納新，服食養身，使形神相親，表裡俱濟。

肺臟主掌呼吸之氣，呼吸功能是人體重要的生理功能之一。人體在一生之中，需要不停地進行新陳代謝。在新陳代謝過程中，要消耗掉大量的清新之氣（即氧氣），產生出大量的濁氣（即二氧化碳）。吸進氧氣，排出二氧化碳全靠肺的呼吸、吐納功能。

太極拳把拳術著勢的形體運動與吐故納新相結合，首先，保證形體運動不妨礙人體的肺臟呼吸運動，以保障肺臟機能正常發揮，新陳代謝自然進行。其次，透過拳術招勢的形體運動來促進人體內部宗氣的形成。所謂宗氣，也叫大氣，是相對於先天元氣而論的後天之氣，是人之生命根本。宗氣的功能就是推動肺的呼吸和血液在脈管內的運行。宗

氣主要由肺臟吸入的自然界之清氣與脾胃所化生的水穀精微之氣相結合而成，集聚於胸中，稱作上氣海，是全身之氣運動流行的本始。第三，透過拳術招勢的形體運動來促進人體宗氣的分佈，在心臟、肺臟的協同下，將上氣海中之宗氣通過血脈分別送入全身各個臟腑組織器官，達到全身表裡上下，肌膚內臟，發揮其滋潤營養之作用。

太極拳把拳術的形體運動與中醫學中的導引、吐納等理論相結合，使形體運動更有益於身體健康和技擊功能的發揮。

3. 把拳術與中醫學中的經絡學說相結合

中國古代中醫經絡學說主要是論述人體經絡系統的生理功能、病理變化，以及經絡與臟腑之間的相互關係的學說，是中國古代醫學理論體系的重要組成部分。

經絡是運行全身氣血，聯絡肺腑肢節，溝通表裡、上下、內外，調節體內各部分功能活動的通路，是經脈、絡脈及其連屬組織的總稱，是人體特有的組織結構和聯絡系統。其中，經脈是人體經絡系統的縱行幹線；絡，有網路之意，是人體脈絡的大小分支，縱橫交錯，網路全身，無處不至。人體的經絡系統主要包括十二正經、奇經八脈、十二經別、別絡、孫絡、浮絡、十二經筋、十二皮部等

幾個部分，起著決死生、處百病、調虛實的重大作用，所以決不可不通。

經絡系統由有規律的循行和錯綜複雜的聯絡交會，把人體的五臟六腑、四肢百骸、五官九竅、皮肉筋脈等組織器官聯結成一個統一的有機整體，從而來保證人體生命活動的正常進行。

陳王廷創造太極拳術把拳術與經絡學說相結合，主要取決於人體經絡系統所具備的四大功能。

其一，把拳術與經絡系統的聯絡作用相結合。

人體是一個由五臟六腑、四肢百骸、五官九竅、皮肉筋骨等組成的整體。它維護機體的協調統一，主要就是由經絡系統的聯絡作用。十二正經及十二經別縱橫交錯，入裡出表，通上達下，循行於臟腑和官竅之間；奇經八脈聯繫與調節正經；十二經筋與十二皮部聯絡筋脈皮肉。

陳王廷將人體經絡學說中的聯絡作用應用於太極拳術之中，就形成了太極拳技擊理論之一的「一靜無有不靜，一動百骸皆隨」。

其二，把拳術與經絡系統的運輸作用相結合。

人體的各組織器官，均需要氣血的濡潤滋養，以維持正常的生理活動。而氣血之所以暢通無阻，通達於周身，營養臟腑組織，抗禦外邪，保衛機體，必須得依靠經絡系統的傳輸。陳王廷將經絡系

統的運輸作用應用於太極拳術之中，由經脈運行血氣而營養陰陽，以養丹田剛中柔表之氣，溢發於體外，助於技擊施展；濡筋骨，使自己體格健壯，表裡筋骨堅實，內氣充足，以此承受、化解外來之擊；利關節，使演練者身體各部位活動輕靈，以己不動化彼之動，後趁勢出擊，克敵制勝。

其三，把拳術與經絡系統的感應傳導作用相結合。

所謂感應傳導，就是經絡系統對於外界的刺激的感覺，有傳遞通導作用，即為人體的觸覺系統。陳王廷將經絡系統的感應傳導作用應用於太極拳術之中，保證以靜制動、後發制人的順利完成。正如《拳論》云：「彼不動，己不動；彼微動，己先動。」

其四，把拳術與經絡系統的調節作用相結合。

人體的經絡系統不僅具有聯絡作用、運輸作用和感應傳導作用，同時，它還能夠保持人體各部位機能活動的平衡與協調。

陳王廷將經絡系統的調節作用應用於太極拳術之中，依靠經絡的平衡與協調作用對身體的各部位進行靈活調節，變幻虛實，以虛誘敵，引實落空，避其實而擊其虛，從而克敵制勝。

拳術與經絡學說的結合，使太極拳術獨創了順應經絡變化的纏繞螺旋運動方式而滋生的纏絲勁，

旋轉發力,增大出拳發勁的威力,令人難以提防。

4.綜合百家拳術之長,獨樹一幟

明代嘉靖年間,中國有一名揚海外的武將,姓戚名繼光(1528—1587),字元敬,號南塘,晚號孟諸,係山東省蓬萊人。戚繼光練製新軍,並傳以集百家拳術之長編製而成的《三十二勢拳經捷要》,拳術變化無窮,神秘莫測。

陳王廷創造太極拳時,從戚繼光所編的《三十二勢拳經捷要》中吸取精妙,採納了二十九勢,即懶紮衣、金雞獨立、採馬拳、七星拳、雀地龍、懸腳虛、伏虎勢、獸頭勢、朝天蹬、朝陽手、指襠勢、跨虎勢、當頭炮等。

由於陳式太極拳既廣納諸家拳術之長,又有自己獨特的神奇之處,所以每戰必勝,拳理上包容萬家,獨樹一幟,不斷發揚光大。

五、陳式太極拳發展簡史及其演變

自陳王廷在16世紀創造一至五路太極拳、一路炮捶後,又創造了刀、槍、劍、棍、鐧等器械套路。刺槍術和八杆四杆術對練套路中運用太極拳術的纏絲勁,開闢了長兵器陰陽變換、剛柔相濟的先河。他創建的太極雙人推手,成為一種綜合性的技

擊實踐方法，既不會傷人，又可實際檢驗武功。

分門別類的太極拳自成體系後，陳家溝人世代相傳，流風綿長。當地歌謠：「喝喝陳溝水，都會蹺蹺腿」，「會不會，金剛大搗碓」。可見風氣之盛。

陳王廷傳第10代陳汝信、陳所樂。陳汝信傳第11代陳大鵬。陳所樂傳第11代陳申如。陳大鵬傳第12代陳善通。陳申如傳第12代陳節。陳善通傳第13代陳秉旺。陳節傳第13代陳公兆。陳秉旺傳第14代陳長興。陳公兆傳第14代陳有恆、陳有本。

陳氏第14代陳長興（1771—1853年），字雲亭，著有《太極拳十大要論》、《太極拳用武要言》、《太極拳戰鬥篇》等。他在祖傳老架套路的基礎上，將太極拳套路精煉歸納，創造性地演變成陳式太極拳一路和二路炮捶，後人稱為太極拳老架或大架。他教成的著名弟子有陳耕耘、楊露禪等。

陳氏第14代陳有本在原有套路的基礎上，又有些改動，逐漸捨棄了某些難度和發勁動作，架勢與老架一樣寬大，後人稱為小架。

陳氏第15代世陳清萍（1795—1868），遷居溫縣陳家溝東北2.5公里處的趙堡鎮。他在原有太極拳套路上再次進行修改，形成了一套小巧緊湊、逐步加圈、由簡到繁、不斷提高拳藝技巧的練習套

路。後人稱其所傳太極拳為趙堡架。

陳氏第16代陳鑫（1849—1929），字品三，具文采。他感到陳式太極拳雖經歷代口傳親授，然文字著作較少，不利於廣泛傳播。為闡發祖傳太極拳學說，閉門著述，費時12年，完成《陳氏太極拳圖畫講義》四卷、《陳氏太極拳易象數》六卷，全面整理陳氏世代積累的練拳經驗。著述以易理說拳理，引證陰陽、經絡學說，以纏絲勁為核心，以內氣為統帥，解每勢之妙用，指入門之訣竅。為陳式太極拳理論寶庫中一座引人注目的豐碑。他還著有《陳氏家乘》、《三三六拳譜》等拳術著作。

陳氏第17代世陳發科（1887—1957），字福生，是近代陳式太極拳的代表人物，對發展和傳播陳式太極拳做出了傑出貢獻。自1929年至1957年一直在北京授拳，其以技擊精妙著稱，跌、打、擲放，只在一抖之間，獨步一時。京都武術界譽其為「拳界至尊」。他因與人為善、武德高尚而受到世人敬仰。他教授徒弟很多，有顧留馨、洪均生、田秀臣、雷慕尼、馮志強、李經梧、肖慶林等。其子陳照旭、陳照奎，女陳豫霞，拳藝也相當出色。

陳氏第18代陳照丕（1893—1972），字績甫。1928年秋，應北平同仁堂東家樂佑申和樂篤同兄弟二人之邀，在北平授拳。有同鄉李敬莊（**字慶**

林）為其在《北平晚報》（1928 年 10 月）刊發文章宣揚拳藝，名揚北平武界，曾立擂臺 17 天，大獲全勝。後被中華民國南京市市長請往授拳，拳蹤廣遠。著有《陳氏太極拳匯宗》、《太極拳入門》、《陳氏太極拳圖解》、《陳氏太極拳理論十三篇》等。所授弟子中王西安、朱天才、陳小旺、陳正雷功夫驚人，被海內外讚譽為陳式太極拳「四大金剛」。陳照丕先生武德高尚，誨人不倦，是陳式太極拳承前啟後、繼往開來的一代宗師。

陳家溝拳械套路有：老架一、二路（炮捶）；新架一、二路（炮捶）；小架一、二路以及五種推手法、太極單刀、雙刀、單劍、雙劍、雙鐧、梨花槍夾白猿棍、春秋大刀、四杆、八杆、十三杆等。

陳式太極拳經過數百年的發展演變，衍生了楊、吳、武、孫四大流派。

（一）楊式太極拳

楊福魁（1799—1871），字露禪，河北省永年縣人。陳家溝陳德瑚在河北省永年縣開中藥鋪，楊露禪酷愛武術，認陳德瑚為義父，後隨陳德瑚回陳家溝家中學拳。陳氏第 14 代陳長興在陳德瑚家設武學，見露禪楊聰明伶俐，殷勤做事，誠懇為人，且愛拳術，與陳德瑚商議後，收其為徒。楊露

禪用功練拳，常常深夜苦練，乏困時在長凳上打盹休息。因長凳窄，一不小心便掉下來。他醒後繼續演練，如此7年之久，已達中成，遂拜別恩師與掌櫃，離陳家溝回鄉。後又兩次返回陳家溝學拳，終達大成。

他回到河北省永年縣後，經別人推薦，到北平教授拳術，打敗無數名家高手，名聲大振，被請入清廷皇宮與王府中授拳。由於學拳者皆為貴族子弟，不適合大體力運動，他便將太極拳中的纏絲勁及躥蹦跳躍難度大的動作做了修改，使其動作簡化，姿勢柔和，不縱不跳。後經其三子楊健侯修改為中架。再經其孫楊澄甫修改而成為現在流行的楊式太極拳。其特點是拳架舒展，動作柔和，綿裡藏針，姿勢順達。

楊澄甫（1883—1936），在北平、上海、廣州享有盛譽，著有《太極拳使用法》、《太極拳體用全書》等，是楊式太極拳一代著名宗師。

（二）吳式太極拳

楊露禪在清王府教拳時，滿族人全佑從其學拳，後又學於楊班侯。全佑傳其子鑒泉，後鑒泉從漢姓吳，名吳鑒泉（1870—1942）。

其拳架以柔化著稱，推手守靜不忘動，具有架

勢大小適中、柔和緊湊的特點。吳鑒泉曾在上海開辦拳社，拳徒甚眾，逐步形成現代流行的以柔化見長的吳式太極拳。

（三）武式太極拳

武禹襄（1812－1880），河北省永年縣人，初學於同鄉楊露禪大架套路，後慕名至陳家溝，求陳長興教拳。陳長興介紹他向第15代陳清萍學拳，陳清萍的架小而緊湊，加圈纏絲，是陳式太極拳小架套路的支流。武禹襄在楊式大架、陳式小架的基礎上演變而成現代的武式太極拳。後傳其甥李亦畬（1832－1892），李亦畬再傳郝為真（1849－1920），郝為真傳其子月如、少如。月如以教拳為業，武式太極拳開始外傳。其特點是動作輕靈、步法敏捷、緊湊纏綿。

（四）孫式太極拳

孫祿堂（1860－1930），河北省完縣人。先學形意拳，精意理，兼習八卦。著有《形意拳學》、《拳意述真》等，在北平有「活猴」孫祿堂美稱。他從郝為真學習太極拳，將形意、八卦、太極拳融為一體。形成現代的開合鼓盪、架高步活、獨具風格的孫式太極拳。

第二章

陳式太極拳三三原理

　　陳式太極拳三三原理是指演練陳式太極拳必須經過的三個階段、三種勁別以及在不同階段相應採取的三種演練方法的科學原理。具體指初學者招熟階段以套路為主的明勁的演練方法、懂勁階段以氣催形的暗勁演練方法和神明階段的靈勁演練方法三個部分。它科學地概括了陳式太極拳自創編以來豐富的實踐經驗，是陳式太極拳理論寶庫中的精華。

　　只有認真遵循三三原理，弄懂三個階段、三種勁別，在不同階段採取相應的訓練方法，循序漸進，刻苦琢磨，達到形神兼備的神明階段，真正掌握其玄而又玄、奇妙無比的上乘功夫。

一、招熟階段明勁的訓練方法

　　招熟階段是練習陳式太極拳的第一個階段。所謂招熟，是指演練者能夠準確熟練地掌握陳式太極

拳的手法、眼法、身法、步法和拳術套路的每一個
外形動作。

所謂明勁,指初學者本身固有的剛猛之勁,透
過套路動作,表現在外可以看到的一種外勁。因其
僵滯拙笨,又稱僵勁,屬太極拳的下乘功夫。

在第一階段,初學者一要注意規範動作的基本
訓練,二要注意由規範動作,巧化僵勁。這兩個方
面實質上是在同一個過程中完成的。

欲致「招熟」須明「三節」。三節是指人的整
體或局部均分為上、中、下(或梢、中、根)三
節。若以全身而言,則頭部為上節,頭頂至咽喉之
間,即梢節;胸部為中節,咽喉至下丹田之間,即
中節;腿部為下節,自大腿根至兩腳趾之間,即根
節。若以腿部而言,胯為根節,膝為中節,腳為梢
節。若以中部而言,則胸為上節,腹為中節,丹田
為下節。若以臂而言,則大臂為根節,肘為中節,
手為梢節。若以手而言,則腕為根節,掌為中節,
指為梢節。若以頭部而言,則額為上節,鼻為中
節,口為下節。

所以整個人體,從頭至腳,無處不以三節而
分。這也要求演練者必須知道周身各部位的生理特
性,並在演練過程中去遵循。《拳論》所講「上
節不明,無依無宗;中節不明,滿腹是空;下節不

明，顛覆必生」，闡述的就是「明三節」的重要意義，演練者千萬不可忽視。

三節既明，演練者還須掌握「三合」。在第一個階段主要掌握外三合，即手與腳合，肘與膝合，肩與胯合。詳細地講外三合，就是要求演練者以左手與右腳相合，右手與左腳相合；左肘與右膝相合，右肘與左膝相合；左肩與右胯相合，右肩與左胯相合。與此同時，還要注意頭與手相合，手與身相合，身與步相合。這都屬於外三合的範疇。掌握外三合在第一階段的練習中作用十分重大，它可以保證演練者在所學習的拳術套路中招勢動作姿勢的正確性。第一階段的前期主要任務就是讓演練者熟悉拳術套路動作。初學動作的正確性是很重要的。

學拳容易改拳難，一旦演練者將自己所練的錯誤動作形成習慣，就很難再改正架勢。若順其自然一直錯練下去，一則收不到健體、技擊及鍛鍊的預期功效，二則還會損傷演練者的身體。

切記柔是根本，氣不可上逆，如橫氣填胸，則百害無一益。所以演練者必須掌握外三合，學會正確的套路，持久地練習，才能達到真正的招熟。

當演練者弄清了身體三節的含義、掌握了外三合的基本原理之後，注意力要集中於演練過程中身法、步法、手法與眼法的具體變化上來。

　　第一，陳式太極拳的身法，定要中正、大方、平正、舒展、和順、八面支撐、含而不露。演練者前進、後退、左旋、右轉、上起下落、躥蹦跳躍，無論四肢動作如何變化，都要保持自頭至身軀與會陰穴始終形成一條垂線，即使彎曲也要曲中求直。中氣不偏不倚，上下一氣貫通。凡前俯、後仰、左歪、右斜，失去重心和平衡，失掉中氣者，均不符合太極拳的身法要求，必須更正。兩肩與兩胯，兩肘與兩膝，兩手與兩腳上下對齊，鬆而合、合而開，不先不後，齊進齊退，是保證演練太極拳時身法正確、上下相隨、一氣貫通的關鍵。

　　陳式太極拳身法的輕靈、空鬆、圓活，全憑腰、胯、胸部的運轉，在任何角度上都要保持身體的平衡，切勿頭、手前傾，彎腰或屈背凸胸將嚴重影響尾閭的中正和圓活。否則，演練者胸部就會僵直發硬，不能夠得到正常運動。如果演練者在練拳定勢時，上下左右意氣神一起把氣歸於丹田，腰部鬆沉直豎，骶骨有力，腰部自然充實，下部自然穩固而定根基。胸、背部的肌肉與骨節儘量自然放鬆下沉，沉肩墜肘，含胸塌腰，胸部內橫膈向下舒張，形成橫膈式深呼吸，促使氣往腹部自然下沉。始而勉強，久而自然，以致上體輕靈，下體穩固，而不會引起挺胸所造成的上重下輕。

中正安舒、輕靈圓活、沉著穩重三者有機地結合，即形成陳式太極拳身法中正的特點。

第二，陳式太極拳步法的主要要求是：進退轉換，虛實須分明，左虛右必實，左實則右虛；前進或後退，身腰隨即變；邁步要輕靈，發步如貓行；落步須穩健，切忌搖顫滯。

太極拳的步法必須走圓形或弧形，螺旋上升，螺旋下降，切不可直來直往，直上直下。腿部動作須和手的動作協調進行，保持手隨足運、足隨手運，符合上下相隨的原則。邁步時須先將一側的胯根微微向內收起，使該側的腹部充實，重心穩穩地落於一腿之上，重心固定。腳五趾抓地，然後將另一條腿慢慢地劃弧而出，同時保持膝關節微微而屈，不失膝關節的蓄勢和靈活性。

對於落腳的方向、角度和轉變時腳尖的外撇、內扣或腳跟部的左旋、右轉，包括主和次、先與後，都必須明辨清楚。

陳式太極拳的步法非常注重虛實變化。步法的變化要在快慢相間和緩慢柔和的運動中完成，切忌突然、斷續地進行虛實變化。在緩慢地分化出虛實過程中，輪流以一條腿來支撐全身的重量，讓另一條腿得以稍息和調整。因為太極拳動作比較均勻緩慢，往往靠一條腿較長時間支撐身體重量。對初

學者來說，即使身體素質很好也會感到一時不易支持。初學太極拳者剛開始往往不能做到明確的步法虛實，演練時架子可以高些，步子小些，少用發勁動作。比如金剛搗碓之中的震腳、踢二起中踢腳等，儘量減少運動量。當演練者熟練程度和體力條件都有所提高時，方可練得架子低些，邁步大些，分清腿上的虛實，動作放勻放慢，逐步增強腿部力量和膝關節的支撐力量。

太極拳步法若要前進時，必須先向上提起欲前進的大腿，蓄動於膝，帶起腳，腳尖斜向下垂，然後再由屈而伸，緩緩而出，腳尖由下垂而上翹，腳跟先著地，之後腳掌和腳尖落地，實著於地。

但在有些動作中截然不同，如雲手一招中做橫向插步的腿，則須先落下腳尖，然後再將腳掌、腳跟落地，實著於地，兩腳交橫往返運氣不已，不可一側不動。

太極拳步法後退時，須先提起欲退步之大腿，蓄動於膝，帶起腳跟，腳尖斜向下垂，慢慢弧線後伸，先落下腳尖或腳掌，然後全面踏實。身法須中正，兩臂如車輪旋轉，左顧右盼，有正無偏。

第三，第一階段手法上的要求：手掌須鬆柔圓活，節節放鬆，勿僵勿滯，動作螺旋式地旋轉作大大小小的弧形或環形，橫直順逆，起落伸縮，使關

節在弧形變化中圓轉自如，從而使骨節、筋肉、皮膚在運動中得以鬆舒。

手為身之梢，內旋時以手領肘，以肘領肩，以肩隨腰；外開時以腰催肩，以肩催肘，以肘領手，輕輕地將勁運於手指。無論內旋還是外開，既要節節分明，又要渾然一體，勁起於跟貫於梢，久而久之，手指有微微膨脹之感。

太極拳手法要求腕關節要圓活，手指須鬆柔微曲，前推時掌根微微用力，手指微屈。手指太屈則不能使勁貫串於指尖，手指過直則動作必然發硬。腕為手之根，既不可鬆軟，又不可強硬，須做到似鬆非鬆。手指似直非直，似屈非屈，方可與腕配合，既圓轉鬆活，又輕靈沉著。

太極拳手法對手的活動範圍有明確的規定，這與身法上下一條線要要求相吻合。太極拳以鼻與臍的連線為中心線，分為左右兩體。兩手運轉時，左手分管左半部身體，右手分管右半部身體，中間以鼻和臍之連線為中心線，在左手往右運轉、右手往左運轉過程中，都必須有經過上對鼻尖、下對腳尖的瞬間，使整個動作在圓轉中不離中心線，以保證整個身體的中正安舒。

第四，第一階段對於眼法的主要要求：目光要隨手的運動方向朝前平視。《拳論》說：眼為心之

窗。一切動作變化，意到眼到，心便佔先，不戰
自勝敵三分。身手動而眼未到茫然不覺，又何以
防人？陳式太極拳十分強調周身配合，眼急方能手
快，轉眼間身手全動，如迅雷不及掩耳，速不及閉
目，方能克敵制勝。

　　第一階段主要是訓練太極拳的大圈功夫，即以
手腳大幅度地運行為主，只存在微弱的內氣運動。
演練者須根據三節、三合之理，按照身法、步法、
手法、眼法的具體要求，把動作範圍放大轉圈，將
拳路姿勢練得舒展大方。

　　初學太極拳的人，精神和軀體都無意中偏於緊
張，雖然身體活動時一張一弛，一緊一鬆，但總是
緊的多鬆的少，先天之拙勁難以去掉，要去掉這種
僵力，就須從柔著手，精神放鬆。

　　要練好大圈功夫，放鬆至關重要。初學者要想
入門太極，務必學會放鬆。太極拳要求的放鬆不僅
指軀體，還指精神。初學太極拳的人往往自認為已
經相當放鬆，實質上並未真正做到。鬆也不是鬆而
是丟，其他部位不斷出現頂勁、斷勁。只要動作幅
度稍微增大，僵勁就變得十分明顯。這是初學者常
犯的通病。

　　為什麼強調初練太極拳一定要放鬆呢？一是演
練時能量消耗很多，血液循環和新陳代謝加快，只

有舒鬆自然，使更多的毛細血管鬆開，血液循環才
會暢通無阻。特別是下肢靜脈回流心臟的血液，主
要就是依靠肌肉的張弛及關節伸屈而產生的有節律
的擠壓作用而完成的。而太極拳注重的放鬆練習，
再加上運動多走弧線，肢體螺旋形擰轉進退，對於
促進靜脈血液的回流，加快血液循環十分有利。所
以，演練者一開始就要注重放鬆。

再者，第一階段中的放鬆是為演練者向第二階
段達到中乘功夫打基礎的。太極《拳論》云：「遠
打一丈（1 丈 ≈ 3.33 公尺）不為遠，近打只在一寸
（1 寸 ≈ 3.33 公分）間。」演練者若要想打一丈，
筋骨肌肉不放長不行；若想近打一寸之間，骨節不
活絡不中。否則驚彈從何而來？「寧練筋長一分，
不練肉厚一寸」，只有在放鬆放長基礎上才能產生
彈性。即使在第一階段中做不到遠打一丈，近打一
寸，也必須為第二階段的這種境界打好基礎。

太極拳發源地陳家溝訓練太極拳的傳統方法，
無論老架一路還是二路，都以放鬆為原則。演練者
在放鬆的前提下，再進行猛摔、猛打、猛起、猛落
的訓練，可以更快地催其僵勁、舒展筋骨、促進血
液循環，加速毛細血管及靜脈血管的擴張和暢通，
使身肢放長，肌膚鬆活，內氣充躍欲動。

在第一階段的後期，演練者已經由「一陰九陽

跟頭棍」上升到「二陰八陽是散手」的水準，甚至開始向三陰七陽的層次過渡。此時，演練者有時似乎感到自己的體內有些內氣動盪，但仍然經常出現一些僵勁、斷勁、丟勁、頂勁，手、眼、身、法、步還未達到有機配合，更談不上一氣貫通。

演練者即使勉強發勁，也不是勁起於腳跟、引於腿、主宰於腰、達於四梢的內勁，而是外剛內空、僵硬、斷續、沒有彈性的明勁。與人推手，不是東倒西歪，就是僵而不鬆，虛實變化乾澀不順。

第一階段訓練成功的標誌有以下兩個方面：

第一，對於陳式太極拳老架一路、二路的拳術套路絕對嫻熟，動作靈便，上下相連，要領準確。如金剛搗碓，震腳聲如雷鳴，掩手肱拳出拳呼呼帶風，踢二起身法輕盈，落地穩固，跌叉雙腳著地，一躍而起，玉女穿梭縱如旋風，迅捷靈敏。

第二，在與人推手時，已具有了一些抵抗能力。但是，無論是進攻還是走化，都是剛多柔少，在手法運用上仍然分不清、捋、擠、按、採、挒、肘、靠，在腿法運用上還時有虛實不分的情況出現。

經過第一階段招熟、明勁，做到外三合的刻苦訓練，三年之後演練者開始進入第二階段（即暗勁階段）。

二、懂勁階段暗勁的訓練方法

懂勁階段是陳式太極拳練習的第二個階段。所謂懂勁是指演練者能夠懂得駕馭內氣在體內運行，並透過運氣達到以氣催形、形氣結合、內外兼修的效果。

由於第一階段的放鬆訓練，演練者的僵勁開始變得柔順。柔勁輕靈、柔活、敏捷、精巧、活脫，以內氣運行，在外形上不易直接觀察和感覺到，故稱作暗勁。如果說第一階段主要是外形引內氣，第二階段則是以內氣催外形，形、氣之間逐步達到完美結合。內氣不動，外形截然不動；內氣若行，外形頓時大作，隨氣而動。因此，懂勁階段的訓練已不再是簡單地練習太極拳的套路，而是在套路基礎上，著重以氣催形，培養內力。

練習太極內力的方法很多，其本身就是一種高層次的活氣功，融中國古代導引、吐納術於一體，博大精深，奇妙無窮。下面介紹一下對訓練太極內力很有效的纏絲樁採氣法。

纏絲樁採氣法預備勢為：

演練者保持身體中正，凝氣定神，外顯安逸，內固精神，若欲柔中練剛，最好面北而立。要求演

練者頭額正直，百會穴向上虛領，雙唇微合，牙齒輕切，舌尖略抵上齶，鼻孔自然呼吸，下額稍稍內收，兩眼自然閉合，兩耳貫注，精神集中，頸部自然豎直，兩臂放鬆下沉，含胸鬆腹，束肋塌腰，兩腿間自然留隙。雙手手心向裡，拇指內含，其餘四指微微併攏，小指內合與拇指相呼應，指尖略有外翻之意，使掌心成窩狀，與兩腿相貼。兩腳自然分開，與肩同寬，腳跟內合，腳尖略微外撇，十趾微抓地。

纏絲樁採氣法第一動：

放鬆右胯，右膝向裡微扣，身體微微下蹲，同時重心慢慢移至右側單腿。然後，再放鬆左大腿肌肉，輕輕提起左膝，帶動左足離地，向西北角即演練者左前方，與身體前方中心線成45°開步，步幅約90公分（具體大小要因人身材高低而定）。

開出之步，以左腳後跟先著地，將身體重心慢慢移至左腿上，將腳掌踏平，實落於地。在重心移動的同時，左手在前，右手在後，向身體前方出，兩手掌心向外，小指朝上，大拇指向下，做成捋狀。之後吸氣，雙手由外向內朝下捋，逐漸在捋的過程中握掌變拳抓氣，向身體右側自上而下做螺旋纏絲引進動作。然後，右拳拳心向下，左拳拳心朝後，將重心緩緩移至右腿，在意念中用眼和肚臍一

齊將氣物吸入體內，此時肚臍、命門有合拍之感，在內收的過程中兩眼微閉。

纏絲樁採氣法第二動：

演練者將右胯繼續放鬆，向下蹲體，雙拳繼續向右後方引入，當左拳引至右腿內側時，雙拳變掌；同時呼氣，左手在前，右手在後，掌心朝內，自右下方走上弧向左前上方出呼氣。出時，眼睛隨之慢慢睜開，肚臍和命門有氣外放之感，掌心仍然向內，重心在出的同時移至左腿上。左腿膝蓋保持豎直，既不能前栽，又不能左右搖擺。

以上纏絲樁採氣法引入出動作，要求往返達36次，而且左右相同。右腿開步法要領可以參照前兩動左腿開步法。

纏絲樁採氣法第三動：

當演練者做完右側引進出動作之後，在最後一次將雙拳運至身體中心線時，雙拳變掌，收回右腿，落地與肩同寬，吸氣並將雙手向身體兩側分開，慢慢向上升起，高於肩時雙手做抱頭狀，自兩耳後向前略推，呼氣隨即將雙手往下平按，掌心向下。雙手運至身體兩胯外側之後，吸氣，將雙手繼續由下向上向身體兩側平伸，再抱頭前推，呼氣下按。此時，演練者需將吸入之氣沉入丹田，在丹田裡與內氣混合片刻，將下沉之濁氣呼出，如此採

氣，往返6次。

纏絲樁採氣法第四動：

當演練者採氣6次之後，將雙手交合。男子左手在裡，右手於外；女子右手於裡，左手於外。兩手疊合，輕輕撫住丹田，做深長緩慢的吸氣，同時將雙手沿丹田外沿自下向上做圓周運轉，以手引內氣之運行。男子順時針方向做，女子逆時針方向做。當雙手運轉至身體中心線時，做深長緩慢的呼氣動作。此時，身體重心隨手之運動而在左右腿之間移動。

如此動作，男子順時針做36次，逆時針做24次；女子逆時針做36次，順時針做24次。

纏絲樁採氣法第五動：

當演練者完成上動之後，雙手向外側自然分開，然後輕輕向上直豎升起，合往頭頂後，自上而下抓氣，並變掌為拳，抓氣下沉，使氣填入丹田，動作重複9次。

纏絲樁採氣法第六動：

上動完成後，演練者將雙手掌心合攏，迅速摩擦，使手心發熱，先在面部、眼部、耳部、頭頂反覆輕搓。再將雙手加速摩擦，使手心更為發熱，於左右兩臂和胸部輕搓數次。此動功能主要為促進毛細血管中血液的循環，使周身骨節處處開張，以鞏

固和增生內氣。

　　演練者掌握纏絲樁採氣法後，還必須懂得如何因時、因地、因人去採氣。

　　要加快懂氣階段內氣的生成，必須將行功採氣練纏絲樁的具體時間同日、月、星、辰之變化規律相結合。因為人體內部帶有宇宙生成至今的全部訊息，猶如日月星辰、山川湖泊、渠河海洋，交叉縱橫分佈於周身，並且全部具有一定的節律，只是由於其不顯著而不為常人所覺察。

　　在招熟階段主要是訓練明勁，學習套路，以外形之變來引動內氣運行，自然也覺察不到宏觀世界對於人體本身的影響。

　　然而當進入內氣已經初步形成並催發外形的懂勁階段時，已經和天地、陰陽二氣有著密切的配合，而自己不過沒有細心揣摩領悟而已。進行纏絲樁採氣訓練應慎重觀察日、月、星、辰的盈虧消長及四時八正的氣候變化。

　　練拳站樁，行功採氣，實際是兩者合一，以選擇天地之正氣，人氣安定之時，最為有效。在日、月、星、辰變化的宏觀世界中，以日、月的變化對內氣形成影響最為顯著。

　　若天氣溫和、陽光明媚之時，人體之中的血液滑潤流暢，並且體內衛氣浮於體外，保護著肌膚毫

毛，血容易瀉，氣容易引，行功採氣，收效甚佳。若一旦天氣寒冷、陰暗，太陽無光之時，則人體之中的血液滯澀不暢，衛氣也沉於體內，不保護外圍。此時，陰氣會極重，而陽氣不能下降，陰陽二氣不得互通，沉積於低氣層的污濁空氣不能上升，直接影響著練拳站樁的行功採氣。這時行功採氣，必然收效甚微，甚至適得其反。這是天氣和太陽的變化對於練拳站樁的影響。

同樣月亮的變化，對練拳站樁的影響也是極大的。當月亮初升的時候，人體內氣血運行流暢，衛氣也就暢通，若練拳站樁行功採氣，就有收效；當月亮正圓的時候，人體內血氣十分充實，肌肉堅強，若練拳站樁行功採氣，其收效自然更好；當月亮只是一個輪廓懸掛天空，無有光芒時，人體肌肉力量減弱，經絡空虛，衛氣也隨月變而虛，身體內十分空虛，精神萎靡不振，若練拳行功採氣，便不會有什麼大的收效。

太極《拳論》說：拳在練，氣在養；培本元，調陰陽；功夫至，體質強；顯身手，俱飛揚。演練者在不斷地進行纏絲樁採氣的同時，還要進行混元樁採氣的訓練。

演練者將兩腳平行開立，與肩同寬，兩腿屈膝略蹲，頭頸要領，頸部豎直，腰脊正直，上體保持

與地面垂直，鬆肩，鬆腰，鬆胯。兩臂慢慢抬起與肩平，肘比肩略低，兩手十指均張開微屈如抱球狀，兩手心相向，距離30公分左右，雙目自然睜開，平視遠眺一定的目標，自然地呼吸。

　　初練之時，演練者可先堅持幾分鐘，然後逐步把時間增到半小時左右。身體素質好的站樁的姿勢可以略低一些。

　　當混元樁養氣法練到10天左右時，演練者一開始站樁大小腿會酸痛，有腫脹之感，肌肉部分也會發生輕微的顫動。這些都是正常現象。無須去管它，演練者要一心一意地練下去。這時，肌肉的跳動會越發明顯，並且大腿上的肌肉會發出有節奏感的抖動。但經過一定的時間之後，由於肌肉耐勞能力和控制力的增強，跳動便會漸漸消失。若站樁繼續下去，肌肉可能還會復跳，再接下去便又消失。週而復始，堅持下去，內氣便自然鞏固。這便是練混元樁養氣法的訓練步驟。

　　太極《拳論》說：此勁皆由心中發，股肱表面似絲纏，斜纏順逆原有定，最耐淺深細究研。究研功夫真積久，一旦豁然太極拳，人身處處皆太極，一動一靜俱混然。這正是對纏絲勁之奇特功能的論述。所以，即使在第二階段訓練中，演練者不能達到一動一靜俱混然的太極之境界，但也必須開始進

行嚴格的纏絲勁訓練，無論腰、襠、股、肱，一絲不苟。

在陳式太極拳論中，四肢之運動，均以腰為主宰，是轉動的軸心。而腰的軸心又在於腰脊，腰脊上之命門穴，又稱精宮穴、竹枝穴、屬累穴，位於第二腰椎棘突下凹陷之中，是人體全身重心之所在，起著調節全身平衡的作用，也是人體出入真氣之源泉。

腰脊直接控制著人體的左旋右轉，並且使腰部的旋轉幅度合乎生理和技擊上的要求，達到盡善盡美。所以演練者在練拳、站樁和推手之時，都要時時刻刻注意腰脊的樞紐作用。

腰部的左旋右轉，必須輕鬆靈活，用意識引導貫注的內勁由腰脊運達於四梢。若演練者腰部運動得當，既有助於保持自身的平衡，也有助於內氣的充足運轉。但是演練者也必須注意到，作為軸心運動的腰部旋轉，須鬆沉直立而有尺度地旋轉，切不可搖擺失中，更不可幅度過大。

腰軸若隨意搖晃，必使中軸彎曲。中軸彎曲則又會造成演練者手足運動全無定向，運轉不靈，發力不準。所以，須在中氣能夠適宜運行的範圍內屈伸往來。腰軸若旋轉無度，幅度失之過大，則使身體及四肢動作無力，推手交戰之時就會給人以可乘

之機，從而引火焚身，自食惡果。

所謂襠部，指兩胯之根部分，若要開襠，胯根必須鬆開撐圓，腰與胯的旋轉必須是一致的，如果胯部旋轉不靈活，腰軸旋轉的靈活性就勢必受到影響。

每勢之中腰襠開合，虛實變換，直接關係到演練者全身的靈活和重心、力點的交換迅速程度。腰襠的沉穩有力，關係著演練者整體力量和耐力的發揮。腰襠勁之變換是調節動作的尺度，增強爆發力的關鍵。

太極《拳論》說：太極是勁，動作走螺旋。太極拳纏絲勁的訓練主要是演練者身體做螺旋式動作，內勁做螺旋式運轉等方面的練習。太極拳中的弧線動作，是內勁作旋繞纏絲運轉時的外形體現。絞轉纏環，極為曲折，在大螺旋式和無數小螺旋式的運動路線上，進退屈伸，進行圓形動作，這正是陳式太極功法獨創之所在。而在內勁運動上，源動於腰脊，旋轉於腰脊，使內勁儘量纏絲般節節貫穿，達於指尖、腳尖四梢之處。此為陳式太極又一獨到之處。太極拳的纏絲勁，從其運動規律上來分，不外乎順纏、逆纏兩種。

所謂逆纏，即為動分，是離心力。丹田勁運至四梢的程式是肩催肘，肘催手；胯催膝，膝催足，

呼氣並發勁。

　　所謂順纏，即為靜合，是向心力。四梢勁收歸丹田的程式是肩帶肘，肘領手；胯帶膝，膝牽足，吸氣並蓄勢。

　　纏絲勁的訓練，可使全身內外的肌肉、骨節、臟器等參加活動，並進行攻防。

　　所以，陳式太極拳中每個動作的開合實虛，起落旋轉，都是由一個圓圈來構成的。正如太極《拳論》所說：「妙手一著一太極」。雖然此時演練者尚處於修煉「三陰七陽猶覺硬，四陰六陽類好手」中乘功夫階段，但是務必在演練者心中樹立一個追求的高目標，即處處皆太極。

　　至於演練者內勁纏絲進行的輕重、快慢、剛柔、虛實等具體情況，應該是忽隱忽現的，須由演練者自己細心地體會，且要多做觀摩，虛心求教於高手，多接受現身指導。只有多鑽研，方能逐步練好纏絲勁。

　　總之，在暗勁階段的訓練中，演練者要儘量減少那些猛摔、猛打、猛起、猛落的斷勁動作。演練套路時，速度也必須有快、慢、緩之分，並且要求做到快而不散，輕而不浮，沉而不僵，周身放鬆，自然運行，完全處於意識指揮氣與形的運動。使自身內氣如九曲珠貫注於全身，無所不到，且由內向

外通達於肌膚毫毛，使人觀之外形，輕鬆柔活，活潑大方，但內含堅剛。

因而，在暗勁階段的訓練中，演練者必須消除身體各部分所產生的一切僵勁和拙力。無論手、眼、身、步等俱要內外協調一致，周身相隨，節節貫通，使內氣按照架勢的需要，有規律地在體內運行，做到局部不妄動，一靜無有不靜，一動百骸皆隨。

在第二階段訓練中，演練者要注意到內三合的完成。所謂內三合，即心與意合，氣與力合，筋於骨合。內三合完成之時，演練者自然會心與目合，肝與筋合，脾與肉合，肺與身合，腎與骨合。這樣方可做到上欲動而下自隨之，下欲動而上自領之，上下動而中部應之，中部動而上下合之。總之，就是達到一靜而無有不靜，一動百骸皆隨的中乘功夫境界。

本階段的練習對演練者身體各部位的要求更嚴格了。必須處處解決矛盾，力達貫通，並把身體各部分調整到位，而且在訓練時對內氣運行做一定深度的體會。

演練者必須清楚，第二階段的訓練不但要完成中圈功夫的修煉，而且要完成由中圈功夫向小圈功夫的過渡。在中圈功夫時，演練者的內氣已較為充

足，動作比較輕鬆自如，幅度大方適中，使內氣與動作默契配合。練拳之時，演練者每一動作的一招一勢，舉手投足皆為意到、氣到、形到，處處皆有虛實，且又無處可見虛實。然而，這一切功夫的長進都與苦練是分不開的。

懂勁階段暗勁的訓練完成之後，演練者會感到丹田發沉，膀胱發熱，腳跟發重，頭頂發懸，肌膚發脹，手指發麻，這一切均為內部有充足內氣的體現。

第二階段初期，演練者內氣雖然已經能夠貫通，動作也比較協調，但是內氣尚且薄弱，肌肉與內臟器官之間的配合仍不十分融洽。因此，當演練者推手或技擊時，若遇到一般性的進攻，尚能捨己從人，隨機應變，因勢利導，引進落空，避其實而擊其虛，取得勝利。

但一旦遇到勁敵，就會自感內氣發虛，勁不足，左搖右晃，足步難以立牢，即便勉強向對方擊去，也會因自己的內氣剛性弱，力量不足且比較生硬、牽強而拖泥帶水。

到了第二階段中期之後，演練者經過艱苦的訓練之後，逐漸克服了初期階段所存在的弊端，體中之內勁十分充足，無論是意、氣、身、手、足等變化也自然靈活，周身各部位攻防機敏，進可以攻

人，退可以防己，隱於內而不顯於外，開合虛實隨人之動而動。意在拳先，人不知我，我獨知人，動作漸小，落點愈準，威力更大，化勁容易，發勁俐落。一旦演練者與他人交手，身體稍動，即可發人於外，自己卻截然站立不動，重心穩如鐵塔，牢不可撼。

太極《拳論》說：太極拳法本陰陽，晝夜交往奧妙藏，不可同視一日月，得失俱在意彷徨。所以，練拳站樁行功採氣，必須順應日月之變化。在天氣寒涼之時，要注意自己的身體；在天氣溫暖之時，不可失去鍛鍊的良機。

月亮初升之時，控制自己行功採氣時間；月亮正圓之時，風清氣靜，要充分利用練功時間。若日隱晦暗之時，要求得而不可有所失，且影有長短之變，月光有虛盈之分，這是日、月等天體運行的規律。在地有冷暖，在江海有潮汐，在空有風光，在物有消長，關係十分重大。懂氣階段的內氣修煉，一定要順應日、月變化。

此外，要適應四時陰陽的變化。中國的遠古文化中，久已存在著對生殖神崇拜的風俗。這種對生殖神的崇拜對於歷史和文化的產生和發展都起到了重大的作用。

古代哲學家正是從男女性愛的交合過程中，體

驗到了陰陽兩性的範疇，從而制定出了判斷陰陽的標準，研究陰陽變化的規律。於是，他們制定和總結出了陰圓、陽方、陽泄陰收、陽能陰體、陽剛陰柔、陰陽對待、陰陽交感、陰陽交合、陰陽互根等一系列規矩和理論。

太極拳術本著陰陽自然等理論，明確地歸劃出了運用於動作之中的陰陽範圍。太極拳動作中，將吸、合、虛、蓄、屈、退、起、仰、來、入、收、化、引、鬆等歸類於陰；將呼、開、實、發、伸、進、落、俯、往、出、放、打、擊、緊等歸類於陽。然後古代哲學家根據雄不獨處、雌不孤壓之人性原理，又提出了物無陰陽，違背天理之說。於是將世界上的萬事萬物都歸屬於陰陽兩者的變化之中。太極拳創造之中原來就本著陰陽學說的原理，自然也在懂勁階段進行陰陽之研究。

太極《拳論》說：四時陰陽者，萬物之根本；太極求自然，順時方歸真。首先要把握春夏秋冬四時的陰陽變化，這是懂勁階段訓練所必須懂得的知識。《黃帝內經》講：對於人體影響最大的變化，是晝夜的長短、月份的大小、春夏秋冬與二十四節氣的循環。

太極拳家對於陰陽在節令上的變化作用於人的能動性與中國古代道家及醫學家對養生、保健功能

的認識相同。他們認為：春夏養陽，秋冬養陰。即當春夏之時，渲染者可蓄養陽氣；而當秋冬之時，則可蓄養陰氣。如此，收效甚佳，在演練者習拳站樁的行功採氣上起著非常重要的作用。

因為大自然春夏之際外界陽盛，自然界萬物處於生發盛長階段，若逆春氣則少陽不生，逆夏氣則太陽不長。所以，只有人體養陽氣方能與萬物生長之勢相適應。而秋冬之時，則大自然外界陰盛，自然界萬物處於斂藏狀態，若逆秋氣則太陽不收，逆冬氣則少陰不藏。所以，只有人體養陰氣方能與萬物斂藏之勢相適應。

故此，太極拳理論中方有春夏養陽，秋冬養陰。春夏秋冬四時之變化為萬物生命之根本，演練者只有順應了生命發展的根本，才能與萬物一樣，在生、長、收、藏的生命過程中運動發展。相反，如果逆反了生命發展的根本，就必然會戕害生命力，破壞真元氣，甚至走火入魔，神智不清。所以太極《拳論》說：能應四時方知萬物。

同時，一年之中，陰陽變化隨著二十四節氣的交替而轉化；一日之中人體陰陽盛衰與晝夜日照、光熱的週期變化相關。

一年二十四節氣中的冬至、夏至、春分、秋分四節氣，為一年之中陰陽變化最關鍵的時刻，即陰

陽相挺，至陰至陽，是陰陽兩氣相交的樞機。

總之，一年四季，二十四節，月有大小，天分長短，各理陰陽。以一日而論，白天為陽，夜間為陰。白天又可分為午時之前與午時之後兩部分：前半日陽光愈來愈強，為陽中之陽；後半日陽光愈來愈弱，為陽中之陰。黑夜也可分為兩部分：子時之前，夜色與寒氣愈來愈深沉，為陰中之陰；子時之後，夜色漸漸消退，晨曦緩緩來臨，為陰中之陽。此時，大地寂靜，萬籟無聲，空氣清新。演練者若長偷天機，養己太和，時間愈久，功夫愈深，即可豁然貫穿，階及神明。

陳式太極拳懂勁階段的訓練主要就是調劑演練者所具陰陽兩者之比例，以使之趨於平衡。但是，在大自然中，天與地分別屬於萬物之上下，陰與陽成為人體氣血的相對屬性；左與右，是陰與陽升降的道路；水與火，則成為陰與陽的象徵；陰與陽的運動，並生出金、木、水、火、土五行，成為萬物產生的本始。陰陽所動，五行必相生相剋，對金、木、水、火、土之功能也不可不察。

太極《拳論》說：外練筋、骨、皮，內練精、氣、神。從無極到太極，無極為體，本一無所有，而太極則以黑、白與陰陽相抉。精、氣、神，生於先天，長於後養。並且精、氣、神三者均有陰陽之

分，且與金、木、水、火、土五行相應，關係甚為密切。

　　精分陰陽，水為陰，金為陽，水與金合為一家，屬於元精，是人體內的先天訊息，也稱原始訊息。金則代表先天訊息中可以被人類所認識的一部分。神分陰陽，陰為木，陽為火，木火合為一家，屬於元神，是經過人腦加工後的先天訊息或神識訊息。木代表著人類大腦尚未開發利用的認識能力。氣分陰陽，陽為戊，陰為己，合歸為土，自成一家。因形象之緣，又以寒潤下行為水象，陽熱上炎為火象，生發柔和為木象，清肅堅勁為金象，長生之變為土象。將五行之生剋歸屬於人體內精、氣、神之變化，成為太極拳本始之一，節制相律。

　　而中國古代道家發明的引導、吐納等強身壯體、養生益壽之功法時，又將金、木、水、火、土五行比喻成人體五臟，並以此為主體，外應五方、五時、五氣，內係五臟、五體、五官等五個功能活動系統，闡明了人體生命活動的整體性和周圍環境之間的統一性。這一原理與太極拳之本又合歸一道。

　　於是，陰陽五行之變異便將人類的生命、身體素質、生衍之理與東西南北中五個方位的演練緊密聯繫起來，從而使太極拳這一高級活氣功的功法長

進及養生益壽納入一個全新的領域，科學性更為增強。

　　五行生剋關係雖對不同類型人進行習武練拳做出了一系列的方位要求，然而，它與太極拳從古至今所規定的面北起勢並不矛盾，因為一個針對正在由下中乘功夫向上乘功夫邁進的演練者，另一個針對的則是初學太極拳的生手。

　　對於一個太極拳初學者來說，他周身都充滿著一股咄咄逼人的剛勁，即陽盛陰衰，根本就無法按規矩完成太極拳動作，所以要以陰相濟。

　　北方生寒，寒則生水，水則主陰，假陰抑陽，使陰陽在日復一日的學習中逐漸趨於平衡，來磨滅先天所生之僵、拙、剛、笨之勁，從而產生出一種陰陽互交、剛柔相濟的靈勁。在具體操練中要因地制宜，不可過於勉強。

　　第二階段的訓練如果嚴格遵照了上述方法，經過三年左右時間即可過渡到第三個階段，即神明階段。

三、神明階段靈勁的訓練方法

　　神明階段是練習陳式太極拳的第三個階段。所謂神明，是指演練陳式太極拳已達有形歸無跡、形

神兼備、出神入化、渾然天成的自由境界。

　　靈勁指處於神明階段的演練者體內五陰五陽均為平衡，先天之元氣與宇宙間陰陽二氣交相呼應，融會貫通，生生不息的浩瀚氣魄孕化共生的博大勁別。

　　如果說第一階段是以形引氣，第二階段是以氣催形，則第三階段是形神兼備的靈勁，是前兩階段曲折上升、化為神奇的結果。在第三階段，人體小宇宙與體外大宇宙對立統一達到極致，對外界來自各個方面的刺激與進攻，靠靈感於一念之間迅速做出反應，出奇制勝，如有神助。

　　在第三個階段，太極圈由第二階段的中圈而漸小，趨向無圈。對於無圈功夫，演練者決不可誤解為身形絕然不動即可制人於外，而應當理解為身體開合變化極其精微巧妙。由於陰陽變化極為迅猛，貌似無形，其內氣運動卻勃然不凡，觸及異物，摧枯拉朽，勢不可擋，此乃上乘功夫。

　　操練時面前無人當有人，交手時有人當無人，面前來手不見手，胸前來肘不見肘，手起足落地，足落手則起，足來提膝，拳來肘發，順來橫擊，橫來捧壓，左來右接，右來左迎，遠便上手，近便用肘，遠使足踢，近則加膝，上打咽喉，下則打陰，左右兩肋，並擊中心，而不拘提打、按打、擊打、

衝打、膊打、肘打、胯打、腿打、頭打、手打、高打、低打、順打、橫打、進步打、退步打、截氣打、借氣打，以及上下百般打法，能一氣貫通，運用自如。只要用功不止，奮進不已，就可悟其奧妙，掌握根本，達到爐火純青。

神明階段的訓練仍然要加強套路訓練，但同前兩個階段不大相同。第一階段是以形帶氣做大幅度身形變化，來引發內氣運行；第二階段是以氣催形，仍做大幅度身形變化來體驗由內氣驅使身體動作進行技擊的精確度，而第三階段則是以意念運動為主的小幅度形體運動。演練者訓練套路時無論架勢或手法、身法、步法等形體運動幅度都可適當減少，但卻必須加強意念上的開合運動，進一步領悟套路中的陰陽變化。

人是一個具有能動作用的軀體，只有在長期的套路訓練和推手過程中，不斷地感受外來的各種勁別，科學地剖析勁別，悟徹陰陽、虛實、開合、蓄發、剛柔、急緩之變化，才能及時對外來的各種刺激迅速作出自己的能動反應或借對方攻力反攻其身，或改變攻力方向，化力落空。總之，只有用心感悟，才能遊刃有餘，無往不勝。

演練者除了將太極拳打得熟而又熟、圓轉自如、渾浩志引、絕無滯機外，要特別注意招數之間

的連接。一招既完，迅歸渾然，絕無跡象可尋，無端緒可乘，如神龍變化，捉摸不定，隨意舉動，自成法度，不可妄測。

將太極發於無端，成於無跡，無始無終，能去、能就、能剛、能柔、能進、能退、能屈、能伸，不動如山岳，難知如天地，充實如太倉，浩渺如四海，炫耀如三光，察來勢之機會，揣放人之短長，靜以待動，動以處靜。同時，還要拆拳打單勢，如打胸靠、打背靠、打肩靠、腰攔肘、順攔肘、穿心肘及周身各部位的訓練，以練習寸勁、爆發力，主要為閃、戰、彈、抖，將力點十分集中，簡捷、清晰、樸素，返樸歸真。

神明階段的功法訓練，已經貫穿到演練者日常起居、飲食、舉手投足之中，時時處處周身放鬆，意守丹田，身心高度靈敏，一有風吹草動，潛意識即可勃然而發，連自己也說不出其中玄妙，就已克敵制勝。縱然達到這層功夫也不可一時放鬆對自己精、氣、神的訓練，只是這時訓練已不拘格式，只要處處著意，靈勁便可徹底充盈，周身肌膚、骨節，處處開張，隨時保持筋骨要鬆，皮毛要攻，節節貫穿，虛靈在中，受遇神靈。

練習太極拳在做好日常功法訓練的同時，還要十分注意養生。《拳論》說：心為一身之主，腎為

性命之源，必清心寡慾，培其根本之源，無使損傷，根本固而後枝葉茂，萬事可作，斯為至要，培其本元，以養元氣，身本強壯，打拳自勝人一籌。若命如殘燈敗燭，就無功夫可言。

養生貴在養腎精。腎藏精，既藏先天之精也藏後天之精。它主宰人體的生長、發育、生殖。先天之精源於父母，後天之精來自飲食。人自幼年，腎精漸盛，有齒更旺，青春期出現排精和月經現象。腎主納氣，維持著呼吸平穩，腎陽對脾、肝、肺、膀胱等臟腑陽氣有溫煦促進作用，維持著人體內臟腑陰陽的平衡，故拳家以腎為命脈，為人體中氣之源，以出腎入腎為太極拳之真訣。

腎生陰精，來源於五味。五味影響人體五臟，故演練者進入神明階段，對五味之變，也不可不察。如食味過酸，會使肝氣深溢無盛，致使脾氣衰竭；食味過鹹，會使骨骼損傷，肌肉短縮，心氣抑鬱；食味過甜，心氣滿悶，氣逆做喘，顏面發黑，腎氣失於平衡；食味過苦會使脾氣過躁而不濡潤，胃氣壅滯；食味過辛，筋脈敗壞，精神受損。只有五味調和，才使骨骼強健，筋脈柔和，氣血暢通，腠理緻密。

此外，演練者還要注意攻奪理性的研究。交手如戰場，一閃一擊、一躲一迎，生存之地，存亡

之逼，不可不察。《孫子兵法》、《孫臏兵法》確要融於拳理，引入拳術之中。對人之來勢，務要審慎，足踢頭前，拳打膊後，側身進步，伏身起發，拳打上風，審顧地形，出手先占巧地是戰鬥要訣。骨節要對，不對則無力；手法要靈，不靈則生變。發手要快，不快則遲誤；打手要狠，不狠則不濟。腳步要活，不活則擔險；存心要精，不精則變愚。

演練者須勇猛迅疾，潑皮膽大，機智連環，出其不意，襲其不備，乘機而襲，乘襲而擊，虛而實之，實而虛之，避實擊虛，取本求末。出遇眾圍，如生龍活虎，逢擊單敵，似巨炮直轟。但凡心氣一動，四肢皆動，足起有地，動轉有位，或黏或游，或連或隨，或騰或閃，或折而空，或而捋，或擠而捺，知己又知彼，隨機而變化。

當演練者集功法、單勢練功、飲食養生、兵戰之理於一體，天機奧妙即自領。隨時間增長，功夫日上，周身處處皆太極，一動一靜俱渾然。

神明階段成功之時，兩腎如湯熱，膀胱似火燒。天供給人們以五氣，地供給人們以五味。五氣由鼻吸入，貯藏於心肺，其氣上升，使面部五色明潤，聲音洪亮；五味入於口中，貯藏於腸胃，經消化吸收，五味精微內注五臟以養五臟之氣，臟氣和諧而保有生化機能，津液隨之生成，五臟六腑自然

得以潤澤，必消食化滯，去病添壽。且若行拳，重似千鈞，輕如鴻毛，運動生於無心，鼓舞生於不覺。無心者出於自然，若有心則不安，無心則自樂。莫與心為伴，無心心自安；若將心做伴，動即被心瞞，此言為太極之真諦。

《拳論》說：運動之功久，則化剛為柔，練柔為剛，剛柔得中，方見陰陽。當其靜時，陰陽所存，無跡可見。及其動也，看似至柔，其實至剛；看似至剛，其實至柔。剛柔互運，無端可尋。至疾至迅，纏繞迴旋，離形得似，何非圓月。精練已極，極小亦圈。

練一層功夫有一層收穫，若得到純手，則打拳皆隨天機動也，莫非自然而然時，五陰並五陽之太極原宗，便活潑潑地自身流露而出。正是神穆穆，貌皇皇，氣象混淪，虛靈具一心，萬象藏五蘊，寂然不動若愚人，陰陽結合在己身。攻之而不開，破之而不散，擊之而不垮，衝之而不亂，引之而不動，奈之而無何。任憑勁敵四面八方，亦斷然難進，縱使勇猛無比者突然來襲，也定然傾則傾，跌者跌，莫測其神。使敵去難去，進難進，如站立於圓石之上立足不穩，絕陷險絕，追悔莫及。

豈可知，腳踢拳打下乘拳，妙手無處不渾然，任他四面都是敵，此身一動悉顛連，我身無處不太

極，無心成化成珠圓。遭著何處何處擊，我亦不知玄中玄，一氣旋轉自天停，乾坤正氣運鴻蒙，學到有形歸無跡，方知玄妙在天工。

至此之境，並無登峰，亦無造極。拳如逆水行舟，不進則退。拳如宇宙廣漠，奧妙無窮，欲求無尚，須晝不捨夜，歲不捨日，生不捨年，終生修煉。以應《拳論》所言：

人言此藝別有訣，往往不肯對人表。吾謂此藝無甚奇，自幼難以打到老。打到老年自然悟，豁然一貫神理妙。回頭試想懶惰時，不是先知未說到。說到未入我心中，我心反覺多煩惱。天天說來天天忘，有心不用何時曉？有能一日用力尋，陰陽消長自有真。每日細玩太極圖，一開一合在吾身，循序漸進功夫長，日久自能聞真香。只要功夫久無間，太極隨處見圓光。此是拳中之正訣，君試平心細思量。人人各具一太極，但看用功不用功。只要日久能無懈，妙理循環自然通。

第三章

陳式太極拳十大理論

陳式太極拳十大理論是對「太極」本源以及太極拳有關問題的抽象概括。學好十大理論，對準確認識「太極」的本質和把握太極拳的特點，練好太極拳有著十分重要的意義。

一、太極拳論

要知何為太極拳，須先弄清何為「太極」。

太字原為大。《易‧乾上》講，大哉乾元，萬物資始，意思是說「大」是世上萬物形成之前的乾元之境，無邊無際。後來，當人們想表示比「大」更廣、更深、更遠、更高之境時，就在「大」字底下又加了一點，成為「太」，意為無比、無際、無止、無邊、無窮……

極字原意為房屋中間頂端順房之木，即屋脊之棟，意為最高、最巔、最上等。

「太」、「極」二字合起來，就是無始無終、無邊無際，無時不在、無處不有。「太極本無極」，中國古代哲學稱派生宇宙萬物的本源、原始的混沌即為無極。

無極生太極，太極生陰陽，陰陽生四象，四象生八卦，八卦生六十四卦以至萬事萬物。古代哲學把繁雜世界歸納為天、地、風、雷、水、火、山、澤八種，進而統一於「一」、「元」、「無」等抽象的本源，充滿了唯物主義的可貴認識。

我們再看一下無極圖。古代道家把無極形象為〇，表示原始混沌之氣。為了進一步表示陰陽運動，互生互剋，動中有靜的豐富內涵，道家將渾圓分為陰陽圖，畫出黑白兩條首尾相咬的陰陽魚。白色圖案中有黑色魚眼表示動陽之根，在黑色圖案中有白色魚眼表示靜陰之根。科學地揭示了世界是什麼，世界怎麼有這樣博大精深的哲學問題。

陳氏第9代祖陳王廷創造太極拳，就是依據「太極」陰陽變幻的原理和太極圖的豐富內涵，把哲學認識結合到人生宇宙的把握上來，分虛實，講陰陽，剛中寓柔，柔中寓剛，強調演練時全身放鬆，虛靈頂勁，順乎自然，內外兼修，以達強身健體、克敵制勝之目的，故把其以陰陽太極之理來解釋拳理創造的拳術取名為「太極拳」。

二、太極精論

　　精即精華，是物質範疇內最優秀的部分。精、氣、神三者統一於精，因為精屬於物質範疇，是氣與神變化、發展的起點。

　　太極拳對精的重視提到了無以復加的高度。養精蓄銳，拳之根本。無論練功、養生、滋陰、壯陽，全為精脈旺盛。練拳不養精，到頭一場空；精脈勃發，練拳先強三分。

　　人體之精分先天之精與後天之精兩種。先天之精從胎中帶來，是父母交媾孕化過程中，精卵生機使然。如果父母精脈旺，又處於最佳的孕化天時、最佳的心理環境，懷孕期間營養又好，胎兒精脈當然好。

　　先天之精影響人的一生，但又不可忽視後天之精。人出生後，飲食營養合理，注意身體、心理訓練，精脈也會逐步得到調整。

　　少年、青年功夫不如壯年，重要原因在於精脈不豐、不熟；老年練功不可過度，過度損壽，因為老年精脈已經衰弱。太極拳以養精為上，技擊次之，精脈乃命脈。捨精求技，如緣木求魚，到頭一場空。

三、太極氣論

　　氣處於精與神中間的狀態，無形無勢，可任意流動，是精表現出來的一種特殊方式。我國古代哲學家們認為：物有對峙，勢有回還。氣的運動變化分為陰陽兩種性質，對立統一。

　　氣的陰陽劃分為：呼氣為陽，吸氣為陰；上升之氣為陽，下沉之氣為陰；陽氣上升仍為陽，陽氣下行即為陰；陰氣上升即為陽，陰氣下行仍為陰。陰氣藏精於內不斷地扶持陽氣，陽氣衛護體外使身體表面固密。

　　如果陰不勝陽，陽氣亢盛，會使血脈流動迫促，若再受熱邪之侵，陽氣更盛，就會發為狂症；如果陽不勝陰，陰氣亢盛，會使五臟之氣不調，以致九竅不通。

　　只有內氣陰陽平衡，才能筋脈調和、骨髓堅固、血氣暢順，邪氣不能侵害，耳聰目明，生機昂然。如果陰氣與陽氣分離決絕，人的精氣就會竭絕。

　　至於有人所分清氣與濁氣，也不外乎陰陽二氣。清氣為上升之氣，為陽氣；濁氣為下沉之氣，為陰氣。吸清排濁，練拳養生。

四、太極神論

神由精和氣所生，是物質的產物，它本身屬精神、意識範疇。

精氣雖然存在於五官百骸之中，但神采表現於外。精氣旺盛，神采飛揚；精血衰微，神色暗淡。練拳之人，舉手投足，無意間流露風流神采，全仗豐盈精氣。所以說，出神入化，須從提精開始，提精方可練神；神明靈巧，要從運氣中來，運氣自出神靈。

神來自精、氣，又高出精和氣，正如精神來自物質，但精神對物質有能動作用。太極拳演練要以提精貫神，神志集中貫始終。手、眼、身、法、步，一招一勢，全神貫注，不可有一絲懈怠。神散則架勢鬆垮，根本無益於精氣。

例如在懶紮衣動作中，目光隨手而動，不可東張西望。不僅眼到，手、身、法、步，人身處處皆是精神，要讓精神、內力與外形動作結合起來，靠神之能動作用，練好太極拳。

五、太極心論

　　人為萬物之靈，人與動物的區別在於心靈。心為一身之主，心一動百骸動，心一靜百骸靜。

　　練拳先練心，心平氣和，清除一切私心雜念，精、氣、神才能協調一致。心性浮躁，心不安住，心不守身，心不在焉，哪有練好太極拳的道理？

　　心誠則靈。專心致志，全身心投入其中，一招一勢苦費心機，用心體會太極拳的陰陽攻防變幻、內氣外形，發憤苦練，做到形神兼備、內外兼修，明其理，懂其妙，把握其巧，才能由必然走向自由，達到隨心所欲、起止開合恰到好處、恰領其妙的超卓境界。

　　練拳貴心虛，人外有人，天外有天，非心虛無以受益；交手要心實，心虛膽怯，不戰自敗，心實膽壯，氣勢先勝三分。心實不是呆板，呆板總為人欺。心靈勁自隨活，招勢隨機變化，進退似有天助。

　　交人交心，打拳攻心為上。得失成敗，勿忘心是主管。

六、太極意論

心中所思叫做意。

太極拳不同於外家拳的一個重要特徵就是意在拳先，以意催形，形氣結合，內外兼修。

初學者動作不熟，演練時總是用力不用意，手腳不靈，上下不合，身體僵直。只有多練，由招熟到懂勁，內氣才開始動盪，才可以意催形，形氣結合。

此時，舉手投足，招招勢勢，身未動而意先行，纏綿自然，不偏不倚，剛柔相濟。

練拳有兩種方法：一個是由理而發，一個是由氣而發。

由理而發，培養先天自然之元氣；由氣而發，訓練猛力。理佔先天之功；但硬手氣如練成，也照樣威猛逼人，技擊高超。儘管這樣，硬手練氣與太極練意兩相比較，畢竟遜色，理佔先天，先天占後天，一先一後，一高一低，不可同日而語。

演練太極拳還要注意知吾之意，聽彼之勁，知己知彼，當進則進，當退則退，進退自如，尋機發力，豈有不勝之理！

七、太極理論

何為理？理即道理，即規律。世間萬事萬物散必有統，分必有合，此乃眾所周知的道理。天地間上下、左右、前後，四面八方，五花八門，千頭萬緒，雖紛紛攘攘，然各有所屬，各有其源，歸根結底統於一本。太極拳的理亦是如此。套路千變萬化，神秘莫測，歸根到底由一而發，歸於「太極」。從頭頂到腳底，內有臟腑筋骨，外有肌膚毫毛，四肢百骸互為一體。

太極拳訓練，務必重視整體的協調一致。一開一合，順其自然；一剛一柔，絕無勉強；一動一靜，全體皆然；一虛一實，恰合天然。上中下，內外相連，以一貫之。一旦出手，如龍威虎猛，急如閃電；如需靜止，寂然歸元，一動不動，固如泰山。

練好太極拳，必先明其理，循其道，才能事半功倍，碩果累累。

八、太極情論

情者，情形。理存於中就為性，理發於外為之

情。

　　物有物情，行有行情。人與人交往有人情，音樂清濁高低有聲情。太極拳的招勢變化當然也有自己的情形。手足運行，身形變換，高低抑揚，都是拳情。

　　拳情又近乎於拳景，是演練者內功、心情的外在表現。屈伸往來，如層巒疊嶂；不滯不澀，如清波湧動。這就是太極情景的美麗圖畫。寧靜中孕含生機，淡泊中意在致遠；奇情從端正處出，奇景由鬆活中來。

　　拳情要鬆，不鬆無以求活；拳情要柔，不柔無以獲剛。鬆活剛柔，拳情自然舒展。

　　初練者刻意彈抖，弄巧反而成拙。因為彈抖固然生動，全由內力迸發，不是外形盡能表達的。只有暗勁充盈，招勢間才有無窮美感，拳情方有難言妙處。

九、太極招論

　　招即招勢，是太極拳路中動作的總稱。特別論述招勢，因為它貫穿始終，是內氣之依託，非招無以練拳。手、眼、身、法、步，或上或下，或左或右，或前或後，循法呈形，盡為招勢。一動為招，

招招相承。演練太極拳，要準確掌握動作變化，承前啟後，使體內血脈與外形動作一氣貫通，不能出現一絲一毫的隔閡。

歷代拳家名手，對一招一勢都有深刻研究，不僅套路盡得要領，還拆勢打單，細心琢磨其多種用途，從中悟出精妙，往往一招絕技，名震拳壇。但招勢全從運動規律中來，只能順乎血脈暢通的法則，不可為招而招，為勢造勢，徒有其表而無其實，捨本逐末，走上歧途。

從固定的招勢中尋找新意，順乎陰陽變化，變不離宗，便可創造出新招勢。由陳式太極拳起，楊式太極拳、吳式太極拳、武式太極拳、孫式太極拳，招勢各異，但萬變歸一，全部不離「太極」的至高準則。只要合乎科學原理，在以後的發展中，相信還會有其他好招妙勢出現。

十、太極性論

性即性質等，指事物的本質與特點。世界萬事萬物各有屬性。陰與陽是其基本屬性。人分男女，男為陽，女為陰；天分晝夜，晝為陽，夜為陰；方位有上下，上為陽，下為陰；……太極拳就是根據事物的陰陽屬性創造而成的。

　　陽剛與陰柔對立統一，互為轉化，生生不息，變幻無窮。演練太極拳，就要得其要領，不偏不倚。如若硬則偏剛，如若軟則偏柔，都不可取。

　　古訣中云：純陰無陽是軟手，純陽無陰是硬手，一陰九陽跟頭棍，二陰八陽是散手，三陰七陽猶覺硬，四陰六陽類好手，惟有五陰並五陽，陰陽無偏稱妙手。

　　太極性論在太極拳中的運用方法主要是沾、連、黏、隨四種。沾就是要緊沾住對方；連要緊挨對方，使其不能脫離；黏指對手想脫離時，緊貼上去；隨指隨著對方進退來去，因勢利導。在沾、連、黏、隨中，不丟不頂，在運動中尋找對方破綻，使對方攻擊落空，以柔克剛，將對手制服。

　　太極性論是太極拳十大理論中最具辯證法的部分。深刻理解陰陽二性，在演練時靈活運用，指導自己的實踐，並時時感悟，總結實踐，掌握剛柔相濟、極柔堅剛，隨屈就伸，無過不及的全部內涵，融入到自己的招勢之中，即可達到爐火純青的拳術境界。

第四章

陳式太極拳十大要領

　　陳式太極拳十大要領是演練陳式太極拳最基本的知識，動作要領是學好陳式太極拳的入門和根本，必須弄通弄懂，在演練時嚴格遵守。

一、虛靈頂勁

　　虛靈頂勁是指演練太極拳時，始終保持頭容端正，百會穴輕輕向上領起，有繩提之意。此為演練太極拳最基本的要領之一。

　　要想做到虛靈頂勁，須先弄準百會穴的位置。百會穴位於人體頭部頂端中央的發旋處，也即後髮際正中向上七寸處，又稱三陽、三陽五會、五會、巔上、天滿、維會、泥丸宮、嶺上、嶺上滿天等，為人體之制高點。《拳論》說：「百會穴領其全身。」虛靈頂勁就是要清氣上升，虛達於百會穴。

　　清氣如何上升？《拳論》說：「非平心靜氣不

可，濁氣必下降至足。一勢既完，上體清氣皆使歸於丹田，蓋心氣一下，則全體之氣無不俱下。」頂勁領起來，氣歸丹田，起於會陰，上行循腹里天突、廉泉、上督脈，亦由會陰起，過長強，順脊逆行而上至百會。

何謂「頂勁」？《拳論》說：「頂勁者，是中氣上衝於頭頂者也。」如果中氣不向上領，正氣即塌，四肢癱軟，無所依附，猶如一堆爛泥，打拳何從談起？

但頂勁決非硬頂，硬頂是僵勁，非為真正的頂勁。「頂勁上領，意思如上頂破天，不可用氣太過」。太過則正氣猛湧上頭，頭重腳輕，足下不穩，扭轉不靈，氣脈不通，橫氣填胸，有損身體健康。

頂勁又不可不及，不及則提不起精神。所以《拳論》說：「中氣上提，若有意，若無意，不輕不重，似有似無，不過不及，折其中而已。」「打拳全是頂勁，頂勁領好，全身精神為之一振。」

虛靈頂勁，既是打拳必須嚴格遵循的基本要領，同時又是一種拳術境界。練拳之初，很難真正領會其意，準確把握要領，只要由招熟漸悟到懂勁階段，內氣開始動盪，清氣產生、豐盈，膀胱發熱，丹田中正氣浩瀚，才可真正體驗靈機一動，清

氣上浮，周身空靈的奇妙境界。

但儘管如此，演練者從一開始，就須嚴格遵守虛靈頂勁的要領。非如此，難於練好太極拳，不會產生清氣，也不會有以後的清氣上升、濁氣下降、隨心所欲的通達和自如。

二、含胸塌腰

含胸塌腰是在開胯屈膝的同時胸脯向內微微含住，心氣下降，兩肋微束，腰勁自然下塌。含胸與塌腰實質上是相輔相成、同時進行的。只有含胸，腰勁才能自然下塌，周身血脈流暢無阻；要塌腰，必定含胸。兩者不能分開進行，而要互為前提，互為照應。

含胸要含住勁，切忌胸部外挺，若胸部外挺，則會引起氣擁胸表，致使自身上重下輕，腳腿上浮，重心不穩。含勁要四面包涵住，卻不是緊緊收閉，而要「胸虛如磐」。

《拳論》說：「中間胸腹自天突穴至臍下陰交、氣海、石門、關元，如磐折如鞠躬形，是謂含住胸，是為合住勁，要虛。」「胸間鬆開，胸一鬆，全體舒暢，不可有心，亦不可無心。自華蓋至石門要虛、含住，不可令橫氣填於胸中。」「胸膈橫氣

卸到腳底，即不能，亦當卸至丹田」。也就是說在
氣未能貫注周身時，即使不可能下沉直達湧泉穴，
也要沉入丹田。久而久之自能周身貫通。

　　塌腰不可弓腰，弓腰成駝背，經脈、骨骼彎曲
受壓，氣血不通；塌腰又不可軟，軟則失去靈勁活
勁。《拳論》說：「腰為上下體樞紐轉換處，不可
軟，亦不可硬，折其上方得（折其中的意思）」。
塌腰時，「腰勁貴下去，貴堅實」。「腰以上氣往
上行，腰以下氣往下行，似上下兩奪之勢，其實一
氣貫通，並行不悖」。

　　含胸塌腰同時進行，則周身骨節處處開張，丹
田中的清氣方可上升、暢通至百會穴，下沉之氣也
可順利下沉至丹田，達於湧泉。周身氣由丹田起，
分四路出，一氣貫通。六分至心，分作兩股，各三
分上行左、右肩，由骨縫中貫到左、右指；其餘四
分，化作兩股，各二分下行至左、右腿，經骨縫貫
至左、右足趾，以保證虛靈頂勁。

　　所以說，含胸塌腰非常重要，悉心掌握，全身
氣血才能走通走活，必須嚴格遵守這一基本要領。

三、鬆腰養氣

　　鬆腰養氣是指腰部放鬆，以養煉體內浩然之正

氣，此亦為演練太極拳務必遵循的基本要領。

鬆腰養氣與含胸塌腰相關聯，但要領不同。塌腰指的是腰勁下塌，中氣自然沉入丹田；鬆腰則是指腰部鬆活，目的在於養護、養煉正氣。塌腰時，「腰勁貴下去，貴堅實」。鬆腰時，「腰中要虛，一虛則上下皆靈」。

《拳論》說：「腰如車軸氣如輪。」腰不能緊，緊則束氣，全身僵直；腰部要鬆，腎氣才能出入暢通，身體各部位正氣皆可上下相通，貫注丹田，遍佈周身。

清氣上升，濁氣下降，上沖百會，下至湧泉，氣隨意動，處處開張，久而久之，內氣自然充盈。所以說，鬆腰即可養氣。

鬆腰養氣，能運周身之虛靈，可以促使虛實陰陽變化，足從手運，以腰為軸，圓轉自如。與人交手，進退攻防，剛柔相濟，鬆活彈抖，意到氣到，足穩身固，無堅不摧。

鬆腰先要鬆胯。胯為腰根，鬆胯才能鬆腰。胯鬆、腰鬆，氣脈才能貫通，湧泉、丹田、百會等穴位，才能一氣相連。

演練太極拳要十分重視鬆腰技巧，養成浩瀚之氣，氣自隨功夫長，方得太極神妙。

四、分清虛實

周身上下，四肢百骸，無處不有虛實之分，所以說練習太極拳的所有動作都必須分清虛實。動作能分清虛實，即可靈活轉化，才能耐久不疲，張弛輕重勻運轉換，不致困頓。

練太極拳時不僅雙手要有虛實，雙足要有虛實，左手和左足、右手和右足也要上下相隨，在運動中分清虛實，左手實則左足虛，右手虛則右足實。一招一勢，虛虛實實，遍藏玄機。

虛，不是全無力量；實，也並非全部落實。只是比重各有所偏罷了。初學者，動作可以大開大合，大虛大實，根據身體條件和年齡的變化、功夫的進步程度即可選擇練習中架或小架。比如二八分，轉為小虛小實，變為三七、四六分等。小虛小實，由於動作幅度較小，虛實轉換更為靈活。

分清虛實，但不要過偏。所謂「偏」，是指人的重心的偏心距離超出兩腿內距離的中間1/3的範圍。過偏不利於轉換，易遭襲擊，不易靈活應敵。分清虛實，不可過實，過實則遲滯；也不可過虛，過虛則浮飄，無著無落，根基不穩。

分清虛實要注意隅手的補救辦法。與人交手，

偏虛偏重出隅的情況經常發生，要注意運用隅手糾正自己的偏虛偏實劣勢，隨機應變，克敵制勝。

分清虛實，演練者自己要儘量做到外形隱蔽，心中明瞭。「心要虛，心虛則四體皆虛，丹田與腰勁足底要實，三處一實則四體之虛皆實，此謂虛而實。」「實中有虛，虛中有實，太極自然之妙用，至結果之時，始悟其理之精妙」。

「開合虛實，即為拳經」。分清虛實，深得虛實變化要領，悉心把玩，相信演練者從中會逐步理解太極真味。

五、沉肩墜肘

沉肩墜肘是在鬆胯屈膝、含胸塌腰束肋的同時，將兩肩并鬆開下沉，兩肘隨之下塌，周身骨節放鬆，心氣沉入丹田，清氣上升，濁氣下降至湧泉，全身貫通，勁達四梢。

沉肩墜肘與含胸塌腰要相互一致，只有沉肩才能墜肘，只有含胸才可塌腰，只有含胸塌腰才能沉肩墜肘。否則，無法使周身之勁合為一體，運動時上下不隨，內外不合，血氣不暢。

《拳論》說：「打拳運動全在手領，轉換全在鬆肩，功久則肩之骨縫自開，不能勉強，左右肩鬆

不下則轉換不靈。」「胳膊如在肩上掛著一般。」「兩肘當沉下，不沉則肩上揚，不適於用。」講的都是沉肩墜肘的基本要領。

兩肩要鬆下，不鬆下上身僵直，氣脈不通，虛靈頂勁、氣沉丹田無法完成。但鬆肩不是丟肩，丟肩則不提精神；更不可聳肩，聳肩氣血上湧，中氣不能通達四梢。

故《拳論》說：「肩塌下，不可架起來。」又說：「兩肩要常鬆下，見有泛起，即將鬆下；然不得已上泛，聽其上泛，泛畢即鬆，不鬆則全肱轉換不靈。故宜泛則泛，宜鬆則鬆。每勢畢，胸向前合，兩肩彼此相呼應。」

成勢時，沉肩墜肘，含胸塌腰，膝蓋與肘尖上下相對，使外三合與內三合緊密配合，全身呼應合住勁，天長日久，功夫自成。

六、以意行氣

以意行氣是指氣受意的指揮，在體內運行，一舉一動均要用意不用力，先意動而後形動，意到氣到。以意行氣，用意不用拙力，是太極拳最重要的特徵。正如《拳論》所說：「以心行氣，務令沉著，乃能收斂入骨」；「以氣運身，務令順遂，乃

能便利從心」；「全身意在神，不在氣，在氣則滯」。

以意行氣中的氣，是指「內氣」，並非一般所說用肺呼吸的空氣。內氣又稱元氣、正氣、先天之氣，從母胎中帶來。演練太極，就是為了讓內氣出現並吸取空氣中的清氣、五穀雜糧精微之氣合為一體形成浩然之氣。

雖然，練太極拳要「以意行氣」，但初練者意與氣還沒有達到高度協調，必須經過以意行氣，以氣催形的漫長過程。達到以氣催形、形氣結合階段時，也不可只想氣在體內如何運行，而要把意注入動作中，否則就會神態呆滯，氣不僅不能暢通，而且會造成氣勢散漫的錯誤，使意氣俱蒙其害。所以《拳論》說：「意在神，不在氣，在氣則滯。」只有這樣，才能取得形神兼備、內外兼修的效果。可以說，太極拳所有訓練的最終目的，都是為了使內氣出現和以意運氣。

由於太極拳是意氣運動，所以久練則精神集中，周身遍佈脆勁靈勁，只要意到，便可做出迅速反應，對忽然而來的刺激，也會做出敏感、準確的相應動作，免受損害。到了這個時候，就到了神明階段，以意運氣可以隨心所欲。

七、上下相隨

　　陳式太極拳勁起於腳跟，行於腿，主宰於腰，達於四指，周身必須上下相隨，一氣貫通。由腿而腰，由腰而臂，由臂達於手指。「發令者在心，傳令者在手，觀色者在目。手、眼、身法、步一齊俱到，缺一不可。」

　　上下相隨必須注意以手為引領，而手又全在於手掌、手指中衝穴領其周身運動。手到之處，足必相隨，中間胸腹自然也隨手足變化而運動，上下一體，一氣相連，說動一齊動，說停一齊停，將頂、襠、心、眼、耳、手、足、腰八體緊密結合，不先不後，迎送相當，前後左右，上下四旁，轉機靈敏，緩急相當。正可謂「擊首尾動精神貫，擊尾首動脈絡通，當中一擊首尾動，上下四旁扣如弓」。

　　初學者動作不熟，容易顧此失彼，顧上不顧下，顧下不顧上，必須加強訓練，使之協調一致。同時，還要注意分清虛實，特別是左手虛與右手實，右手虛與左手實，左腳虛與右腳實，右腳虛與左腳實，左手虛與右腳實，右手實與左腳虛等相互配合，以意運氣，以氣運形，練出靈勁，周身才有真正的上下相隨。

八、內外相合

內外相合是指外形動作與內氣運動互相一致，密切配合。

太極拳運動之所以要求內外相合，原因在於它是一項「意識體操」，以意運氣。

練拳以練意為先，意為主帥，意到氣到，以氣運形，身體上下、內外才高度一致。正如《拳論》所說「內外一氣流轉」。

陳式太極拳千變萬化，所向無敵，雖然動作態勢多端，也不外虛、實、開、合四字。演練者從頭頂到足尖，內有五臟六腑、經絡筋骨，外有肌膚皮肉、毛髮，四肢百骸處處相連為一體，破之而不開，撞之而不散，打之而不亂，以意行氣催形變。若要拉開，不但手開足開，心中意念隨之也開；若要閉合，不但手合足合，心中意念也與之俱合。一招一勢，凡上欲動下自隨神往，凡下欲動上自領神去，凡上下動中部和神策應，凡中欲動上下輔神主之，內外相連，前後相需，虛實開合，渾然一氣，則發力自然會迅猛而機靈。

內外相合的基礎是上下相隨。但也只有達到內外相合的階段，上下相隨才會最完美地得到表達。

演練太極拳不可上下不隨，更不可內外不合，捨此便使周身散亂無主。

九、招勢相連

招勢相連是指打一整趟太極拳不僅一動全動，周身相隨，而且招勢之間不丟不頂，圓轉自如，一氣呵成，內勁不斷，滔滔不絕，渾然而成。

太極拳招勢相連的原因，在於它是以意行氣、以氣運形的拳術運動。《拳論》說「勁斷意不斷，意斷神可接」，最忌只用後天拙勁。拙勁貌似剛強，但因其起有止，有斷有續，舊力盡時，新力未生，最易被人乘隙而擊。以意行氣，用的是內氣，拳路自始至終，招招勢勢均由意念所引，綿綿不斷，循環無窮。

招勢相連的具體方法：

在手法遇到往復時，要鬆腰折疊。如上一動作將終，在下一動作之先，如下一動作要往下和往前行，那麼就要先向上一折，再往後一疊，然後再接做下一拳式，這樣就會呈曲線緩和運動。《拳論》說：「意欲向上必先寓下，意欲向前必先寓後。」步法上遇到進退時，要嵌以轉換，邁步向前或退後走弧形，均不可直進直退，要有以步隨身和身隨眼

動、留戀繾綣、似鬆非鬆、將展未展的神態。開合，收放，寓義收即是放，放即是收。

招招勢勢，以意貫之，形斷意連，勁斷意不斷，神氣運行，源源不斷。慢到方時快，快到圓時慢，極其勻稱地配合著開合，如玉環的無端，看不清銜接在何處。拳情拳景，如層巒疊嶂，江河奔流，自有無窮美感。與人搭手，進退攻防，不呆不滯，立於不敗之地。

十、動中求靜

陳式太極拳是在運動中進行的，但它要克服外家拳術以跳躍為本、用盡氣力去拼搏、練過之後氣喘吁吁的弊端。為此，就必須在動之中求得相對的、暫時的靜，並於短暫的體形靜態之中繼續完成意念運動，調理身體內部因外部變化而帶來的短暫的不協調，使自己在傾刻之間達到上下相隨、內外相合，以應禦外來之動，克制對方於不協調的短暫瞬間，一舉制敵。所以，陳式太極拳術的動作雖各式各樣、千變萬化，但在動的形態下進行卻又貫穿著動中有靜的自然規律，是一套無與倫比的具有無限生機的內家拳術。

陳式太極拳本著動中有靜與靜中有動的自然運

動規律，順其道而行，在拳路運動中自然地把動與靜有機結合在一起，該動則動，該靜則靜，既有節奏性又有規律性，並且有變化性。

演練中以慢為上，保持雖動猶靜法則，動作緊密配合呼吸，將氣沉於丹田，保持身體血脈經絡相通，使演練者大腦神經中樞保持興奮和抑制過程的平衡，在運動之中求得安定和沉著，保證在技擊之中發揮更大的作用。這也是陳式太極拳術的「以靜制動」的重要準則。

陳式太極拳要求：

一動無有不動，一靜無有不靜。這是陳式太極拳術中動中求靜和以靜制動的具體表現形式。即不動時如五嶽之山，巋然不動；動似江瀉海嘯，濤浪騰空。不動時像狸貓捕鼠，以待機出擊；動時如蒼鷹叼兔，迅疾準狠。

陳式太極拳的每一招每一勢，都是有起有落的。起是動的開始，落是暫時的靜。在兩勢承接之處，似停而非停，勁似斷而意未斷。如此動中有靜，靜中有動，連綿不斷，如波浪一般，徐徐變動。

陳式太極拳術的內氣運行，當一個動作結束時，要將內氣運沉於丹田之中，而後再由丹田發出，隨著已經起勢的拳式進行周身運動。內氣回歸

丹田時，是短暫的一靜，再由丹田勃發而出，持續運動。演練者於靜時蓄養內氣，於動時氣行周身。這是一個內氣的轉換與增生過程。

在整個陳式太極拳術套路運動中，演練者必須善於做內氣的轉換，使身體內部源源不斷地產生新氣，維持整個運動的需要。

太極拳是一靜一動的有機結合，外形靜時，內氣欲動；內氣靜時，外形又發。太極拳本身就是在動中有靜、靜中有動的狀態中持續進行的。演練者必須細心體會，領悟出動中求靜之理，方可實施以靜制動之法。

第五章

陳式太極拳的基礎知識

太極拳是一個內外兼修全面性的武術拳種，具有集衛生保健與攻防技能於一體的顯著特點。太極拳運動的一舉一動，包括手法、掌法、拳法、肘法、眼法、身法、步法、腳法、跳躍法、平縱法等，均有著嚴格的規定與要求，並以此來促進和提高演練者強身健體及攻防絕技的訓練。

一、手法要領

1.內　旋

內旋的動作使用頗多，一般都是在演練重心轉換過程中完成的。內旋時手掌以小指領勁，拇指隨合順纏，由外向內下旋轉，整個動作在吸氣中完成。隨著身體的旋轉，內旋時以手領肘，以肘隨肩，以肩隨腰，做到上下相隨，內外合一，固若金湯。內旋用於雲手內合等動作。

2.外　旋

外旋的使用也很多，一般是在重心轉換蓄發相變的情況下，螺旋向外開展。外旋時，手掌以拇指領勁，小指隨合逆纏由內向外旋轉，在呼氣中完成整個動作，以腰催肩，以肩催肘，以肘帶手，自然旋轉，向外開放。

3.摟　手

兩手在身體兩側雙順纏，由上向下斜線劃弧，然後變合勁上托。摟手也稱「摟膝」。

4.刁　手

手腕由伸到屈，向內側刁腕，並將內力運達於手指，此手法用於套路中六封四閉變單鞭的轉換過程中。

5.纏　手

纏手是以腰脊為統帥，兩腕關節為主導，兩手向身體兩側各翻轉一圈（360°），形似抱球狀，用於單鞭前式。

二、掌法要領

1.掌

對於掌的要求是：拇指和小指內扣，無名指、中指、食指有外翻之意，掌心成瓦壟狀，成勢時勁

達於中指肚。

2. 推　掌

分單推掌、雙推掌、蝶手推掌、工字雙推掌等。無論哪一種推掌方式，在出掌之前，務必做到先蓄而後發，勁起於腳跟，行於腿，主宰於腰，達於四梢。向前推出時，要短促而有力，屈臂沉肘，自動彈收，內力直達於掌根或掌外沿。

此掌法用於抱頭推山、六封四閉、玉女穿梭、小擒打等動作中。

3. 劈　掌

分直劈、向裡斜劈、向外斜劈、兩側橫劈等。出掌時，要擰腰旋臂，合中寓開，開中寓合，勁達於手掌外沿，懶紮衣變六封四閉中即用劈掌。

4. 撩　掌

分直臂上撩和屈肘上撩兩種。出掌時，由後向前上方撩起，內力直達於四指或掌心，金剛搗碓後手即為撩掌。用於金剛搗碓後手等動作中。

5. 托　掌

分上托掌、前托掌、斜上方托掌等。出掌時，要求演練者屈臂內合，肌肉放鬆，不可緊張，否則力點體現不清晰，影響勁力的有效發揮。先蓄而後發掌，短促有力，具驚彈之感，仰掌托出，勁力達於掌根。如金雞獨立即用托掌。

6.拍　掌

分前拍、橫拍、側拍等。拍掌時，身體先向下蹲而蓄勢，然後腳快速踢起。同時直腕拍腳，快速有力，勁直達於掌心。左擦腳、右擦腳、踢二起均用拍掌。

7.穿　掌

分左穿拳、右穿掌，主要用於閃通背和倒騎龍的轉換之中。穿掌時，手臂由屈而伸，勁直達於指尖。

8.切　掌

俯掌螺旋向前，然後向下切出，勁達於手掌外沿。大将時多用切掌。

9.抹　掌

抹掌時，要求以俯掌沿另一臂上方向前抹出，勁達於手掌外沿。

10.護身掌

用於旋風腳之前，演練者雙臂交叉於胸前同時兩掌向外翻，護於身兩側。

11.撐　掌

掌心自上而下，壓撐，勁達於手掌根部，五指既可以併攏，也可以微微張開。金雞獨立下按手即用撐掌。

12.運　掌

運掌時一臂微屈，向下成立圓向內環繞，另一手則由異側成立圓向外環繞。雲手中即用運掌。

13.插　掌

臂由屈而伸，快速直掌前插，勁達於指尖，十字腳左手即用插掌。

14.標　掌

分直掌前標、俯掌前標、仰掌前標等。標掌時，手臂肌肉放鬆，蓄勢發勁，手掌急速前伸，勁直達於指尖。閃通背前半勢中即用標掌。

15.伏　掌

要求肌肉放鬆，屈臂由外向內旋轉，勁達於手掌，掌心向下直按。左、右金雞獨立即用伏掌。

16.亮　掌

亮掌又可稱為亮翅。亮掌時，兩臂在身體兩側微屈而外展，一手護膝，一手舉於頭側上方。

三、拳法要領

1.拳

對於拳的要求是：五指蜷曲，拳面要平，拇指壓於食指、中指的第二指節上。

2.衝　拳

衝拳時，拳從腰間螺旋向前快速擊出，勁達於拳面。同掩手肱拳。

3.撩　拳

撩拳時，將拳頭自下向上弧形屈臂撩擊，勁達於拳背。同陳式太極拳老架二路搗叉第二動。

4.栽　拳

栽拳時，演練者手臂由屈到伸，自上向前下方栽出，速度要快，抖肩而出，勁達於拳面。

5.橫　拳

橫拳又稱肘底看拳。要求屈臂自側面出拳向另一側面橫擊，勁達拳面。

6.釘　拳

一手屈住，大拇指壓住食指中節或中指末節，中指突出。發拳時，先屈肘而後發，既可衝拳發出也可栽拳發出，但必須崩發清脆，勁達於中指中節。

7.拋　拳

拋拳時，拳頭自上而下，呈環形運動，手臂微屈，勁達於拳眼。如青龍出水和躍步搗叉皆用拋拳。

8.架　拳

如撇身拳。架拳時，右拳先向右，然後弧線向

上，經左側頭前向右上方架拳，拳眼向下，內力直達於拳輪。

四、肘法要領

1. 肘

在大小臂關節連接處，形成銳狀的部位，即稱為肘。在肘尖的四周皆可發出不同形狀的肘勁。

2. 頂　肘

頂肘的用法，可分為前頂和側頂兩種。頂肘時，先屈肘握拳，手心向下，以肘尖向側前方、側後方或側方頂出，勁達於肘尖。

3. 盤　肘

盤肘時要求腕部內合，拳心向裡，前小臂由外向前下盤肘。

4. 上挑肘

大小臂成合勁，腕部內合，在側方向上發力，勁達於肘尖。

5. 順　肘

用肘尖協同大臂一齊迸進發力為順肘，又稱順攔肘。

6. 橫　肘

大小臂成合勢，肘尖位於身體側方，向身體前

方發力進肘。橫肘又稱腰攔肘，發肘時，勁達小臂外側。

五、眼法要領

1.定勢眼法

太極拳運動時，應體鬆心靜，呼吸自然，動作弧形，虛實分明，上下相隨，圓活完整，均勻連貫，勢勢相承，不存在明顯的定勢動作。只是在一勢完成了，另一勢即將開始，內氣與動作交相承接的關鍵時刻才有定勢。此時，演練者的外形運動已停止，但是內氣仍在運行；當內氣運行尚妥，外形又早已引發。所以，這裡所講的定勢，只是外形運動停止，內氣尚在運動之時。這個時候，眼法上要求演練者雙目平視前方或者注視即將引發的雙手上，不可低頭，不可信目，不可妄視。

2.換勢眼法

換勢是指內氣運行剛剛歸入丹田，外形重新引發的時刻。此時，要求演練者做到眼法與手法、步法、身法的協調配合，以達到手法、眼法、身法、步法的協調一致。

3.運動眼法

在整個套路的運動中，始終要求演練者做到勢

動眼隨，神態自然，全神貫注，思想集中。

六、身法要領

1. 頭 容

要求演練者頭容正直，虛領頂勁，不可隨意偏歪或任意搖擺。

2. 頸 部

要求頸部必須自然豎直，肌肉不可緊張，也不可萎縮。肌肉過度緊張會使演練者動作不靈，萎縮則會使演練者失去精神。

3. 肩 部

肩部為演練者內勁發通之道，必須保持鬆沉，不可向上聳起。聳肩會導致氣逆意而行，雙手、雙肘受阻，內氣運行不暢，技擊發揮不當。

肩、肘、手都是技擊上的發力部位，機動靈活十分重要。所以，演練者肩部不可聳起，也不可過度後張或前扣。

4. 肘 部

要求演練者肘部沉墜下垂，自然彎屈，不可僵直或揚起。肘部僵直，勁不宜發揮；肘部上揚，則導致內氣懸空。所以演練者務必沉墜雙肘，以利技擊時起肘發力，趨於本源。

5.胸　部

要求演練者胸部要含，舒鬆自然，不要外挺，也不可故意內縮。胸部是內氣活動的主要場所之一，舒鬆自然可以保證上發下蓄的順利進行，外挺會導致橫氣填胸，氣血運行受阻。

6.背　部

要求出中氣上領背部自然上拔，決不可身體前弓，單純去體現拔背，否則久而久之會引起自然駝背，致使內氣上沖，引起橫氣填胸。

7.腰　部

腰部為內氣之源，要求演練者必須保持腰部自然鬆沉，既不能弓，又不可挺，以使內氣旋轉自如。

8.脊　椎

脊椎是人體神經密集之處，主傳導之功能，必須保持正直，切不可隨意左歪右斜，前挺後弓。這些無意識的動作都會對神經系統起到壓迫作用，導致神經系統傳導遲滯緩慢。

9.臀　部

臀部與胯部是演練者上體動作的機關，靈活自如，方能保證演練者整體動作得心應手。臀部要注意收斂，不可向後突或隨意搖擺；胯部要求鬆、縮、正，不可左右突出歪扭，求得自然。

10.膝　部

在整個套路中，要求演練者的膝部要屈伸自然柔和，方能保證整體運動的端正自然，不偏不倚，旋轉鬆活，不可僵直浮軟。

七、腳法要領

1.擺蓮腳

擺蓮腳要求支撐腿微屈站穩，五趾抓地，穩固身體重心，另一腿從異側擺起，經面前向外做扇形擺動，腳面展平，兩手在額前依次迎拍腳面，擊拍兩響。

2.踩　腳

在演練過程中，金剛搗碓、十字腳等多用踩腳。踩腳時，要求演練者支撐腿微屈站穩，五趾抓地，固定重心中正，另一腿提起過膝，用力向下踩去，下踩時湧泉穴要虛。

3.拍　腳

拍腳可分直拍或側拍兩種。拍腳時要求支撐腿微屈站穩，穩固身體重心，另一腿向前上方直擺，腳面展平，手掌與腳面相拍擊。

4.踹　腳

踹腳時要求支撐腿微屈站穩，另一腿提起，腳

後跟用力迅速向前蹬踹或以腳外側用力向體側橫踹。高踹腳必須過腰，低踹腳低不過膝，腳踹出之後，應立即自然彈收。

5.踢　腳

踢腳時演練者以支撐腿微屈站穩，將另一腿向前方直踢，腳面繃起，踢過肩部。

6.分　腳

分腳時以支撐腿微屈站穩，另一腿屈膝提起，然後擺小腿，伸直向上，腳面繃平，腳尖朝前，高過腰部。

7.蹬　腳

蹬腳時支撐腿微屈站穩，膝關節不可僵硬，保持上體正直。然後，另一腿屈膝提起，將腳尖向上勾起，以腳跟發力蹬出，直至蹬腿伸直，然後彈收。

八、步法要領

1.上步要領

上步是指演練者後腳前進一步或者前腳向前移半步，上步時腳後跟先著地，發步如貓行，須有探聽之意。

2.退　步

退步指演練者將前腳向後退一步，退步時腳尖先著地，以弧線後退，仍有探聽之意。

3.撤　步

撤步指演練者前腳或後腳向後退半步。

4.縱　步

縱步指演練者前腿提起，後腳蹬地向前跳一步。

5.插　步

插步指演練者將一隻腳經支撐腳的後方橫插落於地。

6.蓋　步

蓋步指演練者將一隻腳經支撐腳向前方橫蓋落於地。

7.進　步

進步指演練者的兩腳連續向前移動。

8.側行步

側行步指演練者左右兩腳平行連續做側向移動。

9.跟　步

跟步指演練者將後腳向前方跟半步。

10.行　步

行步指演練者兩腳做連續前進運動，身體重心

平穩移動。

11. 扣　步

扣步指演練者在上步落地時，將腳尖向內扣住，與後腳成正八字形。

12. 擺　步

擺步指演練者在上步落地時，腳尖向外擺，與後腳構成反八字形。

13. 跳　步

跳步指演練者前腳蹬地跳起，將後腳隨即踢起落地。

14. 碾　腳

碾腳指演練者以腳前掌為支撐軸，以腳跟向外展及內扣，做橫向移動；或者以腳跟為支撐軸，以腳尖向外展及內扣，做橫向移動。

九、步型要領

1. 前點步

前點步要求兩腿微屈，一腳向前出半步，以腳尖點於地面構成前點步型。

2. 後點步

後點步要求兩腿微屈，一腳向後撤半步，並與腳尖虛點於地面而構成後點步。

3.坐　盤

坐盤指演練者兩腳交叉疊攏下坐，臀部及後腿以大小腿外側及腳掌全部著地而構成的步型。

4.仆　步

將一腿全蹲，大腿和小腿靠緊，臀部接近小腿，全腿著地，膝部與腳尖稍外展，另一條腿平鋪展開，接近地面，全腳著地，腳尖內扣即構成仆步步型。

5.弓　步

弓步要求前腳微內扣，全腳著地，屈膝半蹲，大腿接近水平，膝部與腳尖基本垂直，另一條腿屈中求直，腳尖裡扣斜向前方，全腳著地。

6.虛　步

後腳斜向前，屈膝半蹲，大腿趨於水平，全腳著地，前腿微屈，腳面繃緊，腳尖虛點地面。

7.半馬步

半馬步相間80公分左右，腳尖朝前，屈膝半蹲與大腿蹲平，重心三七開。

十、跳躍要領

1.二起腳

對二起腳的要求是：縱跳要高，騰空踢腳與拍

腳在空中完成，擊拍準確響亮，高度過肩。

2.騰空跌叉

騰空跌叉的要求是：縱跳要高，跌落時前腿伸直，腳尖翹起，以腿後側著地；後腿彎屈以腿內側著地。落地後，演練者要保持身體正直。

3.跳　躍

跳躍動作有翻身跳、轉身跳、原地跳、蓋步跳等多種。

對於跳躍的要求是：縱跳要高，下落要輕，落地要穩，儘量保持身體的正直與平衡。

第六章

陳式太極拳老架一路圖解

一、陳式太極拳老架一路動作名稱

二、關於圖解的幾點說明

（1）本書中的圖解均是根據陳照丕先生生前傳授的陳式太極拳一路、二路（炮捶）套路，由作者示範演練拍成照片，對於套路中的個別動作在手法上略有變動。

（2）為了便於讀者查對拳式的方向，圖解中的預備勢方向定為面北背南，左西右東，練習熟練後，讀者可根據場地情況任選方向，不一定從面北站立開始。

（3）圖中帶有虛線或實線的箭頭，均表示手或足的動作趨向，即由本圖過渡到下一圖的動作趨向。凡動作較簡單，用文字即可說明的，就不再在圖中表示其動作趨向，可參看本圖文字和後一圖的文字說明。另外，本書圖解在定勢時都注有方向，以便讀者查對練習。

（4）書中實線箭頭表示右手、右腳動作的趨向；虛線箭頭表示左手、左腳動作的趨向。

（5）本書中所寫的呼吸、內勁、用法等，初學時不易參照，可先按照本書第二章的第一階段的要求和要領練習。待有一定基礎後，再逐步體會內勁和用法。不可操之過急，否則徒勞無益。

三、陳式太極拳老架一路動作說明

第一式　預備勢

身端體正，凝氣定神，內固精神，外示安逸。面北而立，此方向是根據前人的經驗和習慣而定，但是也不必侷限某一方向，可根據場地而定。詳細說明可參閱第二章。

頭要正直，頂勁要虛虛向上領起，頭頂百會穴要用意輕輕上頂，有繩提之意，如懸掛一樣。嘴唇微閉，齒輕合，舌尖輕頂上齶。用鼻自然呼吸，下頦微內收，兩眼平視前方。兩耳靜聽身後，以便注意力集中。外觀有無極之感，頸部要自然豎直且放鬆，兩肩放鬆下沉，含胸微收腹。但不可弓背陷胸。塌腰、兩肋要束，使兩肩關節相對，領下大椎穴有鼓提之意，與虛領頂勁上下呼應。兩肘微屈。兩手與兩腿之間自然留隙，手心向裡。拇指內合，其餘四指微併攏。小指內合與拇指相呼應。指尖有外翻之意，使掌心成窩形（圖6-1）。

圖6-1

【要點】它是開始練習動作之前意識和姿勢的準備階段,所以一上場練拳就得去掉思想上任何私心雜念,平心靜氣,以意而待其動,全身要內外放鬆,保持立身中正,呼吸自然,意守丹田,眼視前方。

第二式　太極起勢

●**動作一**●接上式,吸氣,身體微下蹲,鬆兩胯,兩膝微屈,然後將身體重心全部移至右腿,同時左腿鬆胯,提膝,將膝蓋提至與胯平,左腳放鬆下垂,眼視前方(圖6-2)。

【要點】太極起勢是靜中生動,在鬆胯提膝時,兩腿左開右合,右腳五趾抓地,達到下盤穩固,左膝上提時,含胸略收小腹,氣沉丹田,周身成合勁,方能保持周身上下平衡。

●**動作二**●接上勢,先吸後呼氣,左腿繼續上提過胯,然後慢慢向左側跨出,兩腳自然分開,與兩肩同寬,腳尖先著地,後漸漸踏平,兩腳尖略外撇成八字形,十趾抓地。目視前方(圖6-3)。

圖6-2

圖6-3　　　　　　　　　　圖6-4

【要點】左腳下落時先上後下，此時為了保持身體平衡，身體繼續略下蹲，左腳跨步時有探聽之意，落地腳後跟內側先著地，然後再漸漸踏平。

第三式　金剛搗碓

●**動作一**●接上式，吸氣，含胸，塌腰，身體繼續微下蹲，同時鬆肩沉肘，兩手徐徐向前上方抬與肩平。雙手上提時兩手腕部突出，指尖向前，兩掌心向下，目視前方（圖6-4）。

【要點】雙手上掤時，胯關節微外撐，襠內側微合，兩膝微裡扣，鬆胯開襠，臀部自然上泛，但不要故意撅起。全身內外放鬆，保持立身中正，耳聽身後，兼顧上下左右、四面八方，這在整個過程中都應該注意。

●**動作二**●接上勢，呼氣。身體微下蹲，兩肘

圖6-5　　　　　　　圖6-6

下沉，同時兩掌跟繼續下按至與肚臍平。手指略上翹，小臂微內收。兩手與兩腳相合。目視前方（圖6-5）。

【要點】起落應以纏絲勁貫穿於一切動作的全部過程之中。兩手下按時，身體下蹲，氣往下沉，以意識引導氣注入丹田。兩腳十趾抓地，湧泉穴要虛，周身合為一體。

●**動作三**●接上勢，先吸後呼氣。身體微右轉，鬆右胯，兩手在身體小腹前同時各劃一小圈，然後再鬆左胯，重心移至右腿，兩手隨身體左轉，一起向左側出，左手指與肩平，右手至小腹前方。眼視左前方，面向西北（圖6-6）。

【要點】太極拳是陰陽、虛實、剛柔、開合、起落旋轉和螺旋式的纏絲運動，即太極勁。兩手在腹前劃圈時，只有鬆腰、活胯、旋膀、轉腕，

才能達到劃圈圓而自然。兩手外
掤時，重心移至右腿，則可達到
左重則左虛、右重則右渺的反向
對拉力。

圖6-7

●**動作四**●接上勢，吸氣，
含胸，塌腰，身體右轉並下沉，
重心左移，同時右腳尖翹起，
以腳後跟為軸往外旋轉，兩腳變
成左實右虛，兩手隨身體右轉，右手有接手之意，
右先左後一起向身體右側捋出。眼視前方，面向東
（圖6-7）。

　　【要點】由左掤變向右捋的過程中，始終保
持沉肩、墜肘，虛實轉換要以腰為主宰，要求一動
周身上下無有不是圈，渾然一圓方為合格。否則就
失去了陳式太極拳的意義（無有不是圈是指周身皆
是螺旋纏絲勁）。

　　●**動作五**●接上勢，吸氣，兩腿重心走下弧右
移，收腹提肛，鬆左胯，提左膝，右腿略下蹲，五
趾抓地，同時兩手由捋變，向身體右外側掤出。眼
視前方，面向北（圖6-8）。

　　【要點】太極拳從外觀看來如舞、如操，優
美柔和，但其內卻含堅剛，勁宜沉不宜拙，沉而不
僵，輕而不浮。左手捋到身體中線時，右腿略下蹲

圖6-8　　　　　　　　圖6-9

內扣，同時鬆左胯提膝裡合，周身勁往下沉，兩手自然向右外掤出，眼視前方。

●**動作六**●接上勢，呼氣，鬆右胯，屈膝繼續下蹲，同時左腳尖翹起，向左前方鏟出，腳內側輕輕著地，兩手繼續向前，然後捋出。眼視前方，面向北（圖6-9）。

【**要點**】左腳向前鏟出時，重心全部移至右腿。兩手隨身體的轉換繼續向右外側掤，這樣勁有益於分達四梢，左腳才能靈活地向前伸展，但要注意左腳內側輕輕著地時，有探聽之意，隨時有收放之能。

●**動作七**●接上勢，先吸後呼氣，身體且下沉，鬆左胯，腰向左轉，隨即重心走下弧移至左腿，同時腳尖外旋，兩手隨重心走下弧，自後向前擠出。左手心向裡，成橫肘於胸前。右掌心向前，

圖6-10　　　　　　　　圖6-11

掌置於右膝上方，指尖向下。眼視前方，面向北
（圖6-10）。

【要點】重心由右向左移時，右腳用力蹬
地，鬆左胯，身體由下而上走弧形向前擠出，以腰
催肩，以肩領肘，以肘帶手，左肘橫於胸前時，左
腕部外突，手指放鬆，以便技擊力點清晰。

●**動作八**●接上勢，吸氣，重心繼續左移，右
腳內側蹬地，隨即提起右腳，將右腳尖點於右側
前方。隨著重心前移，左手由下向上轉，走外弧搭
於右手小臂，掌心向下。右手隨右腿前上，屈肘於
身體右側前方，和左手相交。含胸，左右構成合勁
（圖6-11）。

【要點】右腳尖點地時，前腳掌著地，腳後
跟抬起，左腿鬆胯屈膝，五趾抓地，含胸塌腰，眼
斜視右掌心。

圖6-12　　　　　　圖6-13

●**動作九**●接上勢，先吸後呼氣，左掌在下落
的同時，由掌心向下變向上與肚臍平，右臂由伸變
屈，向裡合變拳，落於左掌心內，右拳眼向外，左
掌心向上。目視正前方，面向北（圖6-12）。

【**要點**】右手裡合變拳上提時，吸氣，下落
時呼氣。也可稱短吸短呼。呼氣時身體放鬆，氣往
下降，達於丹田。

●**動作十**●接上勢，吸氣，右拳走上弧向裡
合，提至鼻端上下處，目視右拳，拳心向裡，沉肩
墜肘，含胸塌腰，略收小腹，同時右膝蓋上衝至右
胯上下處，與右肘尖相對，右腳自然下垂，左腳五
趾抓地。目視右拳，面向北（圖6-13）。

【**要點**】右手裡勾走上外弧時，正好是左掌
下沉時，同時收小腹，提肛。右腿提膝上撞時力點
要清晰（勁點達於膝蓋）。

圖6-14　　　　　　　　圖6-15

●動作十一●接上勢，呼氣，右拳右腳放鬆下落震腳。右拳落於左掌心內，右腳下落，兩腳距離與兩肩同寬。震腳時湧泉穴要虛，保持虛靈頂勁，含胸塌腰，氣沉丹田，兩眼平視前方。耳聽身後，面向北（圖6-14）。

【要點】右拳右腳下落時，周身氣往下沉，含胸束肋，兩臂微外開，兩肩胯鬆開。震腳時周身合為一體，左重則左虛，右重則右渺。完整一氣方為合格。

第四式　懶紮衣

●動作一●接上式，吸氣，雙手從身體中線下沉，由下而上向左轉，然後兩掌同時以兩手背交叉穿掌外旋，兩手心向外，重心先左後右，目視前方，面向北（圖6-15）。

圖6-16

【要點】身體先下沉，沉肩墜肘，含胸塌腰，以腰為主宰帶動兩手，兩手穿掌從身體左側轉一圈橫於胸前。

●動作二●接上勢，呼氣，重心繼續右移，左腳向左跨步約30公分，同時兩手左下右上向身體兩側分開，左掌心向下外，右掌心向前，兩掌構成外掤勁，眼視右手中指，面向東北（圖6-16）。

【要點】身體微蹲，重心完全移至右腿時，左腿鬆胯提膝，隨即向左側跨步，腳內側先著地，兩手外開時，由大臂、肘依次外開，勁達兩掌。

●動作三●接上勢，先吸後呼氣，鬆左肩沉右肘，腰向左微轉，隨即重心移至左腿，屈膝下蹲，同時左手由下向側上方劃弧，右手由上向下在右側旋掌翻腕劃弧，在體前搭住，右掌心向上，左掌心向前，形成合勁，重心偏左，同時提起右腳，繼而以右腳跟內側向右輕輕鏟出。腳內側著地略外擺，眼視右前方，面向東北（圖6-17）。

【要點】太極拳的每招每勢，始終貫穿著周身相隨，上下一致，一靜無有不靜，一動百骸皆

圖6-17　　　　　　　　　圖6-18

隨。右腳向右邁出時，正好是右手順纏下沉，兩手
即時將勁合住，從而達到周身一致。

　　●**動作四**●接上勢，先吸後呼氣，身體微左
轉，隨即右轉，兩手隨身體旋轉，右掌逆纏上翻，
左拳變掌心向裡，重心移至右腿。同時左腳伸展，
左腳尖向裡勾，小腿肚略外翻，扭腰旋背，以腰催
肩，以肩領肘，以肘帶手，兩手雙逆纏向身體兩側
分開，左手叉於左腰間，拇指在後，四指在前，變
略順纏，右手隨身體右轉展開後，含胸，塌腰，
鬆左胯，沉肩墜肘，坐腕，勁達手中指肚，開襠
貴圓，氣沉丹田。眼視右手中指，面向東北（圖
6-18）。

　　【**要點**】雙手向兩側分開時，眼隨右手旋
轉，全身下落氣沉丹田時，眼視右手中指。此式完
成後，要做到內外三合。手與腳合，肘與膝合，肩

與胯合，為外三合；心與意合，氣與力合，筋與骨合，為內三合。

第五式　六封四閉

●動作一●接上式，吸氣，面向東北。腰向右轉，鬆右胯，給左胯，左手逆纏走上弧經胸前向右，與右手構成雙外掤。眼視右前方（圖6-19）。

【要點】左手經胸前去引右手時，十趾抓地，左腳內側蹬地，促使身體右移，右胯即時放鬆，身體下蹲，胸內扣，背有上拔之意，以下丹田上端為界，氣往下降，與兩腿兩腳合為一體，中丹田以上皆為掤勁。總之，兩界分明，有對拉之意。

●動作二●接上勢，呼氣，繼而左手引住右手，走下弧向左下捋加採勁，周身合為一體，低身法可捋到兩手離地面23公分為宜，重心左移，右手捋到身體中線時放鬆。然後繼續向左上方伸展，與左肩相平，右手至胸前，兩掌心向外。眼視左側，面向西北（圖6-20）。

【要點】兩手向下捋時不能直下，否則

圖6-19

只能把對方捋向身體左側，威力不大。兩手向下捋時，左手抓住對方左手，向身體內側旋轉，右手腕部搭於對方大臂，勁向上領，使對方略有拔跟之意。此時對方精力已分散，繼

圖6-20

而自己改變勁路，由掤變捋，右手變劈掌，身步俱下，使對方無有還手之餘地。

●**動作三**●接上勢，先吸後呼氣，面向東北，眼視右手，重心徐徐走下弧向右移，鬆右胯，兩手經胸前由左向右推出。同時，左腳隨重心向右走後外弧線跟步，左腳尖點與距右腳約20公分處，雙手向右推到終點時，呼氣，身體下降，周身合為一體，氣沉丹田，推到終點時面向東北，眼視右手（圖6-21）。

【**要點**】兩手捋到中線時，已完成捋的任務，兩手向右側推出時，腰勁下塌，含胸，兩肘先進，然後帶動兩手，繼而達到所需位置。

圖6-21

第六式 單 鞭

●**動作一**● 接上式，吸氣，身體右轉，鬆右胯，螺旋下沉，同時兩手左上右下旋轉，左手先內轉後外旋，手背向外，腕部突出。同時，右手先小指，然後無名指、中指、食指下垂變刁手。眼視右側，面向東北（圖6-22）。

【要點】此式是拿法和採法兩種兼施並用，如用拿法可再加一次呼氣。按單鞭動作一的圖解，然後變合勁即是拿法。例如：左手拿住對方左手中節向身體前上方領起，右手搭於對方左肘關節處向下刁，腕部和手成合勁，使對方肘關節不得動彈，繼而兩手突然變合勁，正好拿住對方左腕部。合勁時，胸內含，周身皆合為一體。

●**動作二**● 接上勢，呼氣，然後兩手左下右上如抱球狀在身體右側各轉一圈，兩手構成合勁，左掌心向上，右掌心向前上，眼視身體右前方，面向東北（圖6-23）。

【要點】兩手上下翻轉時，以腰為主宰，帶動四肢

圖6-22

圖6-23　　　　　　　　圖6-24

運動。同時，含胸、塌腰、沉肩、墜肘、腹實、五趾抓地。

●動作三●接上勢，繼續呼氣，鬆右胯，身體微下蹲，右手變勾手，左手以小指領勁向內側旋，兩手同時向身體兩側分開，右手向右伸展時沉肩、墜肘、五指內收且上提，腕部突出，虎口成圓形，左手下行至小腹，兩手成開勁。眼視身體左側，面向西北（圖6-24）。

【要點】右手變勾手向外伸展時，先逆纏後順纏，五指上提突腕是解脫之法。例如：對方擒住我梢節，由內向外擰，我則先逆纏隨之，後變順纏屈指提腕向上螺旋脫出。兩手向兩側開時，要同時到位。

●動作四●接上勢，吸氣，面向西，右腿鬆胯屈膝下蹲，五趾抓地，含胸，兩肩關節微內扣，

圖6-25　　　　　　　圖6-26

小腹微內收。同時，左腿鬆胯屈膝上提裡合，高於右膝，左腳內側有向外鏟出之意。眼視左側（圖6-25）。

【要點】右腿屈膝下蹲時，正好是左腿鬆胯提膝時。在鬆胯屈膝時，要保持虛靈頂勁，立身中正，周身有內合之意。

●**動作五**●接上勢，繼續吸氣，面向西，身體繼續屈膝下蹲，左肩繼續微內扣。同時，左腿繼續上提，然後向身體左側鏟出，腳內側先著地，眼視左側（圖6-26）。

【要點】虛實分明，開中寓合，左腿內扣然後漸漸向左以腳跟內側輕輕著地鏟出，發步時好似靈貓捕鼠，面臨深淵，穩漸踏實，但勁穩而不滯，輕而不浮，沉而不僵，顯得既沉著而又輕靈。

●**動作六**●接上勢，呼氣，腰微右轉，鬆右

胯，重心走下弧左
移，左手走上逆纏
高與肩平，隨重心
漸漸向左側展開，
鬆肩、沉肘，身體
繼續下蹲，兩手略
變雙順纏下落。右
腳尖隨重心左移時

圖6-27

向裡勾。二目視左手中指，氣沉丹田成合勁，面向
西北（圖6-27）。

【要點】重心左移時右腳用力蹬地，腳尖繼
而內旋，重心移至左腿。左移時，以腰催肩，以
肩催肘，以肘領手，勁到左肘時鬆右襠，身體微
右轉，周身放鬆，勁達左手中指肚。注意勁斷意不
斷。襠要開圓，兩膝內扣，小腿肚微外翻，要求勁
能支撐八面。此式是開中寓合，合中寓開，表現較
為明顯，待身體轉正時，眼視左手中指。

第七式　金剛搗碓

●**動作一**●接上式，吸氣，鬆左胯，身體微下
沉左轉，同時右刁手變掌順纏，走下弧至腹前，兩
掌心向外，眼視西方，面向西北（圖6-28）。

【要點】周身下降，身體左轉，右手由上而

圖6-28　　　　　　　　圖6-29

下，和左手配合向身體左側作捋勁。但在套路中，只可連綿貫串。練單勢除外。

●**動作二**●接上勢，呼氣，身體微向右轉，繼而鬆右胯，送左胯，重心移至右腿。同時，兩手以雙逆纏從左側由上而下，向右後方捋出，左手捋到身體中線時為止，兩手變成掤勁。面向東北，眼視右側（圖6-29）。

【要點】重心繼續左移，即時右手在前接住對方右手，左手在後隨即兩手向身體右側捋出。右膝微外擺，左腳內側著地，兩腿勁與下丹田相合，身體上下有對拉之意，目視右側。

●**動作三**●接上勢，先吸後呼氣，身體下沉，走下弧，鬆左胯，腰向左轉，同時重心移至左腿，隨左腳尖略外旋，兩手隨重心自後向前走下弧，左肘橫於左前方，右手置於右膝上方，掌心向外，目

視前方，面向西（圖6-30）。

【要點】與第三式金剛搗碓動作七要點相同。

●**動作四**●接上勢，吸氣，面向正西。鬆左胯，右腳跟內側蹬地。重心繼續左移，隨即提起右腿，將右腳尖點於右側前方。隨著重心前移，左手由下向上轉，走下弧線搭於右手小臂，掌心向下。右手隨右腿前上，屈肘伸於身體右前方，和左手相交，兩手構成合勁。目視前方（圖6-31）。

【要點】與第三式金剛搗碓動作八要點相同。

●**動作五**●接上勢，呼氣，面向西。身體微下蹲，左手在外旋下落的同時，掌心由下變向上，高與肚臍平，右臂由伸變屈向裡合，掌變拳，走上外弧繞左外一圈落於左掌心內。目視前方（圖6-32）。

【要點】與第三式金剛搗碓動作九要點相同。

●**動作六**●接上勢，吸氣，面向西。右拳走上

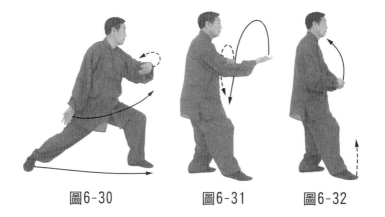

圖6-30　　　　圖6-31　　　　圖6-32

弧向裡合，提至鼻尖上下處，目視右拳，拳心向
裡，沉肩、含胸、塌腰，同時右膝蓋上提至與胯
平，與肘相對，右腳自然下垂，左腳五趾抓地，眼
視前方（圖6-33）。

【要點】與第三式金剛搗碓動作十要點相同。

●動作七●接上勢，呼氣，右拳、右腳放鬆下
落震腳，右拳落於左掌心內。拳、掌心皆向上，
右腳下落，兩腳距離與兩肩同寬，震腳時湧泉穴要
虛。兩眼平視前方，耳聽身後，虛靈頂勁，氣沉丹
田，含胸塌腰。面向西，眼視前方（圖6-34）。

【要點】與第三式金剛搗碓動作十一要點相
同。

第八式　白鶴亮翅

●動作一●接上式，吸氣，面向西南。重心由
左偏右移，同時，兩手在身體左側各翻轉一圈，
右手搭於左肘關節處，左手掌心向前，右手掌心向
左，兩肘構成外掤勁，眼視前方（圖6-35）。

【要點】此式和第七式金剛搗碓相銜接，要
做到連綿不斷，外開展時，以腰帶動兩肩，勁達兩
手腕部和指尖，在兩手同時向身體左側翻轉時變穿
掌開手，是解脫之法。

●動作二●接上勢，呼氣，面向西南，重心漸

圖6-33　　　　　圖6-34　　　　　圖6-35

漸移至右腿，身體下蹲屈膝，右腳五趾抓地。同時，提起左腳，繼而向左後方跨步，兩手隨左腳後伸時向身體兩側分開。右掌心向外，左掌心向下，眼視右手（圖6-36）。

【要點】意欲開必先寓合，意欲合必先寓開，且開合皆注意不丟不頂，連綿不斷，才不至於產生凸凹的缺點。左腿向後伸展時，腳尖先著地，然後漸漸踏平，重心三七開，右腿七成，左腿三成。

●**動作三**●接上勢，吸氣，面向西。重心走下弧左移，兩手在身體兩側左上右下劃弧相交，待重心完全移至

圖6-36

左腿時，繼而提起右腿，腳尖點於右上前方。右掌心向上，左掌心向右，眼視右側前（圖6-37）。

【要點】右腳點地時，左腿鬆胯屈膝下蹲，右手有引進之意。眼視西北。

●**動作四**●接上勢，繼續吸氣，右腳繼而向右後方劃外弧跨步，腳尖先點地，然後重心漸漸右移。同時，左手隨右手，右手由引變雙外掤，兩掌心向對，目視右側，面向西方（圖6-38）。

【要點】右腳尖點地後，重心不停地繼續向右移。同時，身體微右轉，兩臂和兩手構成外掤勁。

●**動作五**●接上勢，呼氣，重心繼續右移，同時提起左腳，腳尖點於身體左側，略偏右腳前，右手掌心向外，左掌心向下，護於左膝上方。眼視右手中指，面向西北（圖6-39）。

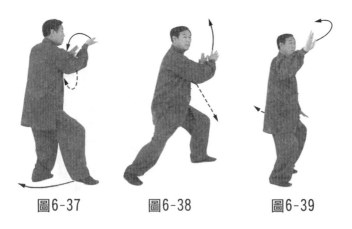

圖6-37　　　　圖6-38　　　　圖6-39

【要點】此式完成時，為右實左虛，但同樣具有支撐八面、穩如泰山之勢。兩手向身體兩側伸展到位時，要做到虛靈頂勁、沉肩墜肘、含胸塌腰、屈膝圓襠。這在以後類似動作中，都應該注意。

第九式　斜　行

●**動作一**●接上式，吸氣，面向西。身體微先右後左轉約45°，重心仍偏右，右掌內旋時以小指領勁，勁達右掌根部內側。左手隨即向左後方下按。左腳尖仍點地，眼視右手（圖6-40）。

【要點】身體略先右後左旋，兩手皆隨之。此時身體略上升。這是欲下先上之理。

●**動作二**●接上勢，呼氣，面向西北。身體繼續向上升，繼而下降，然後身體先左後右旋轉90°，並螺旋下沉，隨即重心左移，左腳漸漸踏實，右腳尖翹起，以腳後根為軸，向外旋轉約90°。同時，右手略順纏後逆纏下沉經腹前往右下，至大腿外側下按。左手逆纏外翻向上經左耳外約40公分

圖6-40

處，裡合至鼻前中線，高與鼻平，掌心向右，立掌坐腕，眼視左手（圖6-41）。

【要點】在周身放鬆的前提下，身體左轉，屈肘裡合，然後由上向右下按時，正好是左手順纏下按上翻時，腰勁下塌，鬆右襠，右胯微撐，然後以腰脊為軸，兩手在身體兩側轉動，要做到一動無有不動，一靜無有不靜。

●**動作三**●接上勢，吸氣，面向西。重心走下弧全部移至右腿，鬆右胯屈膝裡合，五趾抓地，左腿屈膝裡合提起，有上撞之意。同時左手向前領勁，右手上抬然後向右後方伸展，高與耳平成捋形，眼視左前，耳聽身後（圖6-42）。

【要點】兩膝內扣，右腳五趾抓地，腳內側偏重，湧泉穴要虛。左膝上提時，鬆右胯，含胸收腹，兩手向外捋時，左手勁達掌沿。

圖6-41　　　　　圖6-42

●**動作四**●接上勢，繼續吸氣，面向西北。鬆右襠，屈膝，身體繼續下蹲。同時，左腳輕輕向前鏟出，腳後跟內側先著地，兩手繼續向身後将，含胸、塌腰，身體上下有對拉之意，眼視左側（圖6-43）。

【要點】身體下蹲時，正是兩手後将時，左腳落地後右膝蓋略外擺，兩胯鬆開且身體下蹲，勁達左手邊沿和右手掌根。頂勁領起。上下一氣貫通。

●**動作五**●接上勢，呼氣，面向西南。身體繼續下蹲，重心由右向左移，兩手隨身體先向右微轉，然後側身下旋向左轉，左肘從左膝繞過。同時，右手先向後伸，然後由外向裡劃弧，屈肘，掌落於右耳後，左手掌心向內。眼視左側（圖6-44）。

【要點】身體先略右轉，繼而腰隨兩腿側身

圖6-43　　　　　　　圖6-44

一起向左轉，肘從膝下過時有七寸靠之稱，身體雖屈但中氣正，所以叫屈中求直。

●**動作六**●接上勢，繼續呼氣，面向西南。左手繞左膝下外開，然後變勾手鬆腕上提。繼而沉肩墜肘。然後左腳尖微外旋。右手逆纏屈肘至右耳下。眼視左手。耳聽身後（圖6-45）。

【**要點**】重心全部移至左腿，左肘過左膝後，鬆肩、沉肘，左手變勾手，鬆腕上提與肩平。

●**動作七**●接上勢，先吸後呼氣，面向北。身體微向左轉，繼而右轉，同時右手先順纏後逆纏，經胸前走上弧向右開，待右手向右開展時且走且放鬆。待氣達到右手中指肚時，全身合為一體，氣沉丹田，眼視右手中指（圖6-46）。

【**要點**】右手纏經右耳旁時，勁達掌根，然後經胸前向右逆纏開展時，有肘靠之意，開襠貴

圖6-45

圖6-46

圓。使周身各部有輕鬆、自然之感。

第十式　摟　膝

●動作一●接上式，先吸後呼氣，身體先略左轉，螺旋上升即而下降，左刁手變掌，兩手同時由身體兩側向下合，待雙手合至與左膝平時，繼而上升托與胸平，左手在前，右手在後，掌心向上，眼視前方，面向西（圖6-47）。

【要點】身體下蹲時，兩手由外向內合，含胸，束肋，塌腰，兩掌成合勁，繼而變上托。同時，兩腳十趾抓地，開胯下蹲，以肚臍上下為界，有對拉之意。

●動作二●接上勢，先微吸後呼氣，身體繼續下蹲，雙手繼續上托，重心由前向後移，左腳內側蹬地，隨之雙手上托時領住左腳離地內收，變腳尖點地。雙手變立掌，勁達掌根，目視前方（圖6-48）。

【要點】此式完成後呼氣，頂勁領起，腰勁下塌，胸內含，兩膝微屈，兩肘屈而合，兩手豎而坐。左腳收

圖6-47

圖6-48　　　　　　圖6-49

回點地時，要做到輕靈、不滯、不散亂、用意不用力，周身內外做到六合。

第十一式　拗　步

●**動作一**●接上式，吸氣，鬆右胯，身體右轉，兩手走下弧向右後方捋，變指尖略向下，同時收小腹，提左腿裡合，膝有上撞之意，左腳尖向前略下垂，面向西，眼視前方（圖6-49）。

【**要點**】獨立步要鬆胯屈膝，含胸內收，勁方能合為一體，另一腿才能輕靈活潑地向上提起。兩手向右捋，同時五趾抓地，周身合成整體勁。

●**動作二**●接上勢，呼氣，身體先略右轉，然後向左轉，左腿向前邁步，腳跟著地，腳尖朝身體前方，漸漸踏實。同時兩手經頭右側向前劃弧，左手落於左膝外側下按。右手至頭部外側，掌根與肩

圖6-50　　　　　　圖6-51

平。面向西，眼視前方（圖6-50）。

　【要點】左腿向前邁步時，右腿繼續下蹲，穩固中心。左腳著地時，正是兩手在身體右側由下向上翻轉時。左手在左膝外有外撥之意，右手蓄於右耳旁。重心移於左腿。

　●動作三●接上勢，吸氣，身體重心繼續前移，右掌以掌根向前擠出，左手向下後略伸。同時，提起右腳向前邁步，腳跟著地，腳尖朝西北方向。面向西，眼視前方（圖6-51）。

　【要點】重心前移，身體下蹲，有靈貓捕鼠之勢，蓄而待發。然後右腳內側蹬地而起，隨重心前移，提起右腳向上，輕靈自然。同時，右手隨身體前移，以腰為主宰，向前擠出。

　●動作四●接上勢，呼氣，面向西北。身體繼續下蹲，重心漸漸移至左腿，身體右轉，右腳尖外

圖6-52

擺45°。右手由向前擠變為下按，至右胯外側。左手由身後向後上方劃弧，至身體左側，屈肘坐掌，眼視左掌（圖6-52）。

【要點】右腳在前，身體右轉，兩腿交叉成為半坐盤式步。同時，右腳尖以腳跟為軸外旋45°，兩手以右下左上在身體兩側翻轉，右掌下按，左手成正掌立於身體左側前方。

第十二式　斜　行

●**動作一**●接上式，吸氣，重心漸漸移至右腿，右手上提同左手一齊向身後外側挒。同時，左腿提起屈膝裡合，高與胯平，眼視西南方向（圖6-53）。

【要點】與第九式斜行動作三要點相同。

●**動作二**●接上式，繼續吸氣，面向西北。鬆右襠，屈膝，身體繼續

圖6-53

圖6-54　　　　　　　　　圖6-55

下蹲。同時，左腳向前輕輕鏟出，腳後跟內側先著地。兩手繼續向身後将，含胸、塌腰，身體上下有對拉之意，眼視左側（圖6-54）。

【要點】與第九式斜行動作四要點相同。

●動作三●接上勢，呼氣，面向西南，身體繼續下蹲，重心由右向左移，兩手隨身體先微右轉，然後側身下旋向左轉，左肘從左膝下繞過，左掌心向內。同時，右手先向後伸，然後由外向裡劃弧，屈肘，右掌落於耳後。眼視左側（圖6-55）。

【要點】與第九式斜行動作五要點相同。

●動作四●接上勢，繼續呼氣，面向西南。左手繞左膝下外開，然後變勾手鬆腕上提，繼而沉肩墜肘。左腳尖微外旋，右手逆纏屈肘至右耳下，眼視左手，耳聽身後（圖6-56）。

【要點】與第九式斜行動作六要點相同。

圖6-56　　　　　圖6-57

●**動作五**●接上勢，先吸後呼氣，面向北，身體先微向左轉，繼而右轉。同時，右手先順纏後逆纏，經胸前偏上向右開，以腰催肩，以肩催肘，以肘領手。待右手向右開展時，且走且放鬆，待氣達到右手中指肚時，鬆右胯、沉肩、墜肘、含胸、塌腰，周身合為一體。氣沉丹田，眼視右手中指（圖6-57）。

【**要點**】與第九式斜動動作七要點相同。

第十三式　摟　膝

●**動作一**●接上式，先吸後呼氣，面向西。身體先略左轉，螺旋上升繼而下降。左勾手變掌。兩手同時由身體兩側向下合，待雙手合至與左膝平時，繼而上升托與胸平。左手在前，右手在後，掌心向上，眼視前方（圖6-58）。

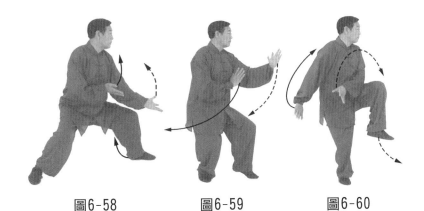

圖6-58　　　　　　圖6-59　　　　　　圖6-60

【要點】與第十式摟膝動作一要點相同。

●動作二●接上勢，先微吸後呼氣。面向西。身體繼續下蹲，雙手繼續上托。重心由前向後移，左腳內側蹬地，隨雙手上托時，領住左腳離地內收，變腳尖點地。雙手變立掌。勁達掌根。目視前方（圖6-59）。

【要點】與第十式摟膝動作二要點相同。

第十四式　拗　步

●動作一●接上式，吸氣，面向西。鬆右胯，身體右轉，兩手走下弧向右後方挒，變指尖略向下。同時收小腹。提腿裡合，膝有上撞之意。左腳尖略向下，眼視前方（圖6-60）。

【要點】與第十一式拗步動作一要點相同。

●動作二●接上勢，呼氣，面向西。身體先略

圖6-61　　　　　　　　　圖6-62

右轉，然後向左轉，左腿向前邁步，腳跟先著地，腳尖朝身體前方，漸漸踏實。同時，兩手經頭部右側向前劃弧。左手落於左腿外側下按。右手至頭部外側。掌根與肩平，眼視前方（圖6-61）。

【要點】與第十一式拗步動作二要點相同。

●**動作三**●接上勢，吸氣，身體重心繼續前移，右掌以掌根向前擠出。左手向下後略伸。同時，提起右腳向前邁步，腳跟著地，腳尖向西北方向。面向西，眼視前方（圖6-62）。

【要點】與第十一式拗步動作三要點相同。

第十五式　掩手肱拳

●**動作一**●接上式，呼氣，面向西南，重心漸漸移至右腿，右腳由虛變實，鬆右胯，屈膝下蹲。同時，提起左腳，向左前方開步約45°，左手走後

圖6-63　　　　　　　　圖6-64

弧由下向上，右手略下沉，兩手在胸前交叉，兩掌心向身體兩側。兩胯開中寓合，含胸，兩臂勁同時外開，略加掤勁，眼視前方（圖6-63）。

【要點】左腳上步時，宜輕不宜重，邁步有探聽之意方不踏空，處處做到開合自然，是拳理要求的自然規律。兩手相合時，襠合住勁，下盤才能穩固，上盤也靈動。

●動作二●接上勢，呼氣，面偏北。身體繼續下蹲，舒胸，鬆兩胯，兩膝微外開。同時，兩手向身體兩側展開，左掌心向下，右掌心略向外。眼視右手（圖6-64）。

【要點】在周身放鬆的條件下，使全身舒展，做到大開大合，形寓開而意寓合。如果襠不開、膝不屈、腰勁塌不下，足無力，周身運動就不靈便，轉換也不活，會出現呆滯斷勁現象。

●**動作三**●接上勢，繼續吸氣，面向西。兩手在身體兩側展開後，繼而兩襠兩膝內扣，同時，兩手腕放鬆。兩手在鬆腕的前提下，走上弧向身體中線合。左手在前右手在後變拳。兩肩關節繼而內合。胸內含。目視正西方（圖6-65）。

【要點】右肘屈，高與乳平。右拳心向上；左手立掌於左側。兩腳踏平。腳掌裡大趾、二趾、中趾用力抓地。兩膝屈且外撐，襠內合，全神貫注。

●**動作四**●接上勢，呼氣，面向西南。右腳用力蹬地，同時擰胯、轉腰。在重心前移的同時，右拳前衝。左手掌變半握拳隨左肘尖一起向後，身手俱下，抖肩發勁，眼視右拳（圖6-66）。

【要點】周身合為一體。虛靈全在於心。頂勁領起，右腳蹬地，重心前移，擰胯、抖肩，右

圖6-65

圖6-66

拳發力時與肩平，直中有曲，和左肘尖相互呼應。合二歸一，勁達右拳面與左肘尖。雖用周身全力發勁，但出勁不可過界，勁若出界，則適得其反。因此，發勁時必須立身中正。臂不可直，也不能回抽，以自然彈抖為宜。

第十六式　金剛搗碓

●**動作一**●接上式，吸氣，鬆左胯，右臂略外翻，然後沉肩墜肘，隨身體一起裡合。同時，左手由半握拳變掌，由下向上劃外弧搭於右臂處。眼視右方，面向西（圖6-67）。

【要點】意寓開，必先合，右手向內合時，腰勁下塌，有引進待發之意。

●**動作二**●接上勢，呼氣，面向北。重心由左走下弧向右移時，扭腰、開胯。同時，兩拳變掌先以兩肘漸而兩手一起外開，左手落於左膝上方，掌心向下，略偏後外，右掌心向外。目視右手（圖6-68）。

【要點】身體向右轉時，先鬆左胯，同時身體先向左略轉，然後再向右轉，隨兩手右上左下開，有發力

圖6-67

圖6-68　　　　　　圖6-69　　　　　　圖6-70

之意，勁達兩手掌，舒胸略束肋。

　　●**動作三**●接上勢，吸氣，面向正北。鬆左胯，給右胯，重心走後外弧移於左腿。隨即右腳以腳尖著地向後外劃弧，點於左腳右前方。同時，兩手在身體兩側左上右下各劃弧，於身體前相交，右手掌向上，左手搭於右小臂處。目視前方（圖6-69）。

　　【**要點**】右腳用力蹬地，在重心左移的過程中，繼而向身後劃弧，用法是後掃腿，以腳後跟為主。同時，兩手隨右腿劃弧。待腳點於右前方時，正是兩手交叉時。

　　●**動作四**●接上勢，先吸後呼氣，左掌在下落的同時由掌心向下變向上，與肚臍平。右臂由伸變屈向裡合變拳，落於左掌心內，右拳眼向外。左掌心向上。目視正前方，面向北（圖6-70）。

【要點】與第三式金剛搗碓動作九要點相同。

●動作五●接上勢，吸氣，面向正北。右拳走上弧向裡合，提至鼻端上下處。目視右拳，拳心向裡，沉肩墜肘，含胸塌腰，略收小腹。同時，右膝蓋上衝於胯上下處，與肘尖相對。右腳自然下垂。左腳五趾抓地。目視前方（圖6-71）。

圖6-71

【要點】與第三式金剛搗碓動作十要點相同。

●動作六●接上勢，呼氣，面向北。右拳、右腳放鬆下落震腳。右拳落於左掌心內，右腳下落，兩腳距離與兩肩同寬，震腳時湧泉穴要虛。保持虛靈頂勁。含胸塌腰，氣沉丹田。兩眼平視前方，耳聽身後（圖6-72）。

【要點】與第三式金剛搗碓動作十一要點相同。

第十七式　撇身捶

●動作一●接上式，吸氣，眼視前方。重心漸漸移至右腿，同時提起左腳，繼而向左側開步約30公分。兩手隨左腳橫開

圖6-72

圖6-73

圖6-74

時，隨即向身體兩側分開。兩腕部突出。兩掌指尖相對，面向東北（圖6-73）。

【要點】左腳向左橫開時，身體微下蹲，含胸塌腰，兩胯鬆而扣，兩膝微外開。兩腳尖微外擺。氣往下沉，使力點達於兩腕部。周身皆成外掤勁。

●動作二●接上勢，呼氣，重心繼續左移，身微右轉，同時，兩掌變拳。左上右下，左拳行至左耳下，拳心向裡，右拳行至右胯處，拳心向後。目視左側，面向東北（圖6-74）。

【要點】重心右移時，身體隨之略右轉，同時鬆右胯，右膝微外擺，左手上領有引進之意。兩腳漸漸踏實，十趾抓地，湧泉穴要虛。

●動作三●接上勢，繼續呼氣，重心隨即移至左腿。同時提起右腳，然後隨即向身體右側橫開，兩拳變左下右上，隨身體快速左轉，腰勁塌下，

正面　　　　　　　背面

圖6-75

兩腳踏平，十趾抓地。目視右方，面向東北（圖6-75）。

【要點】身體左轉時鬆左胯，左腿屈膝下蹲，同時提起右腳，即時向身體右側橫開一大步，以腳後跟內側先著地，然後向外鏟出，漸漸踏平。周身勁合為一體，此式是插襠引進，有待發之意。

●**動作四**●接上勢，先吸後呼氣。鬆右胯，給左胯，重心漸漸移至右腿，身體隨重心向右轉。同時，右肘經右膝下繞過。左手隨身體右轉逆纏抬至左腿上方，眼視右側（圖6-76）。

圖6-76

【要點】重心由左向右移時，身體斜向右轉，鬆右肩，氣往下沉，右肘經右膝下過時，有七寸靠之稱。肘要求離地面23公分。此式為屈中求直。斜下時，頂勁要領起，中氣要豎起。重心右移時，左腳用力蹬地。右膝外開，而有內合之意。面向東。

●**動作五**●接上勢，吸氣，鬆左胯，給右胯，重心漸漸移至左腿。同時，身體隨重心左移向左轉，左手由上向下行至左胯外，右手由下向上變引進至右肩前。目視身體右側，面向北（圖6-77）。

【要點】重心向左移時，右腳用力蹬地，鬆左胯，給右胯，擰腰旋背，左膝略外開，十趾抓地。

●**動作六**●接上勢，呼氣，重心繼續左移，身體略左轉，然後重心右移，身體隨即向右轉，左臂屈肘內旋，左拳頂合於腰間。同時右手經身體左側向內轉，先順纏後逆纏翻拳，右背向後折，右拳至右太陽穴上方。頂勁領起斜寓正，襠間撐開半月圓，眼視左腳尖，面向

圖6-77

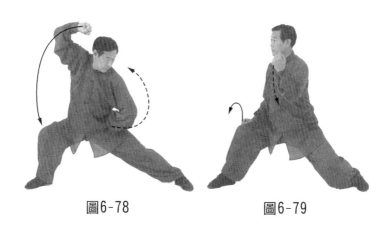

圖6-78　　　　　　　　圖6-79

西北（圖6-78）。

【要點】重心向右移時，隨即擰腰翻拳，變背靠，轉折愈快愈好。身體左側內收，左腳尖裡扣，右膝微外擺。右拳、左肘、左腳尖三點成一直線。

第十八式　青龍出水

●動作一●接上式，吸氣，鬆右胯，身體隨重心左移螺旋下蹲，兩手繼而左上右下；右拳落於右腿外側，左拳抬於肩上下處。兩手隨腰襠構成一股勁。眼視身體右側，面向東北（圖6-79）。

【要點】襠圓而扣，雙膝外擺，隨身體右轉，鬆右肩，腰勁下塌，兩手隨身體構成捌勁。十趾抓地，湧泉穴要虛。

●動作二●接上勢，呼氣，左腳用力蹬地，鬆

右胯，給左胯，在重心移至右腿的同時，身體向左轉，然後右手翻拳突腕外出。左手隨即落於左肋間。眼視右拳，面向東北（圖6-80）。

【要點】在重心前移的同時，以腰帶動右臂，襠要圓而扣，不圓則不靈。兩膝外擺，支撐八面。

●動作三●接上勢，吸氣，鬆左胯，兩腿走後外弧線，將重心略後移至左腿，身體螺旋下降，兩手變左前右後，左手置於胸前，與右拳構成合勁，目視右前方，面向東北（圖6-81）。

【要點】在身體後移的同時，兩手合於胸前，兩手形似停止而其意不停。頂勁領起，胸內含，開襠貴圓，兩腿開而扣，形似開弓，只待離弦。

●動作四●接上勢，呼氣，左腳用力蹬地，鬆

圖6-80　　　　　　　圖6-81

右胯，給左胯，右拳螺旋隨身體右側發力，同時左手變半握拳行至左肋間。兩腳平踏，十趾抓地，湧泉穴要虛。目視右拳，面向東北（圖6-82）。

【要點】右拳發力為主，左肘後帶發力為輔。發力時，扭襠，轉腰，開胸出拳。左右兩手逆時針方向運行。在周身放鬆的前提下，出拳形似弓箭離弦。

第十九式　雙推手

●動作一●接上式，吸氣，鬆右胯，給左胯，重心繼續右移，同時身體螺旋下沉，繼而身體右轉，兩手變捋狀搭於右腿上方。有待捋採之意。兩掌心向前，眼視右前方。面向東北（圖6-83）。

【要點】胸內含，氣往下沉，兩胯內扣，左腳內側蹬地。同時鬆右胯，促使重心自然右移。在

圖6-82　　　　　　　　圖6-83

圖6-84

重心右移的過程中，身體下塌。兩掌心向外，周身構成外掤勁。

●動作二●接上勢，呼氣，右腳用力蹬地，同時鬆左胯，身體螺旋下蹲向左轉，兩手由先採變向下大将，待左手将過身體中線時，周身皆可放鬆。眼視右手，面向北（圖6-84）。

【要點】在接手向下将採時，周身氣往下沉，然後右掌根先將對方右臂向上領起，繼而下合，切掌力達掌外沿，但注意立掌不可外旋，否則，將對方将向遠方。在下将的同時左手抓住對方右手向內旋轉，和右手相互配合一氣呵成。

●動作三●接上勢，吸氣，鬆左胯，重心繼續左移，同時身體左轉，左腳尖向左外旋轉95°，右腳尖向內旋轉45°。兩手隨身體左轉時，向身體左側伸展。右手屈肘於胸前，左手伸展，兩掌心向外。重心左移，在身體左轉的同時，右腳內側蹬地而起，且點於身體右前方。眼視左手，面向西南（圖6-85）。

【要點】上式将採完成後，身體漸漸放鬆，

圖6-85　　　　　　　　　圖6-86

繼續向左旋轉，兩腳也同時左外右內旋轉，然後即右腳蹬地而起，兩臂也隨之外擺於左側。形成待推之勢。

●動作四●接上勢，呼氣，面向西北。鬆右胯，右腳漸漸踏實，身體漸漸右轉，在身體右轉的同時，褶走下弧將重心移至右腿，左腳劃外弧跟步點於右腳內側，兩手隨左步繼而向身體右側前方推出，眼視前方（圖6-86）。

【要點】重心向右移時，含胸塌腰，沉肩墜肘，周身氣往下沉，呼氣的同時雙手向前推出。推出時胸繼續內含，背有後弓之意，方能使身體前後對稱。左腳跟步時劃弧有外擺技擊用法。

第二十式　肘底看拳

●動作一●接上式，吸氣，重心不變，略鬆右

圖6-87

胯，身體微左轉，舒胸，同時兩手向身體兩側左下右上伸展，面向西。左手護於左膝上方，右掌心向外，眼視右手中指（圖6-87）。

【要點】在兩手向身體兩側分開時，左膝略外擺。右腳五趾抓地。襠要撐圓。形似白鵝亮翅。

●**動作二**●接上勢，繼續吸氣，右腳五趾抓地。屈膝繼續下蹲，在身體右轉的同時提起左腳成獨立步。右手由上向下走外弧變握拳至右肋間。同時，左手由下向上走外弧立掌於身體左側，眼視左手，面向西（圖6-88）。

【要點】重心完全移至右腿時，右腳五趾用力抓地，腿微屈，含胸，頂勁領起，周身皆成合勁，達到獨立步的穩固。

●**動作三**●接上勢，呼氣，左腳尖漸漸落地，點於左前方。重心漸漸略向前移。在重心前移的同時，右拳隨身體左轉，向左肘下擊出。眼視左前方，面向西

圖6-88

圖6-89　　　　　　　　　圖6-90

（圖6-89）。

【要點】左腳點地的同時，右腳蹬地，身體繼續下蹲，含胸、塌腰、氣往下沉，隨身體左轉和拳一起向左側前發暗勁。

第二十一式　倒捲肱

●動作一●接上式，吸氣，身體下蹲屈右膝，重心漸漸移至右腿，繼而提左腳，向左後方跨步劃弧。右拳變掌，同時左右兩手分別向左後右前伸展。眼視左手，面向東南（圖6-90）。

【要點】待右腿完全控制好重心後，左腳才能輕靈地向後伸展。落地時，左腳大趾先著地，然後漸漸踏實。左手由上向後伸展時，有外撥之意。右手有前推之勢。

●動作二●接上勢，呼氣，身體繼續下蹲，先

左轉後右轉。重心略左移，兩手繼續向前後伸展。待雙手與肩展平時，左手拆腕屈肘於左肩上方。同時右側沉肩、墜肘，右手掌由前推變掌心向上，眼視右手，面向西（圖6-91）。

【要點】此式是開中寓合，合中寓開。待雙手向外伸開時，下蹲襠開圓，舒胸開臂，兩手與兩肩展平時，繼而沉肩墜肘，周身內扣，合為一體。左手拆腕是解脫之法。

●**動作三**●接上勢，吸氣，身體略左轉，然後右轉，兩肩略內收，同時重心先右移，繼而右腳蹬地提起點於右側前方。眼視右手，面向西（圖6-92）。

【要點】運動中始終保持虛靈頂勁，立身中正，在含胸、收兩肩的同時，右腳劃內弧線點於左腳前方。

圖6-91

圖6-92

●**動作四**●接上勢，呼氣，重心漸漸移至左腿，五趾抓地，繼續屈膝下蹲，然後提起右腳，由內向外劃弧隨即向右轉體。同時，兩手在胸前交叉後繼而不停地向身體前後兩側分開。眼視右手，面向東北（圖6-93）。

【**要點**】與本式動作一要點相同。

●**動作五**●接上勢，吸氣，身體繼續下蹲，先右轉後左轉，重心略右移，兩手繼續不停地分別向前後伸展。兩手與肩伸平時，右手拆腕屈肘於右肩上方。同時，身體左側沉肩墜肘，左手掌由前推變掌心向上。眼視左掌，面向西（圖6-94）。

【**要點**】與本式動作二要點相同。只是左右皆相反。

●**動作六**●接上勢，繼續吸氣，重心漸漸移至右腿，繼而提起左腳點於右腳內側，同時兩手隨身

圖6-93　　　　　　　　　圖6-94

圖6-95

體左轉時一起變搭手於身體右側。眼視右手，面向西北（圖6-95）。

【要點】在身體左轉的同時，收左腳，兩手隨左腳後跨時，雙手同時搭於右前方。含胸，周身皆有外掤之意。

第二十二式　白鶴亮翅

●動作一●接上式，呼氣，屈膝，身體下蹲，右腳五趾抓地，重心全部移至右腿。然後提起左腳向左後外跨步，繼而重心走下弧左移，兩手隨重心左移時，身體左轉，同時兩手由上向下捋，待左手捋到身體中線時放鬆，變刁手於左側上方。右手置於右膝上方。眼視右側，面向西南（圖6-96）。

圖6-96

【要點】左腳向後伸展的同時，雙手繼續向前掤，繼而右手切掌下捋，含胸、沉肩、墜肘，然後左快右慢引至所需位置。

●動作二●接上勢，吸氣，面向西。重心走下弧左移，兩手在身體兩側左上右下

劃弧相交。待重心完全移至左腿時，繼而提起右腿，腳尖點於右側前方。右掌心向上，左掌心向右，眼視前方（圖6-97）。

【要點】與第八式白鶴亮翅動作三要點相同。

●動作三●接上勢，繼續吸氣，右腳繼而向右後方劃外弧跨步，重心漸漸右移，同時，左右兩手由引變雙外掤，兩手掌心向外，目視右側（圖6-98）。

【要點】與第八式白鶴亮翅動作四要點相同。

●動作四●接上勢，呼氣，重心繼續右移，同時提起左腳，腳尖點於身體左側，略偏右腳前，右手掌心向外，左手掌心向下，護於左膝上方。眼視右手中指，面向西北（圖6-99）。

【要點】與第八式白鶴亮翅動作五要點相同。

圖6-97　　　　圖6-98　　　　圖6-99

第二十三式 斜 行

●動作一●接上勢，吸氣，面向西。身體微先右轉後左轉約45°，重心偏右，右掌內旋時以小指領勁，勁達右掌根內側。左手隨即向左後方下按，右腳五趾抓地，腳內側偏重，左腳仍以腳尖點地（圖6-100）。

【要點】與第九式斜行動作一要點相同。

●動作二●接上勢，呼氣，面向西北。身體繼續向上升，繼而下降，然後身體先左轉後右旋轉90°，並螺旋下沉，繼而重心左移，左腳尖漸漸踏實。右腳尖翹起，以腳後跟為軸向外旋轉90°。同時，右手略順纏後逆纏下沉經胸前往右下，至大腿外側下按。左手逆纏外翻向上經左耳外約45公分，裡合至鼻中線。高與鼻平。掌心向右，立掌坐腕，眼視左側（圖6-101）。

【要點】與第九式斜行動作二要點相同。

●動作三●接上勢，吸氣，面向西。重心走下弧全部移至右腿，鬆右胯屈膝裡合，五趾抓地，左腿屈膝裡合提起，有上撞之意。

圖6-100

圖6-101　　　　　　　　圖6-102

同時左手向前領勁。右手上抬然後向右後方伸展，高與耳平，成捋形，眼視左前方。耳聽身後，眼視左側（圖6-102）。

【要點】與第九式斜行動作三要點相同。

●動作四●接上勢，繼續吸氣，面向西北。鬆右胯，屈膝，身體繼續下蹲，同時左腳輕輕向左前45°方向鏟出，腳後跟內側先著地，兩手繼續向身右後捋。含胸、塌腰，身體上下有對拉之意，眼視左側（圖6-103）。

【要點】與第九式斜行動作四要點相同。

●動作五●接上

圖6-103

勢，呼氣，面向西南。身體繼續下降，重心由右向左移，兩手隨身體先右轉，然後側身下旋向左轉，左肘從膝下繞過。同時，右手先向後伸，然後由外向內劃弧，屈肘，掌落於右耳後。左手掌心向內，眼視左手（圖6-104）。

【要點】與第九式斜行動作五要點相同。

●動作六●接上勢，繼續呼氣，面向西南。左肘繞左膝下外開，然後變勾手鬆腕上提，繼而沉肩墜肘，左腳尖微外旋，右手逆纏屈肘至右耳下。眼視左手，耳聽身後（圖6-105）。

【要點】與第九式斜行動作六要點相同。

●動作七●接上勢，先吸後呼氣。面向東北。身體先微向左轉，繼而右轉，同時右手先順纏後逆纏，經胸前偏上向右開。以腰催肩，以肩催肘，以肘帶手。待右手向右展開時，且走且放鬆，待氣達

圖6-104

圖6-105

到右手中指肚時，全身合為一體，氣沉丹田，眼視右手中指（圖6-106）。

【要點】與第九式斜行動作七要點相同。

第二十四式　閃通背

●**動作一**●接上式，吸氣，鬆左襠，右腳用力蹬地，繼而重心移至左腿。同時胸內含，兩手在身體前搭住成捋狀，有外掤之意，兩掌心向外，左手指向右，右手指向左。眼視左前方，面向西（圖6-107）。

【要點】重心全部移至左腿時，正是雙手形成捋狀時，此式有先掤待捋之勢。頂勁領起，腰豎直，雙腿不可軟。

●**動作二**●接上勢，呼氣，面向西北。鬆右胯屈膝下蹲，左腳用力蹬地，重心漸漸移至右腿。同

圖6-106　　　　　　　圖6-107

時，身體向右轉，兩手隨重心右移時繼而下将，下
将時右手由內向外轉。左手先上領勁然後繼向下劈
掌坐腕，眼視左前方（圖6-108）。

【要點】身體向右轉時，周身氣往下沉，含
胸塌腰，沉肩墜肘，頂勁領起，腰自然豎直。待
向下将時，右手抓住對方右手，左手搭於對方大臂
處，先向上領勁，然後隨左手外旋周身合為一體，
一氣呵成。

●**動作三**●接上勢，吸氣，身體繼續右轉，重
心繼續右移，兩手隨身體右轉向右後方伸展，待
左手将到身體中線時，已完成右邊的大将任務。同
時，左膝外擺，兩肩兩手放鬆，由下而上向身體
前方劃弧。同時，身體螺旋上升，提起左腳向後倒
步，左腳點於右腳內側。右掌心向左，左掌心向
右，眼視前方，面向西（圖6-109）。

圖6-108　　　　　　　圖6-109

【要點】在身體螺旋上升時，同時提起左腳，兩手隨之由後向前劃弧，劃弧時應注意胸、腰、臂、肘放鬆。使運動靈活協調，一致旋轉。

●動作四●接上勢，呼氣，面向西。身體不停地旋轉，左腳由內向外劃弧跨步，前腳掌先著地，後漸漸踏平。同時身體下蹲，兩手隨身體下蹲時，左手由內向外旋轉，右手劈掌，同時向左下方捋出，此時含胸塌腰，沉肩墜肘，劈掌坐腕，眼視右手（圖6-110）。

【要點】用法左右相同，只是方向有一左一右的區別。

●動作五●接上勢，吸氣，左膝外擺，身體先左轉後右轉，同時兩手繼續向左捋出，待右手捋到身體中線時，身體螺旋上升，繼而右轉，重心右移，右手由左向上劃弧落於右腿上方。有外掤之

背面　　　　　　　　正面

圖6-110

意，左手落至左腿外側處，目視右前方，面向西北（圖6-111）。

【要點】身體下蹲，劈掌下捋後，繼而放鬆，隨著右膝外擺不停地向右旋轉，待右手捋到身體中線時，左腳蹬地，身體螺旋而起，繼而重心右移，同時鬆右臂，右手劃弧向身體右側外撥。

●**動作六**●接上勢，繼續吸氣，面向西。身體繼續右轉，重心繼續右移，兩手不停地在身體兩側左上右下劃弧旋轉，待左手上起時，左腳隨之蹬地而起，落於右腳後側。右手落於大腿外側，左手立掌於身體左側。眼視左前方（圖6-112）。

【要點】左腿提起的同時鬆右胯，右腳五趾抓地，屈膝略下蹲。此式以腰為主宰來帶動兩手旋轉，周身協助右腿穩固重心，在沉肩、墜肘、含胸、塌腰的基礎上，周身皆成合勁。

圖6-111

圖6-112

●**動作七**●接上勢，繼續吸氣，重心完全移至右腿，身體繼續屈膝下蹲，同時左腳向左前方上步，以腳後跟先著地，待左腳上步時，左手下按，右臂屈肘，掌心向上，眼視前方，面向西（圖6-113）。

【要點】為明確動作的連貫性，動作六左腳著地而不停地向前上步，在上步的同時，身體下蹲，右腳五趾抓地，將重心完全穩固後，左腳才能輕靈地向前邁步。待左腳著地後，鬆兩胯，胸含內收，如靈貓捕鼠之勢，待機擊發。

●**動作八**●接上勢，呼氣，重心走下弧即時移至左腿，待重心前移時，身體繼而左轉，同時兩手左下右上運轉，右手沉肘穿掌於右前方，左手下按至左腿外側，眼視右前方，面向西（圖6-114）。

【要點】重心前移時，含胸、塌腰、周身下

圖6-113　　　　　　圖6-114

沉合住勁，然後右腳蹬地，鬆左胯，左腳繼而踏實。扭腰，旋臂，向右前方抖勁發力。勁達指尖。但也可慢慢出掌。

●動作九●接上勢，吸氣，鬆右胯，身體右轉螺旋下蹲，重心漸漸右移，在身體右轉時，右手置身體右側外翻。左手置於左腿上方。眼視右手上方，面向北（圖6-115）。

【要點】在身體右轉時，以右臂領勁，扭腰旋胯，右手掌突然外翻。同時左手由下按變掌心向右，舒胸，兩手變左合右掤。

●動作十●接上勢，呼氣，重心走後弧左移，右腳蹬地而起，同時身體向右繼續旋轉90°，提右膝收小腹，右腳自然下垂，右手落於右大腿外側，掌心向內，左手屈肘豎掌落於耳外側。頂勁領起，眼視前方，面向東（圖6-116）。

圖6-115

圖6-116

【**要點**】重心走後弧旋轉時，身體螺旋下蹲，右腳蹬地後掃時，應利用慣性，使身體旋轉180°，此時應注意頂勁領起。掌握身體平衡。

第二十五式　掩手肱拳

●**動作一**●接上式，吸氣，鬆左胯，屈膝螺旋下蹲，同時右腳慢慢著地，兩手左上右下在體前交叉，含胸，氣往下沉，兩手和兩掌根皆下沉，眼視前方，面向東（圖6-117）。

圖6-117

【**要點**】左腳五趾抓地。屈膝下蹲的同時，氣往下沉。右腳落地時，正好是兩手交叉時。頂勁領起，全神貫注，周身合為一體。

●**動作二**●接上勢，呼氣，重心漸漸前移，同時提左腳向左外側上一步。重心仍偏右，兩胯鬆開，兩膝略內扣。眼視身體前方，面向東（圖6-118）。

圖6-118

圖6-119

【要點】重心右移時，右腳五趾抓地，屈膝下蹲。左腳抬起時，收小腹，含胸、塌腰，以左腳後跟著地，漸漸踏平。

●動作三●接上勢，吸氣，身體繼續下蹲，舒胸，鬆兩胯，兩膝微外開。同時兩手向身體兩側展開。左掌心向下，右掌心略向外，眼視右手，面向西南（圖6-119）。

【要點】與第十五式掩手肱拳動作二要點相同。

●動作四●接上勢，繼續吸氣，面向東。兩手在身體兩側展平後，繼而兩襠、兩膝內扣。同時，兩手腕放鬆，兩肩節放鬆後立即內合。胸內含，兩手在鬆腕的前提下走上弧向身體中線合。左手在前，右手在後，目視正東方（圖6-120）。

【要點】與第十五式掩手肱拳動作三要點相同。

●動作五●接上勢，呼氣，面向東。右腳用力蹬地，同時扭襠轉腰，在重心前移的同時，右拳前衝，左手變半握拳。肘尖向後，身手一齊俱下，抖肩發勁，眼視右拳（圖6-121）。

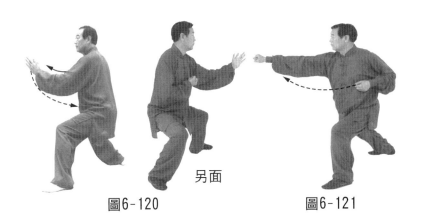

另面

圖6-120　　　　　　　圖6-121

【要點】與第十五式掩手肱拳動作四要點相同。

第二十六式　六封四閉

●動作一●接上式，吸氣，重心繼續左移，身體螺旋下沉，兩手隨重心前移，兩手同時以大拇指領勁由內向外轉，右前左後在體前搭住，眼視前方，面向東（圖6-122）。

【要點】右手略下收，繼而變向上外掤，左手直接斜上構成捋狀。兩手前掤時，鬆兩肩，以下丹田氣往下沉，下丹田以上略上升。內氣鼓盪皆成掤勁，上下有對拉之意。

圖6-122

●**動作二**●接上勢，呼氣，鬆左胯，同時向下
将，左手由內向外轉，右手向下切掌坐腕。眼視右
手，面向東北（圖6-123）。

【**要點**】待重心繼續左移時，身體邊轉邊下
沉，同時兩手下将時，沉肩、墜肘、含胸、塌腰，
氣往下沉。周身一起俱下，勁達右掌外側。

●**動作三**●接上勢，吸氣，身體繼續左轉，待
重心完全移於左腿時，左腳五趾抓地，右腳即時
輕靈地向右前方上步，以腳後跟先著地。同時兩手
隨身體繼續向左側伸展。眼視左手，面向西北（圖
6-124）。

【**要點**】此勢是向左邊連續性轉動，待右手
切掌完成将的任務後，身體放鬆，兩手才能轉換靈
活，自然地向身體左側伸展。

●**動作四**●接上勢，先吸後呼氣，面向東北。

圖6-123　　　　　圖6-124

眼視左手，鬆右胯，重心徐徐走下弧向右轉，兩手經胸前自左向右推出，同時左腳隨重心向右走後外弧線跟步，左腳尖點於距右腳20公分處。雙手向右推到終點時，繼續呼氣，身體下降，周身合為一體。氣往下沉。眼視右手（圖6-125）。

【要點】與第五式六封四閉動作三要點相同。

第二十七式　單　鞭

●動作一●接上式，吸氣，身體右轉，鬆右胯螺旋下沉，同時兩手左上右下旋轉，左手先內轉然後外旋，手背向外，腕部突出，同時右手先小指，後無名指、中指和食指下垂變刁手，面向東北，眼視右側（圖6-126）。

【要點】與第六式單鞭動作一要點相同。

●動作二●接上勢，呼氣，然後兩手左下右上

圖6-125　　　　　　圖6-126

如抱球式在身體右側各轉一圈，兩手構成合勁，左掌心向上，右掌心向前下，眼視身體右側，面向東北（圖6-127）。

【要點】與第六式單鞭動作二要點相同。

●**動作三**●接上勢，繼續呼氣，鬆右胯，身體微下蹲，右手變勾手，左手以小指領勁向內側旋。兩手同時向身體兩側分開，右手向右伸展時，沉肩墜肘，五指內收且上提，腕部突出，虎口成圓形，左手下行至小腹，兩手成開勁，眼視身體右側，面向東（圖6-128）。

【要點】與第六式單鞭動作三要點相同。

●**動作四**●接上勢，吸氣，右腿鬆胯屈膝下蹲，五趾抓地，含胸，兩肩關節微內扣，小腹微內收。同時左腿鬆胯屈膝上提裡合，高過右膝。左腳內側有向外鏟出之意。眼視左側，面向西（圖6-129）。

圖6-127　　　　　圖6-128　　　　　圖6-129

【要點】與第六式單鞭動作四要點相同。

●**動作五**●接上勢，繼續吸氣，面向西。身體繼續屈膝下蹲，左肩繼續微內扣，同時左腿繼續上提，然後向身體左側鏟出，腳內側先著地，眼視左側（圖6-130）。

【要點】與第六式單鞭動作五要點相同。

●**動作六**●接上勢，呼氣，腰微右轉，鬆右胯，重心走下弧左移，左手走上逆纏，高與眼平，隨重心漸漸向左側展開，鬆肩、沉肘。身體繼續下蹲，兩手略變雙順纏下落。右腳尖隨重心左移時向裡勾，面向西。二目視左手中指，氣沉丹田成合勁（圖6-131）。

【要點】與第六式單鞭動作六要點相同。

圖6-130

圖6-131

第二十八式　雲　手

●**動作一**●接上式，吸氣，鬆左胯，重心左移，在左移的同時，右膝由外開變略內合，右手由勾手變掌，隨身體左轉，由上向下劃弧至小腹前，同時左手由立掌變略外掤。眼視左手中指，面向西（圖6-132）。

【要點】身體下蹲的同時，鬆左胯，同時右手由上向下作引進之勢，內氣隨身體左轉以意領氣，由上向下作半圓周運動。

●**動作二**●接上勢，呼氣，面向東，鬆右胯，左腿用力蹬地，身體隨之右轉，兩手左下右上劃弧，右掌心略偏右外。左手置於小腹前，眼視右手中指（圖6-133）。

【要點】在鬆右胯與左腳蹬地的同時，身體

圖6-132　　　　　　　圖6-133

繼而隨重心向右旋轉。這些動作是在意識的指導下作圓周運動。

●**動作三**●接上勢，吸氣，鬆左胯，重心漸漸左移，待重心完全移至左腿時，右腳蹬地而起，插於左腿後方。同時，兩手左上右下各劃半圓，左手掌心向外，右手置於小腹前。眼視左手中指，面向西（圖6-134）。

【**要點**】在鬆左跨、右腳蹬地的前提下，左手放鬆，由上向下轉，配合左手向外展開。左手一側是以腰催肩，以肩領肘，以肘帶手繼續向外展開，右腳插步時，腳尖先著地，然後漸漸踏實。

●**動作四**●接上勢，呼氣，重心漸漸移至右腿，待重心完全移至右腿後，提起左腳，然後向身體左側鏟出。左手由上而下，右手由下向上。眼視右手中指（圖6-135）。

圖6-134　　　　　　　圖6-135

【要點】重心全部移至右腿時，身體略下蹲以穩固重心。左腳鏟出時，有探聽之意，並有引進待發之勢。

●**動作五**●接上勢，吸氣，面向北，動作和要領皆與本式動作三相同（圖6-136）。

●**動作六**●接上勢，呼氣，動作和要領皆與本式動作四相同（圖6-137）。

第二十九式　高探馬

●**動作一**●接上式，吸氣，面向北，重心漸漸移至左腿，繼而收右腳點於左腳內側，同時兩手左上右下在身體右側相交。右掌心向上，左掌心向右。眼視右方（圖6-138）。

【要點】雲手完成後，左手以小指領勁由上向下劃弧，同時左手先逆纏後順纏劃弧在體前右側

圖6-136　　　　　圖6-137　　　　　圖6-138

搭住。

●**動作二**●接上勢，吸氣，重心全部移至左腿，屈膝繼續下蹲，然後提起右腳，輕輕向右側鏟出，同時右手繼續向上領。眼視身體右側，面向北（圖6-139）。

【**要點**】在左腳五趾抓地、屈膝下蹲的同時，頂勁自然領起，中氣豎起，右手向上領起的同時，將右腳鏟出。以腳內側先著地，然後蹬地而出。

●**動作三**●接上勢，呼氣，鬆兩胯，屈膝下蹲，重心由左漸漸右移，同時兩手向身體兩側左上右下分開，左掌心向前，右掌心向下，眼視左手，面向西（圖6-140）。

【**要點**】兩手隨兩腿同時向身體兩側分開。繼而雙手由引進之勢變開勁。含胸、塌腰，氣往下沉。

●**動作四**●接上勢，吸氣，重心繼續右移，同

圖6-139

圖6-140

圖6-141

時兩手向身體兩側展開後，繼而右臂屈肘於身體右側。眼視左手，面向西（圖6-141）。

【要點】此式為雙開雙合勁，在鬆胯、屈膝、繼續下蹲的同時，身體右轉，兩手隨身體右轉，向兩側伸展，與肩相平，繼而右手置於右肩上方。

●**動作五**●接上勢，呼氣，重心繼續右移，待重心完全移至右腿時，左腳劃後外弧點於右腳內側。兩手隨身體左轉時，右手向身體右側推出，左手落於小腹前。眼視右掌中指，面向西南（圖6-142）。

【要點】重心完全移至右腳後，身體先右轉

正面

圖6-142

後左轉，繼而含胸、勁蓄，身體向左轉時，以身體帶動左腳向後掃，同時要求兩肩內扣，自然地隨身體旋轉。

第三十式　右擦腳

●**動作一**●接上式，吸氣，身體繼續螺旋下蹲，重心漸漸完全移至右腳，繼而提起左腳蓋於右腳右前方。右手先上升然後下旋劃弧，同時左手略下沉，經左側向上劃弧，兩手同時在胸前相交。眼視右側，面向西（圖6-143）。

【要點】兩手在身體兩側劃弧在胸前相交時，正是左腳落地蓋步時，腳後跟外側先著地，然後漸漸踏平。

●**動作二**●接上勢，繼續吸氣，雙手不停地慢慢旋轉，兩手漸漸變向外掤勁，同時重心走下弧移

圖6-143　　　　正面

圖6-144　　　　　　　正面

至左腿。眼視右側，面向西（圖6-144）。

【要點】在重心左移的同時，身體螺旋下蹲，含胸、塌腰，兩肩略內扣，周身皆成合勁。

●動作三●接上勢，呼氣，重心完全移至左腿，身體繼續下蹲，兩臂繼續外掤，繼而右腳向身體右側踢起，同時兩手向身體兩側伸展。右掌拍擊右腳面。眼視右側，面向西南（圖6-145）。

【要點】寓上先下，寓開先合，身體下蹲時，周身皆外。將勁合好，氣往下沉，繼而右腳踢起，同時兩肩放鬆，以肩、肘、手順序由下向上劃弧相合。

圖6-145

第三十一式　左擦腳

●**動作一**●接上式，吸氣，面向西，眼視前方。右腳下落後，以腳後跟為軸向右旋轉45°，腳尖上翹外擺，同時兩手由上下落，左內右外相交，頂勁領起，周身有內合之意（圖6-146）。

【要點】右腳和兩手在下落的同時，右腳可以在空中外擺45°後腳後跟再著地。左腳五趾抓地。屈膝下蹲，兩手向下落至與胯平時，繼而上升在身前相交。

●**動作二**●接上勢，繼續吸氣，轉體，面向北。鬆兩胯，身體繼續下蹲，在下蹲的同時，身體向右旋轉，兩腿變交叉步，同時兩手由內向外掤，頂勁領起，周身皆成合勁。眼視前方（圖6-147）。

【要點】在鬆胯的基礎上，身體右轉90°且螺

圖6-146

圖6-147

圖6-148

旋下沉，兩手隨之含胸變外。右腳外側漸漸著地，隨重心右移時，右腳踏平。

●**動作三**●接上勢，呼氣，重心完全移至右腿，身體繼續下蹲，兩肩繼續外掤，繼而左腳向身體左側踢起，同時兩手向身體兩側伸展，左掌拍擊左腳面。面向西，眼視前方（圖6-148）。

【要點】與第三十式右擦腳動作三要點相同。

第三十二式　左蹬一跟

●**動作一**●接上式，吸氣，左腳下落時，身體向左旋轉180°，左腳尖點於右腳內側，同時兩手隨身體左轉，雙手左上右下在小腹前相交。眼視身體左側（圖6-149）。

【要點】左腳下落、身體隨之左轉時，右腳五趾抓地變五趾舒展，以腳跟為軸，隨身體左旋的慣性，起到穩固重心的中軸作用，待身體左轉180°後，五趾繼而抓地。在含胸的基礎上，兩膝微屈，周身皆成合勁。

正面

圖6-149　　　　　　　　　圖6-150

●**動作二**●接上勢，繼續吸氣，重心漸漸移至左腿，左腳漸漸踏實。隨即提起右腳點於左腳內側，同時身體略右轉，兩手略內旋，眼視前方（圖6-150）。

【**要點**】重心左移時，鬆左胯，屈膝略下蹲，待重心移好後，右腳漸漸變虛腳著地，周身皆放鬆。

●**動作三**●接上勢，呼氣，面向東南，重心繼續左移，屈膝略下蹲，繼而提起右腳，向右側跨步，同時雙手變雙逆纏，向身體兩側平開，眼視左側（圖6-151）。

【**要點**】左腳五趾抓地，屈膝下蹲的同時，右腳

圖6-151

提起，繼而向右側伸展時，正好是兩手外開時，重心略偏右，兩肩臂構成外掤勁。

●動作四●接上勢，吸氣，重心繼續右移，右腳五趾抓地，屈膝下蹲，繼而收回左腿，膝高於胯上下處，同時兩手變拳，先外展繼而內合於小腹前相交，眼視左側，面向東（圖6-152）。

【要點】重心完全移至右腿時，左腿鬆胯屈膝上提，同時兩手繼續向外伸展，然後下合變拳於小腹前，拳頂相對，此時胸內含，氣往下沉，小腹微內收，兩肩略內扣。

●動作五●接上勢，呼氣，身體繼續下蹲，胸繼續內含，小腹繼續內收，左膝繼續上提，待周身勁全部蓄好後，以腳跟內側向左偏上方蹬出，眼視左側，面向東南（圖6-153）。

【要點】此勢是蓄而後發，待左腳提起的同

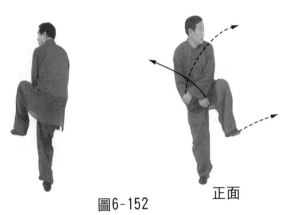

圖6-152

正面

時，周身蓄合，氣往下沉，繼而向左蹬出，兩拳隨之由內向外翻拳發勁。左蹬跟如捲炮，炮捲得愈緊，聲音就愈響。勁蓄得愈好，發力就愈順達、俐落。

第三十三式　前趟拗步

●動作一●接上式，吸氣，面向東。左腳下落時略內收，以腳後跟先著地，腳尖翹起，左手下落於左膝上方。右手屈肘於右肩上方。右掌心向前。眼視前方（圖6-154）。

【要點】待左蹬跟完成後，右腿先鬆胯屈膝，然後左腳和兩手同時下落，下落時含胸內收，保持身體中正，不偏不倚。

●動作二●接上勢，繼續吸氣，面向東方。鬆左胯，右腳用力蹬地，重心走下弧漸漸前移，同時身體左轉。左手下按至左腿外側，右手由後向前推

圖6-153

圖6-154

出。眼視右前方（圖6-155）。

【要點】在鬆胯的前提下，身體繼而左轉，右手向前推出時，右腳內側用力蹬地。要求協調一致，左右配合默契。

●動作三●接上勢，呼氣，面向東方。繼續鬆左胯，重心繼續左移，左腿五趾抓地，待重心完全移至左腿時，提起右腿，向右前方上步。兩手隨身體左轉，左手上，右手下。眼視前方（圖6-156）。

【要點】前趟拗步一式的兩手如車輪般在身體兩側不停地旋轉，右腳上步以腳後跟先著地。此時正好是右手下按、左手前推時，頂勁領起，腰勁下塌，全神貫注。

●動作四●接上勢，吸氣，面向東南。重心繼續右移，右腳漸漸踏平，右膝外擺，同時提起左腳，向身體左側鏟出。右手下按於右腿後側。左手

圖6-155

圖6-156

屈肘，立掌於身體左側，眼視左側（圖6-157）。

【**要點**】右腳重心踏實後，隨身體右轉，繼而提左腳向外伸展，同時身體下蹲，內氣隨之下沉。腰勁下塌，右手下按，左手屈肘下沉。周身內外合一。

第三十四式　擊地捶

●**動作一**●接上式，呼氣，鬆左胯，右腳用力蹬地，重心由右向左移，同時身體隨重心左轉，兩手左下右上，變拳在身體兩側劃弧，右拳行至與肩平時，向身體中線斜下發力。同時左肘由上向左後外開，眼視右拳，面向東（圖6-158）。

【**要點**】待重心前移時，身體左轉，扭腰旋臂，右拳打下栽拳於對方小腹，左臂有後背靠和左肘之用法。在扭腰旋臂的基礎上發力。拳肘合二為

圖6-157　　　　　圖6-158

一，一氣呵成。

第三十五式　踢二起

●**動作一**●接上式，先吸後呼氣，面向西南。
鬆右胯，重心右移，同時，身體右轉，左手下沉
於左腿外側，右手屈肘於右上方，眼視右側（圖
6-159）。

【**要點**】身體右轉時，左手下沉，扭腰旋
臂，勁達右背和肘尖。既可慢慢行氣，又可抖彈發
力，但都必須保持內外合一，一氣呵成。

●**動作二**●接上勢，吸氣，面向西，鬆左胯，
重心繼續左移，繼而身體向右旋轉180°，同時右腳
向右後外劃弧，腳尖點於左腳前方，兩手隨身體旋
轉，在身體兩側劃弧。變左上右下。眼視前方（圖
6-160）。

圖6-159

圖6-160

【要點】待重心左移的同時，身體向右快速旋轉，繼而帶動右腳後掃，後掃時腳尖著地，兩手隨身體兩側形似車輪滾滾，向上翻轉。

●動作三●接上勢，呼氣，面向西。腳尖點於右前方。重心不停地向前移，身體略右轉，眼視前方（圖6-161）。

【要點】重心前移時，右膝略前弓，左拳略下落，右拳略上升，身體略前探。

●動作四●接上勢，吸氣，重心繼續前移，身體繼續右轉，兩臂向兩側伸展，同時左腳後跟抬起有上踢之意。面向西，眼視前方（圖6-162）。

【要點】兩臂向兩側伸展時，舒胸，鬆肩，右腳五趾抓地。

●動作五●接上勢，呼氣，左腳先向左前方踢起，繼而下落。同時右腳蹬地而起，身體隨之

圖6-161

圖6-162

左轉。兩拳變掌，在身體兩側旋轉，右手掌拍擊右腳面。左手向後伸撩與肩平。眼視右前方，面向西（圖6-163）。

【要點】此式是上縱法兼踢法。又名「二起腳」。左腳先上踢，在左腳未落地之前，右腳蹬地而起，右腳上踢的同時，右手掌拍擊右腳面，形成上下合力。

第三十六式　護心拳

●動作一●接上式，吸氣，待右腳落地後，左腳繼而提起，點於右腳內側，同時右手略上抬，左手由左向前，兩手構成捋狀。眼視右前方，面向西南（圖6-164）。

【要點】右腳落地時，腳尖先著地，然後踏平。兩手和左腳同時到達所需位置。

圖6-163

圖6-164

●**動作二**●接上勢，繼續吸氣，身體繼續下蹲，重心漸漸右移，同時提起左腳向後跨步，兩手繼續向外掤，眼視右側，面向西（圖6-165）。

【**要點**】重心繼續右移，右腳五趾抓地，待重心完全移至右腿時，左腳才能順利地向後伸展。

●**動作三**●接上勢，呼氣，右腳用力蹬地，重心走下弧漸漸移至左腿。同時，身體隨重心左轉時，兩手由掤變挒。眼視右側，面向西南（圖6-166）。

【**要點**】重心左移時，身體下蹲，兩手向左挒，身體上下對稱，開胸呼氣。

●**動作四**●接上勢，吸氣，重心繼續左移，同時收起右腳，點於身體右側，兩掌變拳左下右上，眼視身體右側，面向西南（圖6-167）。

【**要點**】鬆左胯，身體繼續左轉，同時提起

圖6-165　　　　圖6-166　　　　圖6-167

右腳，兩手繼而變拳。有引進之意。

●**動作五**●接上勢，繼續吸氣，鬆左胯，重心繼續左移，同時提起右腳向右側跨步。眼視右側，面向西南（圖6-168）。

【要點】左腳五趾抓地，屈膝下蹲，同時身體左轉，繼而提起右腳向右跨步，右腿有插襠引進之意。

●**動作六**●接上勢，呼氣，鬆右胯，重心右移，身體繼而向右旋轉，同時右手下沉於右腿外側，左手屈於左前方。眼視右前方，面向西北（圖6-169）。

【要點】左腳用力蹬地，繼而鬆右胯，同時身體右轉，兩手左上右下，有向右捌勁之意。

●**動作七**●接上勢，吸氣，面向西南，身體繼續略下蹲，重心略左移，同時右臂內收屈肘，腕部

圖6-168　　　　　　圖6-169

內旋，左臂略前伸，目視前方（圖6-170）。

【要點】重心左移的同時，腰右轉，右手隨身體略下沉。左手前伸。兩肩關節鬆開。氣往下沉。

●動作八●接上勢，呼氣，面向西南，鬆右胯。左腳用力蹬地，重心繼而移至右腿，右手上提屈肘發勁。左拳斜下置於右肘下。眼視右前方（圖6-171）。

【要點】重心突然右移，身體繼而左轉的同時，右肘向前發勁。勁達於右肘尖。上下有對拉之意。

第三十七式　旋風腳

●動作一●接上式，吸氣，面向西南，身體先左後右轉，同時身體下蹲，重心右移，兩手隨身體右轉變掌挪於身體右側。眼視右側（圖6-172）。

【要點】身體略左轉時，右肘和左拳先下

圖6-170

圖6-171

沉，略微內旋，繼而走外弧向右側掤出，襠開圓，舒胸，兩手向右外掤，上下有對稱之意。

●**動作二**●接上勢，呼氣，鬆左胯，右腳用力蹬地，同時兩手隨身體左轉，先向下後向上捋。眼視右側（圖6-173）。

【**要點**】腰勁下塌，襠要開圓。兩手先略下捋，繼而變上托，頂勁領起，中氣豎起。身體上下有對拉之意。

●**動作三**●接上勢，吸氣，重心繼續左移，兩手繼續向左捋，繼而右腳蹬地而起，由內向外劃弧，落於左腳內側，同時右手略上升，左手先外然後向內劃弧，兩手在胸前交叉，眼視前，面向西（圖6-174）。

【**要點**】在身體左轉的同時，右腳蹬地而起，由內向外旋轉90°，腳跟著地，腳尖翹起。雙

圖6-172

圖6-173

掌心向外，含胸，氣往下沉。

　　●**動作四**●接上勢，繼續吸氣，重心繼續螺旋下降，身體隨之向右轉，兩手同時由內向外掤。兩腿變坐盤步。眼視前方，面向北（圖6-175）。

　　【要點】身體右轉的同時鬆兩胯，胸內含，周身皆成外掤勁，同時左腳後跟翹起，腰脊豎直，上下一氣貫通。

　　●**動作五**●接上勢，呼氣，重心完全移至右腿，身體繼而右轉，同時左腳向上踢起。由左向右裡合，兩手隨身體右旋，向身體兩側伸展，左手掌心拍擊左腳內側。眼視左側，面向西（圖6-176）。

　　【要點】左腳向右旋轉時，正好是左手外擊時。腳掃高、中、低，皆可使用。例如：左腳高掃於對方脊背處，左手內側正好是對方胸部。可舉一反三。

圖6-174　　　　圖6-175　　　　圖6-176

第三十八式　右蹬一跟

●**動作一**●接上式，身體繼續右轉，面向南。左腳落地時，腳尖著地，同時兩手右外左內在體前交叉，眼視身體左側，面向東南（圖6-177）。

【**要點**】左腳落地時，正好是兩手相交時，同時含胸，兩肩內扣，氣往下沉，周身皆成合勁。

●**動作二**●接上勢，呼氣，同時提起左腳，向左側跨步，繼而兩手向兩側分開。眼視右前方，面向西南（圖6-178）。

【**要點**】左腳跨步時，正好是兩手外開時，鬆兩肩，兩膝外開，兩襠內合，舒胸，氣往下沉。

●**動作三**●接上勢，吸氣，兩手兩膝繼續外開，鬆左胯，重心繼而左移，同時提起右腳點於左腳內側。眼視右方，面向西南（圖6-179）。

圖6-177　　　正面　　　　圖6-178

【要點】寓左先右，寓開先合，兩手繼續向外伸展，然後以小指領勁向體前合，兩手在體前交叉，左上右下，胸內含，兩臂有內捲之意。

●動作四●接上勢，重心完全移至左腿，繼而鬆右胯，右膝上提，兩掌內旋變拳，兩拳在體前交叉。眼視右側，面向西南（圖6-180）。

【要點】左腳五趾抓地，屈膝下蹲的同時，收右腳，兩掌變拳，兩肘外開，胸內含，臂內捲，氣往下沉。

●動作五●接上勢，呼氣，右腿側腳向右蹬出，同時兩拳由內向外發力，眼視右側，面向西南（圖6-181）。

【要點】蓄勁如開弓，發勁如放箭，勁蓄愈好，發勁就越俐落，力點就越清晰。

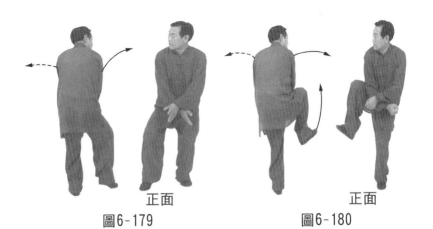

正面　　　　　　　　正面

圖6-179　　　　　　圖6-180

第三十九式　掩手肱拳

●**動作一**●接上式，吸氣，右蹬跟完成後，右腳下落提膝合於襠內，同時兩手下落於兩腿外側，方向不變，眼視右方，面向西南（圖6-182）。

【要點】右腳和兩手同時下落，左腳五趾抓地，鬆襠屈膝穩固重心，此時兩肩放鬆，氣往下沉。

●**動作二**●接上勢，呼氣，重心略下沉，身體微左轉，繼而向右旋轉95°，兩手隨身體右轉，同時，在身體兩側發力抖勁。眼視前方，面向西（圖6-183）。

【要點】兩手向兩側發力時，靠身體的旋轉力，左手上提時，先略後伸，然後上抖，右手先向內旋，上提經胸前繼而用右手外沿向下斬手抖勁發力。

圖6-181　　　　圖6-182　　圖6-183

●**動作三**●接上勢，吸氣，左腿屈膝下蹲，同時右腳下落，繼而兩手左上右下在身前交叉。眼視身體前方，面向西（圖6-184）。

【要點】待左腿屈膝下蹲時，氣往下沉，右腳落地時，正好是兩手在身前交叉時。頂勁領起，腰脊豎直，兩背略內合，重心仍偏右。

●**動作四**●接上勢，呼氣，身體螺旋下蹲，右腳五趾抓地，待重心完全移至右腿時，左腳繼而提起，向左前方開步，同時隨身體下蹲，兩手向身體兩側分開。眼視右手，面向東北（圖6-185）。

【要點】與第十五式掩手肱拳動作二要點相同。

●**動作五**●接上勢，吸氣，面向西，兩手在身體兩側展平後，繼而兩襠兩膝內扣，同時，兩手腕放鬆，兩肩關節鬆而且內扣，胸內含，兩手在鬆腕

圖6-184

圖6-185

圖6-186

的前提下，走上弧向身體中線合。左手在前，右手在後，眼視前方（圖6-186）。

【要點】與第十五式掩手肱拳動作三要點相同。

●**動作六**●接上勢，呼氣，右腳用力蹬地，同時扭腰轉胯，待重心前移的同時，右拳前衝，左掌變半握拳，肘尖向後，身手俱下，抖肩發勁。眼視右拳，面向西（圖6-187）。

【要點】與第十五式掩手肱拳動作四要點相同。

正面

圖6-187

第四十式　小擒打

●動作一●接上式，吸氣，面向西，鬆右胯，身體右轉，重心略右移，同時右半身略下沉，右拳右臂略外翻。左手隨身體右轉，腕部略內旋，眼視右前方（圖6-188）。

【要點】在鬆右胯的前提下，襠要開圓，兩膝略外開，氣往下沉，右臂上翻時，身體上下對稱。

●動作二●接上勢，呼氣，右臂上翻後，繼而沉肘下落。左手隨右手先下沉，然後由下向上搭於右臂內側。同時，右腳隨右肘下沉時向前上步，以腳後跟先著地。眼視右前方，面向西（圖6-189）。

【要點】此勢右腳上步時不要太大，但大腿跟仍要保持撐勁。在步法的轉換過程中，兩臂始終保持前掤勁不丟。不能向後回勁。

圖6-188

圖6-189

●**動作三**●接上勢，先呼後吸氣，鬆兩胯，重心繼續前移，同時，在身體右轉的基礎上，右腕略上抬，然後刁拳下切，解脫對方的拿法後，繼續變外掤。左手協助右手，眼視前方，面向西北（圖6-190）。

【要點】在身體繼續螺旋下蹲的前提下，身體右轉，右腳繼續外擺，含胸，氣往下沉。兩臂皆成外掤。

●**動作四**●接上勢，吸氣，重心漸漸移至右腿，身體繼續右轉，兩手繼續外掤，待右腳完全踏實後，左腳隨即向左前方鏟出。同時，兩手左下右上分開。眼視左前方，面向西北（圖6-191）。

【要點】左腳落步後，身體要中正，頂勁要領起，腰勁要塌下，襠要開圓。否則周身無力，襠不圓轉換則不靈。

圖6-190

圖6-191

小擒拿

圖6-192

●**動作五**●接上勢，呼氣，鬆左胯，右腳用力蹬地，重心走下弧前移，同時左手上掤，右手由後向下經胸前上推出，右手置於左手下方。眼視身體前方（圖6-192）。

【**要點**】小擒打又名小擒拿。有兩種練法：拿法是兩臂較低為之合，打法是兩臂較高為之開。無論哪種練法都必須瞻前顧後，左顧右盼，精神振奮。

第四十一式　抱頭推山

●**動作一**●接上勢，吸氣，鬆左胯，身體螺旋下沉，身體先左轉，同時兩手左內右外，在體前相交。繼而右轉，在身體右轉的同時，收回右腳點於身體右前方。眼視右側，面向東（圖6-193）。

【**要點**】待身體右轉後，含胸，兩肩內收，兩

圖6-193　　　　圖6-194　　　　圖6-195

臂外掤，右腳收回點地時，屈膝下蹲，兩胯略外撐。

　　●**動作二**●接上勢，繼續吸氣，鬆左胯，左腳五趾抓地，身體隨兩膝屈而下蹲，同時右腳後跟繼續上抬。兩手置於右膝前方。眼視右前方，面向東（圖6-194）。

　　【要點】身體下蹲時，兩膝仍要外撐，腰脊仍保持中正，氣往下沉，頂勁領起，開襠貴圓。

　　●**動作三**●接上勢，呼氣，面向東，兩手經膝前向兩側分開，同時螺旋上升，兩臂行至與兩肩平。兩臂屈肘，兩手屈腕向外，眼視東方（圖6-195）。

　　【要點】兩手向兩側分開時，左腳蹬地，身體螺旋上升，開胸，兩掌心相對，兩臂皆成外掤。

　　●**動作四**●接上勢，吸氣，重心完全移至左腿

圖6-196　　　　　　　　圖6-197

時，繼而提起右腳，向身體右側邁出。同時，兩手合於胸前，眼視身體右側，面向東（圖6-196）。

【要點】身體下蹲，左腳五趾抓地，右腳向外邁出之時，正好是兩手相合之時。兩膝微外開，襠要開圓，開胸，兩臂外掤，氣往下沉。頂勁領起，中氣豎起，有待發之勢。

●動作五●接上勢，呼氣，鬆右胯，左腳用力蹬地。胸內含，兩臂內收。兩臂兩手一齊向右推出。右手略在前。勁達於兩掌根，眼視身體右側，面向東（圖6-197）。

【要點】待兩手向右推出時，身體走下弧，由下向右上方一齊推出。身手俱下，完整一氣。兩手推到終點時，胸略內收，背略後弓，身手有對拉之意。

第四十二式　六封四閉

●**動作一**●接上式，吸氣，面向東，鬆右胯，給左胯，身體下蹲，同時，兩手由推變掤，身體上下有對拉之意。眼視右側（圖6-198）。

【要點】在身體下蹲的同時，兩手繼而向上掤，襠要開圓，腰勁塌下構成大将之勢。

●**動作二**●接上勢，呼氣，繼而左手引住右手，走下弧向左下捋，加採勁，周身合為一體，低身法捋到兩手離地面約23公分為宜。重心左移，右手捋到身體中線時放鬆。然後繼續向身體左上方伸展，與左肩相平。右手至胸前，兩掌心向外，眼視左側，面向西（圖6-199）。

【要點】與第五式六封四閉動作二要點相同。

●**動作三**●接上勢，先吸後呼氣，面向西，眼

圖6-198

圖6-199

視右手，重心徐徐走下弧向右移，鬆右胯，兩手經胸前自左向右推出。同時，左腳隨重心向右走後外弧線跟步。左腳尖點於距右腳20公分處，雙手向右推到終點時，面向東北，繼續呼氣，身體下落，周身合為一體，氣沉丹田，眼視右手，面向東（圖6-200）。

【要點】與第五式六封四閉動作三要點相同。

第四十三式　單　鞭

●動作一●接上式，吸氣，身體右轉，鬆右胯螺旋下沉，同時，兩手左上右下旋轉，左手先內轉後外旋，手背向外，腕部突出，同時右手先小指，依次無名指、中指、食指下垂變刁手。面向北，眼視右側（圖6-201）。

【要點】與第六式單鞭動作一要點相同。

圖6-200　　　　　　　圖6-201

圖6-202

●**動作二**●接上勢，呼氣，兩手左下右上如抱球狀，在身體右側各轉一圈，兩手構成合勁，左掌心向上，右掌心向前下，眼視身體右前方，面向東北（圖6-202）。

【要點】與第六式單鞭動作二要點相同。

●**動作三**●接上勢，繼續呼氣，鬆右胯，身體微下蹲，右手變勾手，左手以小指領勁，向內側旋轉，兩手同時向身體兩側分開。右手向右伸展時，沉肩墜肘，五指內收且上提，腕部突出，虎口成圓形，左手下行至小腹，兩手成開

圖6-203

勁，眼視身體左側，面向西北（圖6-203）。

【要點】與第六式單鞭動作三要點相同。

●**動作四**●接上勢，面向西，右腿鬆胯屈膝下蹲，五趾抓地，含胸，肩關節微內扣，小腹微內收。同時，左腿鬆胯屈膝上提裡合，高於右膝，左腳內側有向外鏟出之意。眼視左側（圖6-204）。

【要點】與第六式單鞭動作四要點相同。

●**動作五**●接上勢，繼續吸氣，面向西，身體繼續屈膝下蹲，左肩繼續微內扣。同時，左腿繼續上提，然後向身體左側鏟出，腳內側先著地。眼視左側（圖6-205）。

圖6-204

【要點】與第六式單鞭動作五要點相同。

●**動作六**●接上勢，呼氣，面向西，腰微右轉，鬆右胯，重心走下弧左移，左手走上弧逆纏，高與眼平，隨重心漸漸向左側展開，鬆肩沉肘，身體繼續下蹲，兩手略變雙順纏下落，右腳尖隨重心左移時向裡勾。二目斜視左手中指，氣沉丹田成合勁（圖6-206）。

圖6-205　　　　圖6-206

【要點】與第六式單鞭動作六要點相同。

第四十四式　前　招

●**動作一**●接上式，吸氣，身體螺旋下蹲，重心繼續左移，左膝略外擺，待重心向左移的同時，右勾手變掌，由上向下引，左手隨之，掌心向外上掤，眼視右側，面向東北（圖6-207）。

【要點】在鬆左胯的同時，右臂隨身體下沉，左手輔助右手略上引，全神貫注右側，全身必須上下相隨，一氣貫通。

●**動作二**●接上勢，呼氣，鬆右胯，左腳用力蹬地，身體隨重心向右旋轉90°。同時，右手以腰、背、肱二頭依次向右上方外撥，左手繼而隨左腿前上，左腳落於右腳內側。眼視右手中指，面向東南（圖6-208）。

圖6-207　　　　　　　圖6-208

【要點】前招以右手為主，是用右背和右臂擊之，周身應全神貫注，發令在心，傳令在手，觀色在目，心、手、眼一齊俱到，缺一不可，進、退、屈、伸、往、來全在於目。眼見之，心知之，手隨之，才能做到機至靈也，動至速也，觀其形也，知其心也。

第四十五式　後　招

●動作一●接上式，吸氣，重心完全移至右腿，身體繼續右轉，同時提起左腳，左手略內引，眼視左側，面向北（圖6-209）。

圖6-209

【要點】待重心右移的同時，身體右轉，繼而提起左腳，右腳五趾抓地，屈膝下蹲，氣往下沉，有引進之意。

●動作二●接上勢，呼氣，左腳後跟先著地，後漸漸踏平，同時，左手由下向左上方撥，右手在右腳向前上步的同時隨之。眼視右前方，面向東南（圖6-210）。

圖6-210

【要點】本勢不必用大身法轉換，小身法過渡即可。前招方終，後招即來，要保持連綿不斷，手腳運轉上下相隨，協調一致，其他皆同前招。

第四十六式　野馬分鬃

●**動作一**●接上式，吸氣，兩手隨重心繼續左轉，繼而右轉，在右轉的同時，右手由下經左胸前向右外上撥。同時左手由上向下經左外向內旋劃弧落於左腿外側，然後不停地繼續向右，經右胸前上行到鼻端處，向左外撥，隨即重心移至左腿，同時提起右腳，右手隨重心左移，由上向下劃外半圓弧置於右腿內側，眼視右側，面向東（圖6-211）。

【要點】本勢是過渡動作，重心是左－右－左，兩手在身體兩側各劃一圈，左下右上，左上右隨，如九曲珠一線串成，其剛莫折，其轉無間。

圖6-211

●**動作二**●接上勢，吸氣，鬆左胯，屈膝下蹲，身體略左轉，同時，右腳向右前方鏟出，右手隨身體左轉，合於右腿內側，左手繼續向左後伸展。眼視右前方，面向東（圖

6-212）。

【要點】左腳五趾抓地，屈膝下蹲穩固好重心後，右腳才能輕靈地向前鑽出，身體左轉時有引進之意，頂勁領起，襠要開圓，似一身獨入萬人中，將用何法破英雄，唯有插襠帶引進，靈機一動建奇功。

●**動作三**●接上勢，呼氣，面向東南，鬆右胯，左腳用力蹬地，重心走下弧移至右腿，同時身體右轉。右臂以腰帶動，先背後肘再手向外撥。左手隨之，由上向下合於左腳內側。眼視右側（圖6-213）。

【要點】此動作有兩種用法：其一，身體右轉時，近者背肘擊之；遠者手能揚之。其二，左手引住對方右手，右手插入對方襠內，將其領起，向我身後擲之。但應實有功夫，以中氣貫其上下，練

圖6-212

圖6-213

習純熟者方能用之。

●動作四●接上勢，吸氣，重心繼續前移，鬆右胯，身體右轉，同時，左腳蹬地而起，屈膝上提於身體左側，左手隨左腿前上，置於左腿上方。右手隨身體右轉向右伸展。眼視左側，面向東北（圖6-214）。

【要點】身體右轉時，右腳五趾抓地。胸內含，小腹內收，周身上下一齊合住勁。

●動作五●接上勢，繼續吸氣，面向東北，身體繼續屈膝下蹲略右轉，同時，左腳向左前方鏟出，左手隨身體右轉合於左膝上方。右手繼續向後伸展，眼視左前方（圖6-215）。

【要點】與本式動作二要點相同，只是左右方向差異。

●動作六●接上勢，呼氣，鬆左胯，右腳用力

圖6-214

圖6-215

蹬地，重心走下弧移至左腿，同時身體左轉。左臂以腰帶動，先背後肘再手向外撥，右手隨之由上向下合於右膝上方。眼視左側，面向東北（圖6-216）。

【要點】與本式動作三要點相同，只是左右方向差異。

第四十七式　六封四閉

●動作一●接上式，吸氣，面向東，鬆左胯，重心繼續左移，同時兩手以大指領勁，左慢右快同時到達身體左側，兩掌心向外，構成外掤勁。眼視左側（圖6-217）。

【要點】野馬分鬃完成後，身體繼續向左轉，繼而胸略內含，左右臂由開勁變雙外掤。身體上下有對稱之意。

圖6-216　　　圖6-217

●**動作二**●接上勢,呼氣,鬆右胯,左腳用力蹬地,重心漸漸走下弧移至右腿,同時兩手由左向右下方捋。眼視左前方,面向東(圖6-218)。

【要點】重心右移時,身、手、氣俱到。向右捋時,右手由內向外旋轉,左手切掌勁達掌外沿。上下內外一氣呵成,不可停留。

●**動作三**●接上勢,吸氣,重心繼續右移,右膝漸漸外擺,待左手捋到身體中線時,舒胸、兩臂放鬆,在身體繼續右轉的前提下,兩手向右側伸展。後鬆左胯,身體繼而左轉,兩手隨身體左轉時,由右經上向左上方劃弧,左手落於左腿側,右手立掌於身體右側。眼視右手,面向東(圖6-219)。

【要點】左手捋到身體中線時,已完成捋的任務。在捋的同時左腳尖外擺,鬆左胯,身體繼續

圖6-218

圖6-219

左移，兩手向左展開時，繼而左前右後向左側外擺與肩平。在重心轉換過程中，是以鬆腰、旋臂、大開大合來完成的。

●**動作四**●接上勢，先呼後吸氣，鬆左胯，兩手不停地隨身體重心繼續左轉。同時右腳提起點於身體右側。兩手在右腳提起的同時，向身體左側伸展。高與肩平。眼視左手，面向西（圖6-220）。

【**要點**】兩手不停地在身體兩側180°翻轉，都是挒法，只是右左差異。其他相同。

●**動作五**●接上勢，呼氣，右腳漸漸踏平，屈膝下蹲，繼而兩手右前左後向身體右側推出，同時左腳由實變虛點於左側。眼視右手，面向東北（圖6-221）。

【**要點**】與第五式六封四閉要點相同。此動作是右腳尖先著地，然後左腳點地，前者是左腳劃

圖6-220　　　　　　　　圖6-221

後外弧線點地。

第四十八式　單　鞭

圖6-222

●**動作一**●接上式，吸氣，身體右轉，鬆右胯，螺旋下沉，同時兩手左上右下旋轉，左手先內轉然後外旋，手背向外，腕部突出，同時右手先小指，依次無名指、中指、食指下垂變刁手。眼視身體右前方，面向東北（圖6-222）。

【要點】與第六式單鞭動作一要點相同。

●**動作二**●接上勢，呼氣，然後兩手左下右上如抱球狀在身體右側各翻轉一圈，兩手構成合勁。左掌心向上，右掌心向前下，眼視身體右前方，面向東北（圖6-223）。

【要點】與第六式單鞭動作二要點相同。

●**動作三**●接上勢，繼續呼氣，鬆右胯，身體微下蹲，右手變勾手，左手以小指領勁向內側旋，兩手同時向身體兩側分開，右手向右伸展時，沉肩、墜肘，五指內收且上提，腕部突出，虎口成圓形。左手下行至小腹兩手成開勁，眼先右後左視身體左側，面向西（圖6-224）。

【要點】與第六式單鞭動作三要點相同。

圖6-223　　　圖6-224　　　圖6-225

●**動作四**●接上勢，吸氣，右腿鬆胯屈膝下蹲，右腳五趾抓地，含胸，兩肩關節微內扣，小腹微內收。同時，左腿鬆胯屈膝上提裡合，高於右膝，左腳內側有向外鏟出之意。眼繼續視左側，面向西（圖6-225）。

【**要點**】與第六式單鞭動作四要點相同。

●**動作五**●接上勢，繼續吸氣，面向西。身體繼續屈膝下蹲，左肩繼續微內扣，同時，左腿繼續上提，然後向身體左側鏟出，腳內側先著地。眼視左側，面向西（圖6-226）。

【**要點**】與第六式單鞭動作五要點相同。

圖6-226

●動作六●接上勢，呼氣，面向西，腰微右轉，鬆右胯，重心走下弧左移，左手走上逆纏高與眼平，隨重心漸漸向左側展開，鬆肩、沉肘，身體繼續下蹲，兩手略變雙順纏下落。右腳尖隨重心左移時向裡勾。二目平視左手中指。氣沉丹田成合勁（圖6-227）。

【要點】與第六式單鞭動作六要點相同。

第四十九式　玉女穿梭

●動作一●接上式，吸氣，鬆左胯，重心略左移，繼而右手變掌以小指領勁，由上向下劃弧至左腿內側，同時左手屈肘手指向上。眼視右側，面向東北（圖6-228）。

【要點】右手向下引時，身體略下蹲，襠要開圓而內扣，兩膝略外擺，胸內含，氣往下沉，頂

圖6-227　　　　　　圖6-228

勁領起，腰自然豎直。

●動作二●接上勢，繼續吸氣，兩手隨身體繼續向左轉。在身體右轉的同時，收回右腳，兩手隨身體右轉，右手同時引住左手向身體右側旋轉，由下向上劃弧，右手在前，左手在後。眼視前方，面向東（圖6-229）。

【要點】身體向右旋轉時，兩手在身體左側交叉，右手引住左手，右上左下向身體右側旋轉，同時收回右腳點於左腳前方。

●動作三●接上勢，呼氣，鬆兩胯，屈膝下蹲，腰隨身體下塌，呼氣，含胸，同時，兩手以拇指領勁下按。眼視前方，面向東（圖6-230）。

【要點】在雙手下按的同時，胸內含，束肋，氣沉丹田，勁達兩掌根。

●動作四●接上勢，吸氣，面向東，胸繼續內

圖6-229　　　　　　圖6-230

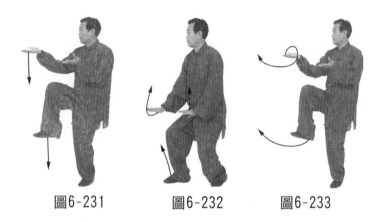

圖6-231　　　　圖6-232　　　　圖6-233

含，兩手以小指領勁向身體中線上方托起，右腿隨兩手上抬。同時，左腳蹬地而躍起。眼視前方，面向東（圖6-231）。

【要點】在身體螺旋上升、右腿隨兩手上托的同時，鬆右䏶跳起，周身勁一起上提。

●**動作五**●接上勢，呼氣，兩腳躍起後繼而下落，左腳先落地，右腳後落地。兩腳下落的同時，兩手下按發力。眼視前方，面向東（圖6-232）。

【要點】兩腳落地時震地兩響，兩手隨同兩腳同時發勁。其他與本式動作三要點相同。

●**動作六**●接上勢，吸氣，同本式動作四（圖6-233）。

【要點】與本式動作四要點相同。

●**動作七**●接上勢，呼氣，左腳五趾抓地，右腳尖略上翹，向體前蹬出，同時舒胸，兩手以大拇

圖6-234　　　　　　　　圖6-235

指領勁，右前左後向兩側發力。眼視右手，面向東（圖6-234）。

【要點】右腳向前蹬出時，以腳後跟為主，在身體左轉的同時，右手以掌根為主向前發力，左臂屈肘向後發力。兩臂成開勁。

●**動作八**●接上勢，吸氣，面向東，右腳蹬出後即下落，待身體左轉的同時，重心略右移，同時兩臂隨身體右轉，右臂屈肘於右肋間，掌心向上，左手向前方推出，掌心向前。眼視左手（圖6-235）。

【要點】右腳下落，以腳跟先著地，隨重心前移漸漸踏實。在身體右轉的同時，兩手前後交換，其他與動作七要點相同。只是左右差異。

●**動作九**●接上勢，呼氣，身體繼續向右旋轉，隨即左腳用力蹬地，左先右後騰空跳起，向右

圖6-236

旋轉270°，兩手隨身體左下右上劃弧，左手落在左膝上方。右手屈臂於肩處。五指向上，掌心向前，眼視右手，面向東北（圖6-236）。

【要點】此式為平縱法。跳得越高、越遠，愈好。落地時要保持輕靈穩固，左先右後，重心偏右。

第五十式　懶紮衣

●動作一●接上式，吸氣，鬆左肩，沉右肘，腰向左微轉，隨即重心移至左腿，屈膝下蹲。同時左手由下向左側上方劃弧，右手由上向下經左側翻腕旋掌劃弧在體前搭住，右掌心向上，左掌心向前，形成合勁，重心偏左，同時提起右腳，以右腳跟內側向右輕輕鏟出，腳內側著地腳尖微外擺。眼視右側，面向東北（圖6-237）。

【要點】與第四式懶紮衣動作三要點相同。

●動作二●接上勢，先吸後呼，身體微左轉，隨即右轉，兩手隨身體旋轉，右掌變掌心向前，左掌變掌心向裡，重心移至右腿。同時左腿伸展，

圖6-237　　　　　　　　圖6-238

左腳尖向裡勾，小腿肚略外翻，扭腰旋背，以腰催肩，以肩領肘，以肘帶手，兩手雙逆纏向身體兩側伸開。左手叉於左腰間，拇指在後，四指在前，變略順纏，右手隨身體右轉展開後，含胸塌腰，鬆左胯，沉肩墜肘，坐腕，勁達於中指。開襠貴圓，氣沉丹田。眼視右手中指，面向東北（圖6-238）。

【要點】與第四式懶紮衣動作四要點相同。

第五十一式　六封四閉

●動作一● 接上式，吸氣，面向東北。腰向右轉，鬆右胯，給左胯，左手逆纏走上弧經胸前向右與右手構成雙外掤，眼視右前方（圖6-239）。

圖6-239

【要點】與第五式六封四閉動作一要點相同。

●動作二●接上勢，呼氣，繼而左手引住右手，走下弧向左下将加採，周身合為一體，低身法将到離地面約23公分為宜。重心左移，右手将到身體中線時放鬆，繼續向左上方伸展，與左肩相平，右手至胸前，兩掌心向外。面向西，眼視左手（圖6-240）。

【要點】與第五式六封四閉動作二要點相同。

●動作三●接上勢，先吸氣後呼氣，鬆右胯，重心徐徐走下弧向右移，兩手經胸前由左向右推出，同時左腳隨重心向右走後外弧線跟步，左腳尖點於距右腳20公分處，雙手向右推到終點時，繼續呼氣，身體下降，周身合為一體，氣沉丹田，推到終點時面向東北，眼視右手（圖6-241）。

【要點】與第五式六封四閉動作三要點相同。

圖6-240

圖6-241

第五十二式　單　鞭

●**動作一**●接上式，吸氣，面向東北，身體右移，鬆右胯，螺旋下沉，同時兩手左上右下旋轉，左手先內轉後外旋，手背向外，腕部突出，同時右手先小指依次無名指、中指、食指下垂變刁手。眼視左側（圖6-242）。

【要點】與第六式單鞭動作一要點相同。

●**動作二**●接上勢，呼氣，面向東北，然後兩手左下右上如抱球狀，在身體右側各轉一圈，兩手構成合勁，左掌心向上，右掌心向前下，眼視身體右前方（圖6-243）。

【要點】與第六式單鞭動作二要點相同。

●**動作三**●接上勢，繼續呼氣，鬆右胯，身體微下蹲，右手變勾手，左手以小指領勁向內側旋，

圖6-242

圖6-243

兩手同時向身體兩側分開，右手向右伸展時，沉肩墜肘，五指內收且上提，腕部突出，虎口成圓形。左手下行至小腹。兩手成開勁。眼視身體左側，面向西（圖6-244）。

【要點】與第六式單鞭動作三要點相同。

●**動作四**●接上勢，吸氣，面向西，右腿鬆胯屈膝下蹲，右腳五趾抓地，含胸，兩肩關節微內扣，小腹微內收。同時左腿鬆胯屈膝，上提裡合，高於右膝，左腳內側有向外鏟出之意，眼視左側（圖6-245）。

【要點】與第六式單鞭動作四要點相同。

●**動作五**●接上勢，繼續吸氣，面向西。身體繼續屈膝下蹲，左肩繼續微內扣，同時左腿繼續上提。然後向身體左側鏟出，腳內側先著地。眼視左側（圖6-246）。

圖6-244　　　圖6-245　　　圖6-246

【要點】與第六式單鞭動作五要點相同。

●**動作六**●接上勢，呼氣，面向西，腰微右轉，鬆右胯，重心左移，左手走上逆纏，高與眼平，隨重心漸漸向左側展開，鬆肩沉肘，身體繼續下蹲，兩手略變雙順纏下落，右腳尖隨重心左移時向裡勾，二目斜視左手中指。氣沉丹田，成合勁（圖6-247）。

【要點】與第六式單鞭動作六要點相同。

第五十三式　雲　手

●**動作一**●接上式，吸氣，鬆右胯，重心繼續左移，在左移的同時右膝由外開變略內含。右手由勾手變掌，隨身體左轉，由上向下劃弧至小腹前。同時左手由立掌變略外掤。眼視前方，面向東北（圖6-248）。

圖6-247　　　　　圖6-248

圖6-249　　　　　圖6-250

【要點】與第二十八式雲手動作一要點相同。

●**動作二**●接上勢，呼氣，面向東北，鬆右胯，左腳用力蹬地，身體隨之右轉，兩手左下右上劃弧，右掌心略偏右外，左手置於小腹前。眼視右手中指（圖6-249）。

【要點】與第二十八式雲手動作二要點相同。

●**動作三**●接上勢，吸氣，鬆左胯，重心漸漸左移，待重心完全移至左腿時，右腳蹬地而起，插於左腿後方。同時兩手左上右下各劃半圓弧，左手略向上外劃弧，右手置於小腹前。眼視左手中指，面向西北（圖6-250）。

【要點】與第二十八式雲手動作三要點相同。

●**動作四**●接上勢，呼氣，面向西北，重心漸漸移至右腿，待重心完全移至右腿後，提起左腳向身體左側鏟出。左手由上向下，右手由下向上，眼

圖6-251　　　　　　圖6-252

先視右前方，後視左前方（圖6-251）。

【要點】與第二十八式雲手動作四要點相同。

●動作五●接上勢，吸氣，動作和要領皆與本式動作三相同（圖6-252）。

圖6-253

●動作六●接上勢，呼氣，動作和要領皆與本式動作四相同（圖6-253）。

第五十四式　擺腳跌叉

●動作一●接上式，吸氣，雲手將終，右腿成弓步，兩手隨身體右轉，待左手雲到身體中線時，

鬆左胯，重心走下弧向左移，在左移的同時，提起
右腳點於身體右側，兩腳距30公分左右，同時兩
手向身體右側伸展，兩手均與乳平。眼神向右平
視，兼顧上下左右，四面八方。眼視右後側，面向
東北（圖6-254）。

【要點】在重心左移的同時，左腳五趾抓
地，右半身腰胯先向下鬆，含胸、塌腰、沉肩、墜
肘，兩掌心向外。

●**動作二**●接上勢，呼氣，鬆左胯，微屈膝下
蹲，待重心完全移至左膝後，右腿繼而上踢向右上
劃弧外擺，右腳面斜向右上方。同時兩手由右向左
運轉，兩手與右腳在胸前相遇，左、右手先後拍擊
右腳外側面。眼視右側，面向西北（圖6-255）。

【要點】右腳外擺時，用襠勁領起右腿。兩
掌心和右腳在胸前拍擊兩響，應注意用腳擺手，不

圖6-254

圖6-255

要用手拍腳。上下內外要做到協調一致。

　　●**動作三**●接上勢，吸氣，面向西，擺腳將終，兩肘微屈，右腳漸漸落地，同時兩手在身體兩側劃弧交叉，兩拳心左下右上，氣往下沉，兩肩略內收。眼視左前方（圖6-256）。

　　【**要點**】擺腳落地震腳時，湧泉穴要虛，同時右手由上向下，左手由下向上，各在身體兩側劃圓弧後在身體右側相交。右腳震腳時，正好是兩手相交時。周身皆成合勁。兩手高與胸平。

　　●**動作四**●接上勢，呼氣，鬆右胯屈膝下蹲，重心漸漸移至右腿，左腳隨即抬起，然後向左前方鏟出，右腿繼而內扣跌叉。同時兩手左下右上向身體兩側伸展。年老體弱者可改練右腿屈膝下蹲，左腿向左前方仆步，高身法演練即可。眼視前方，面向西（圖6-257）。

圖6-256　　　　　　　　圖6-257

【要點】跌叉時，兩胯鬆開，左腳後跟先著地，腳尖翹起，兩拳心向上。左半身下塌，右半身上領，左手有上衝之意。

第五十五式　左右金雞獨立

●**動作一**●接上式，吸氣，面向西，跌叉將終，重心不停地繼續前移，鬆左胯，右腳內側用力蹬地，左腿緩緩直起成弓步，右腳隨即撐地而起，左拳隨重心逆纏上衝，右拳下合於身體右側，兩拳心向上，目視前方（圖6-258）。

【要點】襠勁螺旋前衝時，勁貫於左拳頂。右拳隨重心前移，輔助左手由上向下合於右胯外側，頂勁領起，胸腹略前合，氣往下沉。

●**動作二**●接上勢，呼氣，面向西，待重心完全移至左腿時，右腳蹬地上提，上步點於身體右側前方。兩腿屈膝鬆胯，同時雙拳變掌，右掌在上，掌心向上。左掌在下，掌心向下，眼視前方（圖6-259）。

【要點】在屈膝鬆胯的同時，注意含胸塌腰，身體保持中正。

圖6-258

●**動作三**●接上勢，面向西，吸氣，身體繼續略螺旋下蹲，右手大拇指領勁，由內向外逆纏屈肘於耳前，掌心向前，指尖向上，同時左手由上向下按至左胯外側，眼視前方（圖6-260）。

【**要點**】在身體屈膝下蹲時，繼續鬆左胯，注意重心左實右虛，頂勁領起，保持身體中正。

●**動作四**●接上勢，呼氣，身體螺旋上升，左腿變獨立步略屈膝，繼而右腿鬆胯屈膝上頂。右腳懸於襠內，同時兩手右上左下發力，勁達掌根。眼視前方，面向西（圖6-261）。

【**要點**】右掌上托時，掌心向前，五指向上，同時左手下按，兩側對稱。發勁時左腳五趾抓地，獨立步要穩，右膝上撞於對方襠內。上提時略收小腹。勁達膝蓋頂端。要求立身中正。上下合一，協調一致。

圖6-259　　　　圖6-260　　　　圖6-261

●**動作五**●接上勢，吸氣，面向西，身體下蹲，重心下沉，右腳落地震腳。湧泉穴要虛，右手隨之由上向下按，左手作自然配合，兩手按於兩胯外側，掌心向下，指尖朝前，眼視前方（圖6-262）。

【要點】震腳時手腳俱下，左重則左虛，右重則右渺。屈膝鬆胯，身體下蹲。且莫要左右搖擺。立身中正，氣往下沉。

●**動作六**●接上勢，呼氣，鬆右胯，重心略右移，身體略右轉，同時兩手隨身體右轉向右側掤出。眼視右側，面向西北（圖6-263）。

【要點】此式是左金雞獨立的銜接動作。動作幅度較小。但仍保持上下相隨，內外合一。

●**動作七**●接上勢，繼續吸氣，面向西南。身體繼續略右轉，然後左轉，重心漸漸移至左腿，

圖6-262

圖6-263

同時提起右腳向身體右側跨步。在重心左移時，兩手隨身體左轉，由右向左外側掤出，眼視身體左側（圖6-264）。

【要點】待重心移至左腿時，鬆胯屈膝下蹲，左腳五趾抓地，右腳才能輕靈向右側跨出。落步時腳內側先著地，兩手向左掤出時，身體略下蹲，上下有對拉之意。

●動作八●接上勢，呼氣，面向西，腰向右轉，重心右移，鬆右胯屈膝下蹲，隨即左腳貼地拉向右腳旁，點於左側前方。隨身體右轉，兩手自左由上而下至小腹前，兩掌心略向右，指尖向前，眼視左前方（圖6-265）。

【要點】兩手隨重心右移，同時向上向下劃弧，上下協調一致，鬆兩肩，舒胸，氣往下沉，勁達於兩掌根。

圖6-264

圖6-265

●**動作九**●接上勢,吸氣,待重心全部移至右腿,隨即左腳點於身體左前方。右手置於右腿外側,掌心向下,指尖向前。左臂先順纏後逆纏,屈肘於身體左側。掌心向前,指尖略立,眼視前方,面向西(圖6-266)。

【要點】與本式動作三要點相同。

●**動作十**●接上勢,呼氣,身體螺旋上升,右腿變獨立步略屈膝。左腿鬆胯,屈膝上頂。左腳懸於襠內,同時兩手左上右下發力,勁達掌根,眼視前方,面向西(圖6-267)。

【要點】與本式動作四要點相同。

第五十六式　倒捲肱

●**動作一**●接上式,吸氣,面向西,右腿繼續屈膝下蹲,左手上托掌向前伸,掌心向上,指尖向

圖6-266

圖6-267

前，同時右臂屈肘上提與肩平，掌心向前，指尖向左，眼視前方（圖6-268）。

【要點】金雞獨立完成後，獨立步仍不變，只是右腿略下蹲，左腿略下沉，頂勁領起，鬆兩肩，舒胸，兩臂向兩側輕鬆地伸展。

●動作二●接上勢，繼續吸氣，右腿成弓步，重心繼續下沉，左腳隨落地，向後外劃弧，左臂繼續向外略伸展，右臂屈肘於右側。眼視前方，面向西（圖6-269）。

【要點】左腳落地時，腳尖先著地，後腳內側漸漸著地向左後方劃出，重心仍偏右，頂勁領起，含胸，氣往下沉。

●動作三●接上勢，呼氣，面向東南，重心由前向後漸漸移至左腿，同時身體左轉，兩手隨身體旋轉，右前左後向身體前後伸展，眼視左側（圖

圖6-268

圖6-269

6-270）。

【要點】重心左移時，身體隨之左移，左手由上向下經左膝處手向外撥，然後再抬起與肩平。同時，右手向身體右側前方推出。襠要開圓，兩膝微開擺。

●**動作四**●接上勢，吸氣，面向西，前勢兩手伸展後繼而不停地含胸，兩肩內收，兩手變為：左臂屈肘於身體左側，左掌心向前，指尖向上，右臂略沉肘，右掌心向上，指尖向前（圖6-271）。

【要點】待兩臂內收的同時，兩襠開圓。膝既外開而又內扣，也就是開中寓合，合中寓開。

●**動作五**●接上勢，呼氣，面向東北，前勢兩肩內收，兩胯內扣後，即成開勁，重心隨即移至左腿。然後提起右腳由內向外後劃弧，同時兩手在胸前交叉後不停地向身體兩側分開。眼視右手（圖

圖6-270　　　　　　圖6-271

6-272）。

【要點】與本式動作三要點相同。

●動作六●接上勢，吸氣，身體繼續下蹲，先右後左轉，重心略右移，兩手繼續向前後伸展，待兩手與肩伸平時，右臂屈肘，右手折腕於右肩上方。同時，左臂沉肩墜肘，左掌心由前推變掌心向上。眼視左掌，面向西（圖6-273）。

【要點】與本式動作四要點相同。

●動作七●接上勢，繼續吸氣，重心漸漸移至右腿，繼而提起左腿，點於右腿內側，同時隨身體左轉時，兩手搭於身體右側，眼視右手，面向西（圖6-274）。

【要點】與第二十一式倒捲肱動作六要點相同。

圖6-272

圖6-273

圖6-274

第五十七式　白鶴亮翅

●**動作一**●接上式，呼氣，面向西南，屈膝身體下蹲，右腳五趾抓地，重心全部移至右腿。然後提起左腳，向左後外跨步，繼而重心走下弧左移，身體左轉，兩手隨重心左移時，由上向下捋，待左手捋到身體中線時放鬆。變刁手於左側上方。右手置於右膝上方。眼視右側（圖6-275）。

【**要點**】與第二十二式白鶴亮翅動作一要點相同。

●**動作二**●接上勢，吸氣，面向西。重心走下弧左移，兩手在身體兩側左上右下劃弧相交於胸前，右掌心向上，左掌心向右，待重心完全移至左腿時，提起右腿，腳尖點於右側前方，眼視右前方（圖6-276）。

【**要點**】與第二十二式白鶴亮翅動作二要點相同。

圖6-275

圖6-276

圖6-277　　　　　　　圖6-278

●動作三●接上勢，繼續吸氣，右腳不停地向右後方劃弧撤步，重心漸漸右移，同時右手由引變雙外掤，右掌心向上，左掌心向前，目視前方，面向西（圖6-277）。

【要點】與第二十二式白鶴亮翅動作三要點相同。

●動作四●接上勢，呼氣，重心繼續右轉，同時提起左腳，腳尖點於身體左側略偏右腳前，右手掌心向外，左手掌心向下，護於左膝上方。眼視右手中指，面向西北（圖6-278）。

【要點】與第二十二式白鶴亮翅動作四要點相同。

第五十八式　斜　行

●動作一●接上式，吸氣，面向西。身體微先

右轉，後左約轉45°，重心仍偏右，右掌內旋時以小指領勁，勁達右掌根內側。左手隨即向左後方下按。右腳五趾抓地，腳內側偏重，左腳仍以腳尖點地，眼視右側（圖6-279）。

【要點】與第九式斜行動作一要點相同。

●動作二●接上勢，呼氣，面向西北。身體繼續向上升，繼而下降，然後身體先左轉，後右轉90°，並螺旋下沉。重心左移，左腳尖漸漸踏實，右腳尖翹起，以腳後跟為軸向外旋轉90°。同時右手略順纏，後逆纏下沉經胸前往右下至右大腿外側下按，左手逆纏外翻向上經左耳外約45公分，裡合至鼻端中線，高與鼻平，掌心向右，立掌坐腕，眼視左側（圖6-280）。

【要點】與第九式斜行動作二要點相同。

●動作三●接上勢，吸氣，面向西。重心走下

圖6-279

圖6-280

弧全部移至右腿。鬆右胯屈膝裡合。右腳五趾抓地。左腿屈膝裡合提起。有上撞之意。同時左手向前領勁，右手上抬然後向右後方伸展，高與耳平，成将狀。眼視左前方，耳聽身後（圖6-281）。

【要點】與第九式斜行動作三要點相同。

●**動作四**●接上勢，繼續吸氣，面向西北。鬆右胯，身體繼續屈膝下蹲，同時左腳輕輕向前鏟出。腳後跟內側先著地，兩手繼續向身後将，含胸、塌腰，身體上下有對拉之意，眼視左前方（圖6-282）。

【要點】與第九式斜行動作四要點相同。

●**動作五**●接上勢，呼氣，面向西南。身體繼續下蹲，重心由右向左移，兩手隨身體先右微轉，然後側身下旋向左轉，左肘從膝下繞過，同時右手先向後伸，然後由外向裡劃弧，屈肘，掌落於右耳

圖6-281　　　　　　　圖6-282

後，左手掌心向內，眼視左手（圖6-283）。

【要點】與第九式斜行動作五要點相同。

●動作六●接上勢，繼續呼氣，面向西南。左肘繞左膝下外開，左手變勾手鬆腕上提，繼而沉肩墜肘。同時，左腳尖微外旋。右手逆纏屈肘至右耳下。眼視左手。耳聽身後（圖6-284）。

【要點】與第九式斜行動作六要點相同。

●動作七●接上勢，先吸後呼氣，面向西北。身體先微向左轉，繼而右轉。同時，右手先順纏後逆纏，經胸前偏上向右開，以腰催肩，以肩領肘，以肘帶手。右手向右展開時是且開且放鬆。待氣達到右手中指肚時，全身合為一體。氣沉下丹田，眼視右手中指（圖6-285）。

【要點】與第九式斜行動作七要點相同。

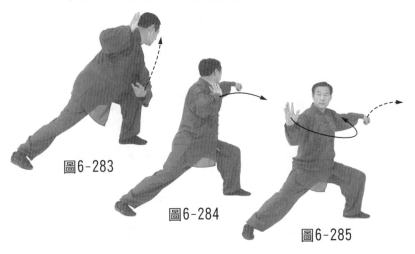

圖6-283

圖6-284

圖6-285

第五十九式　閃通背

●**動作一**●接上式，吸氣，鬆左胯，右腳用力蹬地。繼而重心移至左腿，同時胸內含，兩手在體前搭住成捋狀，有外掤之意。兩掌心向外，左手指向右，右手指向左，眼視左前方，面向西南（圖6-286）。

【**要點**】與第二十四式閃通背動作一要點相同。

●**動作二**●接上勢，呼氣，面向西北。鬆右胯，屈膝下蹲，左腳尖內扣並用力蹬地，重心漸漸移至右腿，同時身體向右轉，兩手隨重心右移時繼而下捋。下捋時右手由內向外轉，左手先上領勁，然後下劈掌坐腕。眼視左前方（圖6-287）。

【**要點**】與第二十四式閃通背動作二要點相同。

圖6-286　　　　　　　　　圖6-287

●**動作三**●接上勢，吸氣，身體繼續右轉，重心繼續右移，兩手隨身體右轉向右後方伸展，待左手捋到身體中線時，已完成右邊大捋的任務。同時，右膝外擺，兩肩兩手放鬆，由下而上向身體前方劃弧。同時身體螺旋上升，提起左腳向後撤步，點於右腳內側，雙掌心向上，眼視前方，面向西（圖6-288）。

【要點】與第二十四式閃通背動作三要點相同。

●**動作四**●接上勢，呼氣，面向西。身體不停地向左繼續旋轉，左腳內側向左後劃弧撤步，前腳掌先著地，然後漸漸踏平。同時身體下蹲，兩手隨身體下蹲時，左手由內向外旋轉，右手劈掌坐腕向左下方捋出，此時含胸塌腰，沉肩墜肘，眼視右前方（圖6-289）。

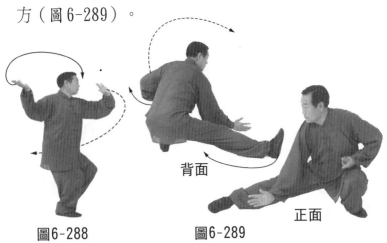

背面

正面

圖6-288　　　　圖6-289

【要點】與第二十四式閃通背動作四要點相同。

●**動作五**●接上勢，吸氣，左膝外擺，同時兩手繼續向左挒出，待右手挒到身體中線時，身體螺旋上升而右轉，重心右移。右手由左向上劃弧，落於右腿上方，有外掤之意，左手落於左腿外側處。眼視右前方，面向西南（圖6-290）。

【要點】與第二十四式閃通背動作五要點相同。

●**動作六**●接上勢，繼續吸氣，面向西。身體繼續右轉，重心繼續右移，兩手不停地在身體兩側左上右下劃弧旋轉，待左手上提時，左腳隨之蹬地而起，然後落於右腿後側。右手落於右大腿外側，左手立掌於身體左側。眼視左前方（圖6-291）。

【要點】與第二十四式閃通背動作六要點相同。

圖6-290

圖6-291

●**動作七**●接上勢，繼續吸氣，重心完全移至右腿，身體繼續屈膝下蹲，同時左腳向左前方上步，以腳後跟先著地。待左腳落地時，左手下按，右臂屈肘，右掌心向上，指尖向前，眼視前方，面向西（圖6-292）。

【**要點**】與第二十四式閃通背動作七要點相同。

●**動作八**●接上勢，呼氣，重心走下弧隨即移至左腿，待重心前移時，身體左轉，同時兩手左下右上運轉，右手在沉右肘的同時穿掌於右前方。左手下按至左腿外側。雙手指尖皆向前。眼視右前方，面向西（圖6-293）。

【**要點**】與第二十四式閃通背動作八要點相同。

●**動作九**●接上勢，吸氣，鬆右胯，身體右

圖6-292

圖6-293

轉，螺旋下蹲，重心漸漸右移，在身體右轉時，右手向身體右側外翻，左手置於左腿上方。眼視右手上方，面向北（圖6-294）。

【要點】與第二十四式閃通背動作八要點相同。

●**動作十**●接上勢，呼氣，重心走後弧左移，右腿蹬地而起，同時身體向右繼續旋轉90°，提右膝收小腹，右腳自然下垂，右手落於右大腿外側，掌心向內。左手屈肘豎掌落於左耳外側。頂勁領起，眼視前方，面向東（圖6-295）。

【要點】與第二十四式閃通背動作十要點相同。

第六十式　掩手肱拳

●**動作一**●接上式，吸氣，鬆左胯，屈膝螺旋

圖6-294

圖6-295

下蹲，同時右腳慢慢著地，兩手左上右下在體前交
叉。含胸、氣往下沉，兩肘和兩手掌根皆下沉，眼
視前方，面向東（圖6-296）。

【要點】與第二十五式掩手肱拳動作一要點
相同。

●**動作二**●接上勢，呼氣，重心漸漸右移，同
時提左腳，向左外側上一步，重心仍偏右，兩胯
鬆開，兩膝略內扣，眼視身體前方，面向東（圖
6-297）。

【要點】與第二十五式掩手肱拳動作二要點
相同。

●**動作三**●接上勢，吸氣，身體繼續下蹲，舒
胸，鬆兩胯，兩膝微外開，同時兩手向身體兩側展
開。左掌心向下，右掌心向外，眼視右手，面向西
南（圖6-298）。

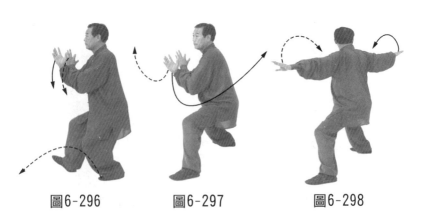

圖6-296　　　　圖6-297　　　　圖6-298

【要點】與第十五式掩手肱拳動作二要點相同。

●**動作四**●接上勢，繼續吸氣，面向東。兩手在身體兩側展平後，兩膝、兩胯內扣，同時兩手腕放鬆，兩肩關節放鬆繼而內合，胸內含，兩手在鬆腕的前提下走上弧向身體中線合。左手在前，右手在後，眼視正東方（圖6 299）。

【要點】與第十五式掩手肱拳動作三要點相同。

●**動作五**●接上式，呼氣，面向東。右腳用力蹬地，同時扭腰轉襠，在重心前移的同時，右拳前衝，左拳變半握拳隨肘尖向後。身手俱下抖肩發勁。眼視右拳（圖6-300）。

【要點】與第十五式掩手肱拳動作四要點相同。

圖6-299　　　　　　　圖6-300

第六十一式　六封四閉

●**動作一**●接上式，吸氣，面向東，重心繼續左移，身體螺旋下沉，兩手隨重心前移，同時兩手以拇指領勁，由內向外轉，右前左後，在體前搭住，眼視前方（圖6-301）。

【要點】與第二十六式六封四閉動作一要點相同。

●**動作二**●接上勢，吸氣，鬆左胯，同時向下捋，左手由內向外轉，右手向下切掌坐腕。眼視右手，面向東北（圖6-302）。

【要點】與第二十六式六封四閉動作二要點相同。

●**動作三**●接上勢，吸氣，身體繼續左轉，待重心完全移至左腿時左腳五趾抓地，右腳即時輕輕地向右前方上步，以腳後跟先著地，同時兩手隨身

圖6-301　　　　　　　圖6-302

體繼續向左側伸展，眼視左手，面向西（圖6-303）。

【要點】與第二十六式六封四閉動作三要點相同。

●動作四●接上勢，先吸後呼氣，眼視右手。鬆右胯，重心徐徐走下弧向右移，兩手經胸前自左向右推出，同時左腳隨重心向右走後外弧線跟步，左腳尖點於距右腳20公分處。雙手向右推到終點時，繼續呼氣，身體下降，周身合為一體，氣往下沉，眼視右手，面向東（圖6-304）。

【要點】與第五式六封四閉動作三要點相同。

第六十二式　單　鞭

●動作一●接上式，吸氣，身體右移，鬆右胯螺旋下沉，同時兩手左上右下旋轉，左手先內轉後外旋，手背向外，腕部突出，右手先小指，依次無

圖6-303

圖6-304

名指、中指和食指，下垂變刁手。眼視身體右側，面向東北（圖6-305）。

【要點】與第六式單鞭動作一要點相同。

●動作二●接上勢，呼氣，然後兩手左下右上如抱球勢在身體右側各轉一圈，兩手構成合勁，左掌心向上，右掌心向下。眼視身體右側，面向東北（圖6-306）。

【要點】與第六式單鞭動作二要點相同。

●動作三●接上勢，繼續呼氣，鬆右胯，身體微下蹲，右手變勾手，左手以小指領勁向內旋轉，兩手同時向身體兩側分開，右手向右伸展時，沉肩墜肘，五指內收且上提，腕部突出，虎口成圓形，左手下行至小腹，兩手成開勁，眼視身體右側，面向東北（圖6-307）。

【要點】與第六式單鞭動作三要點相同。

圖6-305　　　　圖6-306　　　　圖6-307

●**動作四**●接上勢，吸氣，右腿鬆胯，屈膝下蹲，右腳五趾抓地，含胸，兩肩關節微內扣，小腹微內收。同時左腿鬆胯屈膝上提裡合，高於右膝，左腳內側有向外鏟出之意，眼視左側，面向西（圖6-308）。

【**要點**】與第六式單鞭動作四要點相同。

●**動作五**●接上勢，繼續吸氣，面向西，身體繼續屈膝下蹲，左肩繼續微內扣。同時左腿繼續上提，然後向身體左側鏟出，腳內側先著地，眼視左側（圖6-309）。

【**要點**】與第六式單鞭動作五要點相同。

●**動作六**●接上勢，呼氣，腰微右轉，鬆右胯，重心走下弧左移，左手走上逆纏，高與眼平，隨重心漸漸向左側開展，鬆肩沉肘，身體繼續下蹲，兩手略變雙順纏下落，右腳尖隨重心左移時向

圖6-308　　　　　　　　　　圖6-309

圖6-310　　　　　　　　圖6-311

裡勾，二目視左手中指，面向西，氣沉丹田成合勁
（圖6-310）。

【要點】與第六式單鞭動作六要點相同。

第六十三式　雲　手

●**動作一**●接上式，吸氣，鬆左胯，重心繼續
左移。在重心左移的同時，右膝由外開變略內合，
右手由勾手變掌，隨身體左轉，由上向下劃弧至小
腹前，同時左手由立掌變略外掤，眼視右側，面向
東北（圖6-311）。

【要點】與第二十八式雲手動作一要點相同。

●**動作二**●接上勢，呼氣，鬆右胯，左腳用力
蹬地，身體隨之右轉，兩手左下右上劃弧，右掌心
略偏右外，左手置於小腹前。眼視右手中指，面向
東（圖6-312）。

【要點】與第二十八式雲手動作二要點相同。

圖6-312　　　　　　　　圖6-313

●**動作三**●接上勢，吸氣，鬆左胯，重心漸漸左移，待重心完全移至左腿時，右腳蹬地而起，插於左腿後方。同時，兩手左上右下各劃半弧，左手略上外，右手置於小腹前，眼視左手中指，面向西（圖6-313）。

【**要點**】與第二十八式雲手動作三要點相同。

●**動作四**●接上勢，呼氣，重心漸漸移至右腿，待重心完全移至右腿後，提起左腳向身體左側鏟出，左手由上而下，右手由下向上。眼視右手中指，面向東（圖6-314）。

【**要點**】與第二十八式雲手動作四要點相同。

●**動作五**●接上勢，吸氣，動作和要領皆與本式動作三相同（圖6-315）。

●**動作六**●接上勢，呼氣，動作和要點皆與本式動作四相同（圖6-316）。

圖6-314　　　　　　　圖6-315

圖6-316　　　　　　　圖6-317

第六十四式　高探馬

●**動作一**● 接上式，吸氣，重心漸漸移至左腿，繼而收右腳點於左腳內側。同時兩手左上右下在身體右側相交，右掌心向上，左掌心向右，眼視右方，面向北（圖6-317）。

【**要點**】與第二十九式高探馬動作一要點相同。

●**動作二**●接上勢，吸氣，重心全部移至左腿，身體繼續屈膝下蹲，然後提起右腳，輕輕向右側鏟出。同時右手繼續向上領，眼視身體右側，面向北（圖6-318）。

【**要點**】與第二十九式高探馬動作二要點相同。

●**動作三**●接上勢，呼氣，鬆兩胯屈膝下蹲，重心由左漸漸右移。同時兩手向身體兩側，左上右下分開，左掌心向前，右掌心向下，眼視左手，面向西（圖6-319）。

【**要點**】與第二十九式高探馬動作三要點相同。

●**動作四**●接上勢，吸氣，重心繼續右移，同時兩手向身體兩側展開後，右臂屈肘於身體右側，眼視左手，面向西（圖6-320）。

圖6-318　　　　　圖6-319　　　　　圖6-320

圖6-321　　　　　正面

【要點】與第二十九高探馬式動作四要點相同。

●**動作五**●接上勢，呼氣，重心繼續右移，待重心完全移至右腿時身體繼而左轉。同時左腳劃後外弧點於右腳內側，兩手隨身體左轉時，右手向身體右側推出，左手落於小腹前，面向西南眼視右掌（圖6-321）。

【要點】與第二十九式高探馬動作五要點相同。

第六十五式　十字腳

●**動作一**●接上式，吸氣，面向南。右腿繼續鬆胯屈膝下蹲，待高探馬推到終點時，右手不停地先逆纏略上升，繼而向下劃弧。同時左手先向裡略合再向身體左側劃弧，兩手在身體中線相交，眼視右前方（圖6-322）。

【要點】在右腿屈膝下蹲的同時，兩臂和肩

圖6-322　　　　　正面　　　　　圖6-323

關節鬆開，在含胸束肋的前提下，兩手才能輕鬆自然地在身體兩側劃弧相交成合勁。

●**動作二**●接上勢，呼氣，鬆左胯，重心左移，左腳由腳尖點地漸漸踏實。隨即右腳由實變虛，腳尖翹起，兩手隨身體右轉時，左下右上向身體兩側分開，左掌心向下，指尖向前，右手掌心向外，指尖向內上，眼視右手，面向西（圖6-323）。

【**要點**】重心左移後，左腿屈膝下蹲，左腳五趾抓地，勁略向後坐，兩手向兩側伸展時意在拳先，然後先肩、後肘、再手，連綿不斷地將勁運送到梢節。

●**動作三**●接上勢，吸氣，面向西，左腳內側蹬地，重心移至右腿，右腳漸漸踏平。在移重心的時，身體向右轉，右手由上向下按至右腿外側。同同時左手由下向上抬，立掌於身體左側，眼視左

圖6-324　　　　　　　圖6-325

手（圖6-324）。

【要點】身體右轉時，正好是重心前移時，右手下按有接手之意。同時左手屈肘坐腕下採，在沉肩墜肘的基礎上，兩勁合一。

●**動作四**●接上勢，繼續吸氣，重心不停地繼續前移，右腿鬆胯屈膝下蹲。同時提起左腳向身體左側跨步，兩手隨身體繼續右轉，眼視左前，面向西北（圖6-325）。

【要點】左腳下落時，要輕輕著地，有探聽之意，襠要開圓，身體有引進之意，頂勁領起，腰要豎直，氣往下沉，略收肛，但不要猛提，要自然。否則，下盤不穩。

●**動作五**●接上勢，呼氣，鬆左胯，給右胯，同時身體先略右轉，繼而向左斜下方旋轉，左肘經左膝下，右手隨之上行輔助左肘，眼視左側，面向

圖6-326　　　　　　　　圖6-327

西（圖6-326）。

【要點】此勢是大身法，故有七寸靠之稱，因左肘下行經左膝下繞過時，要求離地面七寸方為合格，但年老體弱練拳者例外。身法雖斜，但中氣正，仍然保持中正，為屈中求直。

●動作六●接上勢，吸氣，身體繼續左轉，然後徐徐升起，同時左臂抬起，右臂下落，左拳頂向上。右拳頂向右。眼視前方，面向西北（圖6-327）。

【要點】左肘經膝下轉過後，左半身舒展，右半身下塌，待左肘上提時，吸氣，兩肩略內扣，胸有內含之意。

●動作七●接上勢，呼氣，鬆右胯，身體隨之右轉，在右轉的同時左臂屈肘向左下方壓，右手隨之由下向上抬至左肘下方，眼視左拳，面向西（圖

6-328）。

【要點】在身體右轉時，重心略右移，襠要開圓，兩膝略外擺，在左肘隨身體下落之時，呼氣，周身皆成合勁。

●動作八●接上勢，吸氣，待呼氣將終時，重心左移，同時襠勁領起，右腳點於左腳前方，眼視左拳，面向西（圖6-329）。

【要點】左腳五趾抓地，重心完全移至左腿時，右腳蹬地而起，腳也可不點地，直接向左側上方提起。年老體弱練習者可點地，待重心穩固後再抬腳拍擊。

●動作九●接上勢，呼氣，右腳蹬地而起，利用身體向左的慣性合勁上領，右腳經身體左側上踢，然後向右側作扇形外擺，待右腳行至身體中線時，左手向前伸展，以掌心拍擊右腳外側，眼視右

圖6-328

圖6-329

腳，面向西北（圖6-330）。

【要點】本式動作八和動作九可連貫做，重心左移時，身體可繼續右轉，重心可繼續左移，虛實分明後即可上下相合，內外一致。

●動作十●接上勢，吸氣，左手與右腳在空中拍擊後，身體繼續急速向右旋轉180°。右腿鬆胯屈膝，將腳懸於襠內，在身體旋轉的同時，右臂屈肘於胸前，左手下落至左腿外側。眼視前方，面向東（圖6-331）。

【要點】待右腳下落時，中氣豎起，利用身體的旋轉力，扭腰旋背，以左腳後跟為中軸向右旋轉。

●動作十一●接上勢，呼氣，面向東，在扭腰旋背的帶動下，利用身體向右旋轉的慣性，雙手同時以掌根外側左上右下甩，左手上撩同時發勁，眼視右前方（圖6-332）。

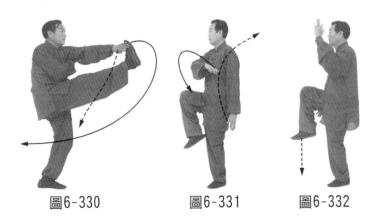

圖6-330　　　　圖6-331　　　　圖6-332

【要點】左腳跳起時，右腳尖外擺，落地成十字形下踩震腳，落地時湧泉穴要虛，鬆右胯，獨立步要穩。

第六十六式　指襠捶

●**動作一**●接上式，吸氣，左腳著地後鬆兩胯屈膝下蹲，同時兩手右下左上在體前合住，右掌心向左，左掌心向右，兩手指皆向上，略坐腕。眼視前方，面向東（圖6-333）。

【要點】左腳下落時，正好是兩手在胸前交叉時，頂勁領起，含胸，塌腰，重心右實左虛。

●**動作二**●接上勢，呼氣，重心漸漸完全移至右腿，鬆右胯繼續屈膝下蹲，同時提起左腿，向左前方上步，兩胯開中寓合，含胸，兩臂勁外開，略加掤勁，眼視左前方，面向東（圖6-334）。

圖6-333

圖6-334

【要點】左腳上步時，宜輕不宜重，邁步有探聽之意，方不踏空，兩手相合時襠合住勁，處處做到開合自然。

●動作三●接上勢，繼續呼氣，面向西南，身體繼續下蹲，舒胸，鬆兩胯，兩膝微外開。同時兩手向身體兩側展開，左掌心向下，右掌心略向外，眼視右前方（圖6-335）。

【要點】在兩手向身體兩側展開時，全身舒展，做到大開大合，腰勁要塌下，不然腳無力。

●動作四●接上勢，吸氣，兩手在身體兩側展平後，兩襠兩膝內扣。同時兩手腕放鬆，兩肩關節放鬆，內扣，胸內含，兩手在鬆腕的前提下走上弧向身體中線合，左手在前，右手在後，眼視左前方，面向東（圖6-336）。

【要點】右肘屈與胸平，拳心向上，左手立

圖6-335　　　　　　圖6-336

掌於左側，兩腳踏平，兩膝有外撐內合之意，全神
貫注，合於一心。

●**動作五**●接上勢，呼氣，面向東北，身體迅
速左轉，重心左移，右腳五趾抓地。右拳逆纏向前
下方發勁，同時左手半握拳向後收於左肋間向體後
發肘勁，眼視右下方（圖6-337）。

【**要點**】與第十五式掩手肱拳基本相似，只
是擊打部位高低之別。可參考動作四要點。

第六十七式　猿猴探果

●**動作一**●接上式，吸氣，鬆右胯，重心略右
移，同時在鬆右臂的基礎上，略屈肘逆纏上衝。左
臂隨之略向前，身體上下有對拉之意，眼視右拳，
面向東（圖6-338）。

【**要點**】重心右移時身體下蹲，繼而右臂屈

圖6-337

圖6-338

肘上提時，正好身體右側上下形成對拉。同時左側略下塌。

圖6-339

●**動作二**●接上勢，呼氣，右臂屈肘上提後，不停地沉肩墜肘，以右拳領住右腿，順纏先下後上向身體右側屈肘上擊。右膝隨右拳一起上撞，眼視右拳，面向東北（圖6-339）。

【**要點**】右手右腿上提時，腰勁先下塌，然後上升，上升時氣往下降。有拳擊對方咽喉、膝上撞對方襠部之用法，右手上擊時左臂由向前變貼左肋處，輔助右手穩固重心。

第六十八式　六封四閉

●**動作一**●接上式，吸氣，右腳不停地漸漸下落，腳內側先著地落於身體右側。右手即由拳變掌向身體右側掤出。

圖6-340

同時左手由左斜上同右手構成捋狀，眼視右手，面向東（圖6-340）。

圖6-341

【要點】在右腳落地的同時，兩手右前左後在右側構成掤勁。此動作有兩種練法，猿猴探果後不再做六封四閉。右拳直接逆纏向右下打栽拳擊對方小腹，然後沉肘、鬆肩、提腕於身體右側，左手置於小腹前，與第六式單鞭動作四要點相同。

●動作二●接上勢，呼氣，繼而左手引住右手，走下弧向左挒加採勁，待右手挒到身體中線時放鬆，然後繼續向左上方伸展，右掌心向外，左掌心向上。眼視左手，面向西（圖6-341）。

【要點】小六封四閉無需大身法，具體手法和用法基本與第五式六封四閉動作二要點相同。只是兩臂向左伸展時手法略有不同。

●動作三●接上勢，先吸後呼氣，重心徐徐走下弧向右移，鬆右膝，兩手經胸前由左向右推出。同時左腳隨重心向右走後外弧線跟步，左腳尖點於距右腳20公分處，雙手向右推出到終點時，繼續呼氣，身體下蹲，周身合為一體，氣沉丹田，面向東北，眼視右手（圖6-342）。

【要點】與第五式六封四閉動作三要點相同。

圖6-342　　　　圖6-343　　　　圖6-344

第六十九式　單　鞭

●**動作一**●接上式，吸氣，身體右轉，鬆右胯螺旋下沉，同時兩手左上右下旋轉，左手先內轉後外旋，手背向外，腕部突出。此時右手先小指，依次無名指、中指、食指下垂變刁手。眼視右前方，面向東北（圖6-343）。

【要點】與第六式單鞭動作一要點相同。

●**動作二**●接上勢，呼氣，然後兩手左下右上如抱球勢在身體右側各轉一圈，兩手構成合勁，左掌心向上，右掌心向下。眼視身體右前方，面向東北（圖6-344）。

【要點】與第六式單鞭動作二要點相同。

●**動作三**●接上勢，繼續呼氣，鬆右胯，身體繼續微下蹲，右手變勾手，左手以小指領勁向內

圖6-345　　　　　圖6-346

側旋，兩手同時向身體兩側分開。右手向右伸展時沉肩、墜肘，五指內收且上提，腕部突出，虎口成圓形，左手下行至小腹。兩手成開勁，眼視身體右側，面向東北（圖6-345）。

【要點】與第六式單鞭動作三要點相同。

●動作四●接上勢，吸氣，面向西。右腿鬆胯屈膝下蹲，右腳五趾抓地，含胸，兩肩關節微內扣，小腹微內收。同時左腿鬆胯屈膝上提裡合，高於右膝，左腳內側有外鑯之意。眼視左側（圖6-346）。

【要點】與第六式單鞭動作四要點相同。

●動作五●接上勢，繼續吸氣，面向西。身體微屈膝下蹲，左肩繼續微內收。同時左腿繼續上提，然後向身體左側鑯出，腳內側先著地。眼視左側，面向西（圖6-347）。

圖6-347　　　　　圖6-348

【要點】與第六式單鞭動作五要點相同。

●動作六●接上勢，呼氣，腰微右轉，鬆右胯，重心走下弧左移，左手走上逆纏，高與眼平，隨重心漸漸向左側展開。鬆肩、沉肘，身體繼續下蹲，兩手略變雙順纏下落。左腳尖隨重心左移時向裡勾。二目視左手，面向西，氣沉丹田成合勁（圖6-348）。

【要點】與第六式單鞭動作六要點相同。

第七十式　雀地龍

●動作一●接上式，吸氣，面向西。鬆左胯，重心繼續左移，身體隨之左轉，左臂屈肘，左掌變拳。右勾手變拳走下弧，由右向左。兩拳同時在身體左側相交。右拳心向上，左拳心向下。眼視左側前方（圖6-349）。

圖6-349　　　　圖6-350

【要點】在周身下蹲的同時，沉肩、墜肘、含胸、塌腰，兩肋內束，氣往下沉，雙拳交叉時周身成合勁。

●動作二●接上勢，呼氣，左腳用力蹬地，鬆右胯屈膝下蹲，重心漸漸移至右腿，同時兩拳左下右上向身體兩側伸展。左拳心向上，右拳心向前。眼視左前方，面向西（圖6-350）。

【要點】待重心左移時，右膝先外擺，襠才能鋪下去（但要根據各人的身體條件而定）。最好左腿肚能貼著地面。身體略前傾。有前衝之意。

第七十一式　上步七星

●動作一●接上式，吸氣，襠勁領起，右腳用力蹬地，鬆右襠重心前移，左腿成前弓步，左拳隨重心前移由下向上變衝拳。右拳由上向下落於右腿

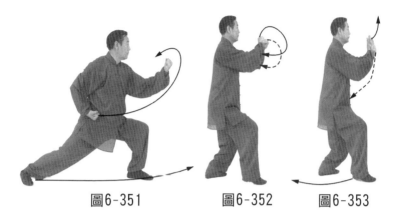

圖6-351　　　　圖6-352　　　　圖6-353

外側。眼視左拳，面向西（圖6-351）。

【要點】重心前移時，正好是兩拳左上右下時，左拳有上衝對方下巴之技擊用法。

●動作二●接上勢，繼續吸氣，重心繼續前移，左拳由前衝變向裡合，然後逆纏變拳心向外，同時右腳用力蹬地，繼而提起點於左腳右前側。右拳隨右腿前上搭於左拳背外側，繞左拳外側與左拳同時各轉一圈，兩拳心向外。眼視前方，面向西（圖6-352）。

【要點】重心前移時，左拳上衝領住勁，右腳蹬地提起。右腳尖點地時，正好是右拳和左拳搭住時。

●動作三●接上勢，呼氣，略鬆左胯，重心略後坐，同時兩拳由外向內翻轉一圈，由拳變掌，兩掌心向前。眼視前方，面向西（圖6-353）。

【要點】兩腋和兩肘要微向外撐，做到外方內圓。但防止聳肩、亮肘。頂勁領起，腰勁下塌，襠要虛圓。眼神向前平視。

第七十二式　下步跨虎

●動作一●接上式，吸氣，鬆左胯繼續屈膝下蹲，同時身體先左轉，兩手繼而左下右上領起，在領起的同時提起右腳向右側後跨步。左掌心向下，指尖朝外，右拳心向裡，指尖斜上。眼視右側，面向北（圖6-354）。

【要點】在重心完全移至左腿時，左腳趾用力抓地。兩手向身體兩側上下分開時，正是右腳提起時。右腳繼而向右後方鏟出，腳後跟內側著地，有引進待發之意。

圖6-354

●動作二●接上勢，呼氣，鬆右胯，給左胯。重心徐徐走下弧移至右腿，同時兩手隨身體右轉，左上右下，右手護於右膝上方。指尖朝前，左臂半屈肘於身體左側，掌心向前，指尖朝上。眼視前方，

圖6-355　　　　　　　　　圖6-356

面向北（圖6-355）。

【要點】在重心右移時，右半身略下塌，左半身略上升。左右相互配合，右轉時腰勁要下塌，頂勁要領起，襠要開圓，兩膝微外擺，開中寓合。

●動作三●接上勢，吸氣，繼續鬆右胯，身體不停地繼續略右轉。同時左腳用力蹬地，繼而提起左腿，左腳尖點於右腳內側。兩腳相距40公分左右。同時兩手各以小指領勁順纏合於胸前。右掌心略向上，指尖朝前；左掌心略向前，指尖向上。面向正北，眼視前方（圖6-356）。

【要點】此動作是大開大合的動作。鬆右胯屈膝下蹲，右膝略前弓。在身體右轉的同時，帶動左腿輕靈地向前上步。頂勁領起，腰脊豎直，襠則虛圓。

●**動作四**●接上勢，呼氣，鬆右胯，身體繼續略下蹲，然後身體右轉，右轉時左腳尖與右腳跟用力，繼而左腳踏平，右腳尖翹起。在身體右轉時，兩手左下右上向身體兩側分開。左手護於左膝上方，掌心向下，指尖朝前，右臂略屈肘於右前方，掌心向前。眼視右前方，面向南（圖6-357）。

【要點】在右腿屈膝、鬆胯、身體右轉的同時，以左腳尖、右腳跟為軸旋轉。同時扭腰旋胯帶動兩臂向身體兩側伸展。舒胸鬆肩，頂勁領起。此動作也是大開大合的動作。

●**動作五**●接上勢，吸氣，鬆右胯，重心走下弧完全移至右腿。在重心右移的同時，身體向右轉，繼而左腳蹬地而起，左手領左腿向身體右側旋轉180°，左腳隨即向左前方鑽出，兩手在隨身體旋轉時變捋狀。眼視右手，面向西北（圖6-358）。

圖6-357

圖6-358

【要點】身體向右旋轉時，且轉且下蹲，在左腳內側著地時，兩手左快右慢向身體右側捋。同時右膝向外擺，襠要開圓。腰勁下塌，頂勁領起。保持身體中正，且忌凸臀。

第七十三式　雙擺蓮

● 動作一 ● 接上式，繼續吸氣，面向南。鬆左胯，給右胯，重心走下弧移至左腿，同時身體繼續向右轉，兩手由捋向下落置於身體右側，兩掌心向外。眼視前方（圖6-359）。

圖6-359

【要點】重心前移時，正好是身體向右轉、兩手向右伸展時，左半身是前開勁，右半身是蓄勁，稱為開蓄併合。

● 動作二 ● 接上勢，呼氣，面向南。待重心完全移至左腿後，右腳用力蹬地，由右向左上方踢起，隨即不停地作扇形向右擺。待右腳行至身體中線時，左、右手拍擊右腳外側。眼視左前方（圖6-360）。

圖6-360

【要點】右腿向上踢起，襠勁要向上領起。右腳擺到身體中線時，正好與兩手成合勁拍擊兩響，聲音相連。擺腳要求速度快，力點清，發力乾脆。且記右腿上擺時，身體不可上拔。

第七十四式　當頭炮

●動作一●接上式，吸氣，面向西南。擺腳將終，右腳徐徐下落，兩手掌皆偏向左，眼視左側（圖6-361）。

【要點】右腳下落時，左腿屈膝下蹲，左腳五趾抓地。兩手與右膝略上領勁，保持獨立步的平衡。

●動作二●接上勢，呼氣，左腿繼續屈膝下蹲，同時右腳向右外側蹬出，以腳內側先著地。在右腳下落的同時，兩手左前右後向身體左側成捋狀。眼視左前方，面向南（圖6-362）。

圖6-361

圖6-362

【要點】擺腳後，右腳不停地下落向右後側跨步。此勢是為了使動作過程銜接清楚，把動作分解作一介紹，待將來熟習招勢後，即可連接。

圖6-363

●動作三●接上勢，繼續呼氣，鬆右胯，身體螺旋下蹲，重心移至右腿，兩手隨身體右轉由捋變引，待左手行至身體中線時，兩掌變拳。右拳置於右腿上方，拳心向下。左拳行至小腹前，拳心向右。眼視左前方，面向西南（圖6-363）。

【要點】重心向右移時，兩手隨重心同時向下捋，右手以小指領勁，由內向外轉，左手向內折腕。待兩手變拳時身體繼續下蹲成引勁，頂勁領起，腰脊豎直，周身上下相合。

●動作四●接上勢，先吸後呼氣，面向南。鬆右胯，右腳用力蹬地，身體左轉，兩臂隨身體左轉，向左側發力，左臂屈肘，左手變拳心向上，右臂屈肘，右手變拳心向下。眼視左前方（圖6-364）。

【要點】左臂向左後，發彈抖背靠勁，發勁時身體略螺旋上升，圈愈小愈好，發力要完整一氣。此動作要做到上下配合，發勁有上下對稱之意。

正面

圖6-364　　　　　　圖6-365

第七十五式　金剛搗碓

●**動作一**●　接上式，吸氣，鬆右胯，左腳蹬地，重心右移，同時兩拳變掌隨身體右轉，兩手由左向右挒，兩掌心皆向右側。眼視右前方，面向西北（圖6-365）。

【**要點**】背靠將終，重心先左移後右移，其他皆與第三式金剛搗碓動作六要點相同。

●**動作二**●　接上勢，先吸後呼氣，面向南。身體下沉，鬆左胯，腰向左轉，隨即重心走下弧移至左腿。同時左腳尖外旋，兩手隨重心走下弧從右側向左前擠出。左手心向裡，左臂成橫肘於胸前。右掌心向外變垂掌置於右膝上方，指尖向下，眼視前方（圖6-366）。

【**要點**】與第三式金剛搗碓動作七要點相同。

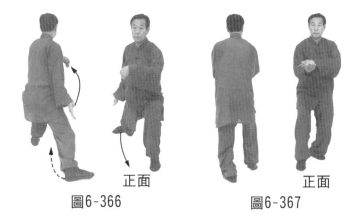

正面

圖6-366

正面

圖6-367

●動作三●接上勢，吸氣，重心繼續左移，右
腳用力蹬地，隨即提起右腿，將右腳尖點於右前
方。隨著重心前移，左手由下向上轉外弧搭於右手
小臂，掌心向下，右手隨右腿前上，屈肘於身體右
側前方，和左手相交。含胸，左右構成合勁。眼視
前方，面向南（圖6-367）。

【要點】與第三式金剛搗碓動作八要點相同。

●動作四●接上勢，先吸後呼氣，左手在下落
的同時由掌心向下變掌心向上，與肚臍平。右臂
由伸變屈向裡合，右手變拳落於左掌心內。右拳
眼向外，左掌心向上。目視正前方，面向南（圖
6-368）。

【要點】與第三式金剛搗碓動作九要點相同。

●動作五●接上勢，吸氣，右拳走上弧向裡
合，提至鼻端上下處，目視右拳。拳心向裡。沉肩

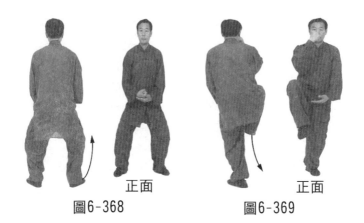

正面

圖6-368

正面

圖6-369

墜肘，含胸塌腰，略收小腹，同時右膝蓋上衝右胯上下處，與肘尖相對，右腳自然下垂，左腳五趾抓地，目視右拳（圖6-369）。

【要點】與第三式金剛搗碓動作十要點相同。

●動作六●接上勢，呼氣，面向南，右拳、右腳放鬆下落，震腳。右拳落於左掌心內，右腳下落震腳，兩腳距離與兩肩同寬。震腳時湧泉穴要虛。保持虛領頂勁。含胸塌腰，氣沉丹田，兩眼平視前方，耳聽身後（圖6-370）。

【要點】與第三式金剛搗碓動作十一要點相同。

第七十六式　收　勢

●動作一●接上式，吸氣，鬆兩胯，兩膝微屈，同時兩手屈腕向身體兩側分開。兩掌心向內，指尖相對，眼視前方，面向南（圖6-371）。

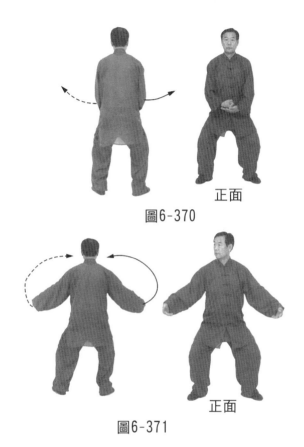

正面

圖6-370

正面

圖6-371

【要點】鬆胯屈膝下蹲時，正是兩臂外開時。要求身體中正，舒胸，勁達兩腕外側。

●**動作二**●接上勢，繼續吸氣，兩手不停地由下向上在身體兩側劃弧，待兩臂伸展時，屈肘向頭部兩側合攏。兩手下落，與兩肩平，掌心向下。眼視前方，面向南（圖6-372）。

【要點】兩手向身體兩側繼續伸展時，兩腿

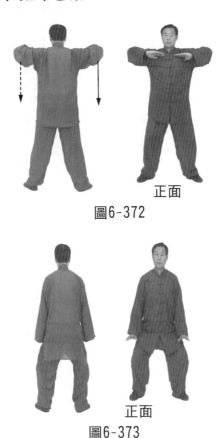

正面

圖6-372

正面

圖6-373

緩緩站起，身體隨之上升。此式屬於深呼吸。

　　●**動作三**●接上勢，呼氣，兩腿屈膝下蹲，同時兩手指緩緩向身體兩側外旋下按，落於兩胯外側，兩手掌心向下，指尖向前。眼視前方，面向南（圖6-373）。

　　【**要點**】本式動作三屬於長呼氣，在兩手下按時，隨身體下蹲呼氣，待兩手按至兩胯外側處，

正是呼氣結束氣沉丹田時，此時略含胸，收肛。

　　●**動作四**●接上勢，吸氣，收回左腿成立正姿勢。同時兩手由下按變兩掌心貼住兩腿外側，面向正南。眼視前方（圖6-374）。

　　【**要點**】同第一式。

正面

圖6-374

第七章

陳式太極拳老架二路圖解

一、陳式太極拳老架二路動作名稱

第 一 式　預備勢	第 十五 式　腰攔肘
第 二 式　太極起勢	第 十六 式　大肱拳、小肱拳
第 三 式　金剛搗碓	第 十七 式　玉女穿梭
第 四 式　懶紮衣	第 十八 式　倒騎龍
第 五 式　六封四閉	第 十九 式　掩手肱拳
第 六 式　單鞭	第 二十 式　裹鞭炮
第 七 式　護心拳	第二十一式　獸頭勢
第 八 式　斜行	第二十二式　披架子
第 九 式　回頭金剛搗碓	第二十三式　翻花舞袖
第 十 式　撇身拳	第二十四式　掩手肱拳
第十一式　指襠	第二十五式　伏虎
第十二式　斬手	第二十六式　抹眉肱
第十三式　翻花舞袖	第二十七式　左右黃龍三攪水
第十四式　掩手肱拳	第二十八式　左衝

二、陳式太極拳老架二路動作說明

陳式太極拳老架老架一路預備勢方向定為面北背南，結束時面南背北。因為陳式太極拳老架一路與陳式太極拳老架二路合二歸一，是完整的一趟拳，只練陳式太極拳老架一路是半趟拳，所以陳式太極拳老架一路演練完畢，可省去收勢動作，接著演練陳式太極拳老架二路。

如果單獨演練陳式太極拳老架二路，可參照本書圖解，面南背北起勢。

第一式至第六式前六個動作同老架一路，動作說明、要點亦同前。

第七式　護心拳

●**動作一**●接上式，吸氣，鬆左胯，身體略下蹲，重心繼續左移，同時左手略上升，右手由上向下走順纏合於右腿內側，眼視右側，面向西南（圖7-1）。

●**動作二**●接上勢，呼氣，鬆右胯，左腳用力蹬地，重心移至右腿時，左腳隨即提起懸於襠內。同時左手先向外展，再由上向下劃弧順纏至左腿外側，然後向上撩。右手繼續向內合，經身體左側然後上提至鼻端上下處，繼而下甩，眼視前方，面向南（圖7-2）。

●**動作三**●接上勢，吸氣，身體略下蹲，右腳用力蹬地躍起，左腳繼而下跌落地，隨之提起右腿，同時身體左轉，兩手變拳左下右上作引進之

圖7-1

圖7-2

勢，眼視身體右側，面向南
（圖7-3）。

圖7-3

●**動作四**●接上勢，繼續
吸氣。左腿繼續屈膝下蹲，
身體繼續左轉。同時，右腳
向身體右側後跨步，左手繼
續下沉，右手繼續上引，眼
視右側，面向南（圖7-4）。

●**動作五**●接上勢，呼氣，鬆右胯，給左胯，
身體右轉。同時，兩拳右下左上，右拳心向上置於
右膝外側，左拳抬於身體左側，高與耳平，眼視右
側，面向西南（圖7-5）。

●**動作六**●接上勢，吸氣，重心繼續右移，身
體繼續右轉，右膝略外擺，右拳鬆腕以大拇指領勁
外轉、內旋，拳心向外。左拳同時向前探，拳心向
內，眼視左拳，面向東（圖7-6）。

圖7-4　　　　圖7-5　　　　圖7-6

●**動作七**●接上勢，繼續吸氣，右拳繼續由外向內旋轉，然後上提屈肘於身體右側。左手由上向下落於左胯處，眼視前方，面向東南（圖7-7）。

●**動作八**●接上勢，呼氣，鬆左胯，右腳用力蹬地，重心左移，待重心左移時右肘向體前發勁。同時，左拳合於右肘下方，眼視右拳，面向東（圖7-8）。

【要點】

（1）在扭腰旋背的前提下，利用身體向右的旋轉力，兩手在身體兩側抖肩發勁。

（2）右腳向右後跨步時，右手向上領起，此式有引進發背靠之技擊含義。

（3）鬆右胯身體右轉時，襠要虛圓，氣往下沉，兩臂勁要一起向右轉。根據身法高低可隨時調整重心，身法愈低重心愈偏後，但要注意腰腿莫軟。

圖7-7　　　　　　圖7-8

（4）肘向前發勁時，要做到上下對稱，我守我疆莫要失界，拳向裡合，勁達肘尖。

第八式　斜　行

●動作一●接上式，吸氣，鬆右胯重心右移，同時兩手以大拇指領勁向身體右側掤出，眼視右側，面向東南（圖7-9）。

●動作二●接上勢，呼氣，鬆左胯，右腳用力蹬地，重心移至左腿，繼而提起右腳點於左腳前方。兩手隨身體左轉各以小指領勁向身體左側捋出，左手與肩平，右手置於右膝上方，眼視前方，面向東（圖7-10）。

●動作三●接上勢，呼氣，身體先左後右轉，兩手不停地左下右內然後向上旋轉，左手下沉於左胯外，右手向內經左側上行，兩手隨身體右轉的同

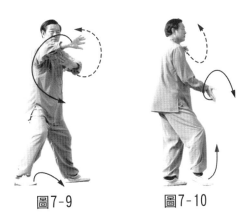

圖7-9　　　　　圖7-10

時變左手上撩，右手下甩抖肩發勁。眼視前方，面向東（圖7-11）。

●**動作四**●接上勢，吸氣，左腳用力蹬地而起，右腳繼而下跌，同時，左膝提起，高與胯平。兩手隨身體繼續右轉，右手由下甩變按於右胯外。左手由上後撩變屈肘立掌於左側前方，眼視左掌，面向東（圖7-12）。

●**動作五**●接上勢，繼續吸氣，鬆右胯屈膝下蹲，同時左腳向前鏟出，兩手隨身體右轉，右手下按，左臂屈肘下沉，眼視左側，面向東北（圖7-13）。

●**動作六**●接上勢，呼氣，鬆左胯，給右胯，重心移至左腿。同時，左肘隨身體左轉屈肘於左膝外側，右手由下而上立掌置於右肩上，掌心向左。

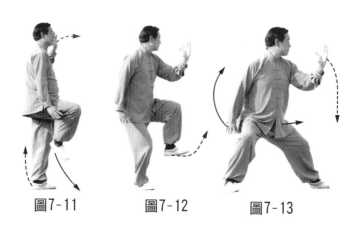

圖7-11　　　　圖7-12　　　　圖7-13

圖7-14　　　　圖7-15　　　　圖7-16

眼視左側，面向東北（圖7-14）。

　　●動作七●接上勢，繼續呼氣，身體繼續左轉，繼而左臂屈肘上提。同時，右手屈肘於右耳後，指尖朝上。眼視左手，面向東北（圖7-15）。

　　●動作八●接上勢，先吸後呼氣，鬆右胯，身體右轉，右手先向前推然後向右劃弧伸展，眼視右手中指，面向東南（圖7-16）。

　　【要點】

　　（1）兩手向左側挒出時，繼而收回右腳，然後提起，隨身體右轉兩手抖肩發勁時，右腳扣於襠內。

　　（2）左腳蹬地躍起，右腳震腳下落時，要保持輕靈穩固。

　　（3）肘經膝下繞過時，要屈肘，扭腰旋背，右手協助左手做到身體屈中求直。

第九式　回頭金剛搗碓

●**動作一**●接上式，呼氣，鬆右胯，身體右轉。同時，左勾手變掌向身體右側推出，指尖朝上；右手隨之內收於身體中線，指尖向左。眼視前方，面向東（圖7-17）。

●**動作二**●接上勢，吸氣，重心完全移至左腿，繼而收回右腿，腳跟著地。同時，兩手左下右上，左手按於左腿外側，指尖朝前；右手逆纏由內向外掤於身體右側，掌心向前，指尖斜上。眼視右手，面向南（圖7-18）。

●**動作三**●接上勢，繼續吸氣，身體繼續右轉，左腳尖微外旋，同時兩手左上右下，左掌心朝前上，指尖朝左上；右手下按至右膝前，指尖向右。眼視右側，面向西南（圖7-19）。

圖7-17　　　　　圖7-18　　　　　圖7-19

●**動作四**●接上勢，呼氣，身體繼續右轉，鬆右胯屈膝下蹲。同時提起左腳尖點於右腳內側，兩手隨身體右轉變雙順纏在身體右側相交。眼視左前，面向西（圖7-20）。

●**動作五**●接上勢，呼氣，身體繼續右轉。同時，兩臂隨身體右轉，左下右上向兩側發外開勁。眼視右手，面向北（圖7-21）。

●**動作六**●接上勢，吸氣，身體繼續右轉180°。同時，右手由外向內旋轉至身體中線上提至鼻端上下處，拳心向裡；左手由外向內旋轉至身體中線變掌心朝上落於小腹前，指尖向右。眼視前方，面向南（圖7-22）。

●**動作七**●接上勢，呼氣，右腳下落震腳，兩腳距離與兩肩同寬。同時右拳以拳面下擊，左掌略上迎合擊於小腹前。眼視前方，面向南（圖7-23）。

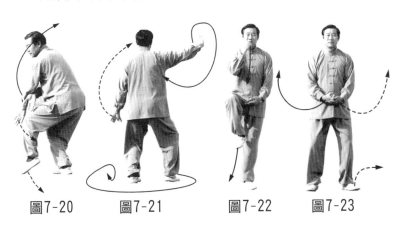

圖7-20　　　圖7-21　　　圖7-22　　　圖7-23

【要點】

（1）推掌時要扭腰旋背和呼氣相結合，右手配合左掌，勁達兩掌根。

（2）左腳上步時速度要加快，愈快愈好，雙手相交要和左腳點地同時進行。

（3）兩手向身體兩側外開時，先是解脫之法，然後再發開勁，注意要和兩腳後跟跌腳同時到位。

（4）震腳要和兩手相合擊同步，但要求震腳時湧泉穴要虛。左重則左虛，右重則右渺。

第十式　撇身拳

●**動作一**●接上式，吸氣，眼視前方。重心漸漸移至右腿。同時，提起左腳向左側開步。兩手隨左腳橫開時隨即向身體兩側分開，兩腕部突出，兩掌指尖相對。面向南，眼視前方（圖7-24）。

●**動作二**●接上勢，呼氣，重心繼續右移，身微右轉。同時兩掌變拳，左上右下，左拳行至左側前，拳心向裡；右拳行至右胯處，拳心向後。眼視左側，面向南（圖7-25）。

圖7-24

圖7-25

圖7-26

●動作三●接上勢，繼續呼氣，重心隨即移至左腿，同時提起右腳向身體右側橫開，兩拳變左下右上，隨身體快速左轉，腰勁塌下，兩腳踏平，十趾抓地，眼視右側，面向西南（圖7-26）。

●動作四●接上勢，先吸後呼氣，鬆右胯，給左胯，重心移至右腿，身體隨移重心右轉。同時，右肘經右膝下繞過，左手隨身體右轉，逆纏抬至左前方，面向西（圖7-27）。

●動作五●接上勢，吸氣，鬆左胯，給右胯，重心漸漸移至左腿。同時身體隨重心左移向左轉，左手由上向下行至左胯處；右手由下向上變引進至右側前。眼視身體右

圖7-27

側，面向東（圖7-28）。

●**動作六**●接上勢，呼氣，重心繼續左移，身體略左轉，然後重心右移，身體繼而右轉。左臂屈肘內旋，左拳頂於腰間。同時右手經身體左側向內轉，先順纏後逆纏，翻拳右背向後折，右拳至右太陽穴上方，頂勁領起斜寓正，襠間撐合半月圓，眼神觀定左腳尖。面向東南（圖7-29）。

圖7-28　　　　　　圖7-29

【要點】

（1）兩手腕向兩側外開時，繼而提起左腳向左側開步，胸內含，氣往下沉。

（2）身體左轉，右臂左引時，右腿向右插步要同時完成，此式有插襠引進發背靠之意。

（3）右肘從右膝下繞過，肘尖離地面約23公分，故有七寸靠之稱。但注意以扭腰旋背來完成，身體和腰要屈中求直。

（4）動作六身體右轉，屈臂外翻時勁向後上發時襠勁下塌，身體右側上下有對稱之意，不可拔根。

第十一式　指　襠

●動作一●接上式，先吸後呼氣，鬆左胯，身體左轉，右腳用力蹬地，重心左移。兩手隨身體左轉，同時向身體兩側發勁，左手以拳背下擊於左膝上方，拳心向上；右拳向身體右上

圖7-30

方發力，拳心向裡。眼視左側，面向東（圖7-30）。

【要點】在重心左移的同時，扭腰旋背帶動兩臂向兩側發力時胸內含，先蓄而後發，勁達兩拳背。

第十二式　斬　手

●動作一●接上式，吸氣，鬆左胯，重心左移，繼而右腳用力蹬地而起，點於左腳前方。同時右臂由外向內合於右耳下，左臂略屈肘內合於身體中線。眼視前方，面向東（圖7-31）。

圖7-31　　　　　　　　　圖7-32　　　正面

●**動作二**●接上勢，繼續吸氣，重心移至右腿，繼而左腿插於右腿後方，雙腿屈膝下蹲，兩手隨身體左轉，左下右上交叉於身體右側，眼視右側，面向東（圖7-32）。

●**動作三**●接上勢，呼氣，身體左轉。同時左臂屈肘向左上開，拳心向下。右臂向右下切。眼視右拳，胸北、背南，面向東（圖7-33）。

圖7-33

【**要點**】斬手是開手，又是解脫之法。如對方抓住我左手腕，我以右腕根下切，同時左臂上提自然形成上下開勁，使對方自動脫手。但必須注意用腰背來帶動。

第十三式　翻花舞袖

●動作一●接上式，先吸後呼氣，身體左轉，同時兩腳變腳掌著地。在身體左轉的同時，左半身向上領起，右腳掌用力蹬地，繼而兩腳離地跳起，在空中向左旋轉270°。然後左腳掌先著地，繼而右腳落於身體右前

圖7-34

方，兩腳相距約70公分。在兩腳下落的同時，右拳向身體中線發下栽拳，左手落於左側後方。眼視前方，面向東北（圖7-34）。

●動作二●接上勢，吸氣，右臂向右上方領起，繼而下落於右腰間，拳心向上，同時左拳變掌屈肘立掌於身體左前方。在右拳收回的同時，右腳提起繼而下落與肩同寬。隨即左腳提起懸於襠內，面向東（圖7-35）。

【要點】

（1）身體向左翻轉270°，兩腳落地，左先右

圖7-35

後，兩腳落地時，正好是右拳下栽時。

（2）右臂和右腳同時上提，右腳下落時，正好是右拳落於右肋間，左臂屈肘立掌於左側前方時。周身成合勁，有待發右拳之勢。

第十四式　掩手肱拳

●**動作一**●接上式，繼續吸氣，右腿屈膝下蹲，同時左腳向左側前方上步，兩膝微外擺，襠要開圓，腰勁下塌，眼視前方，面向東（圖7-36）。

●**動作二**●接上勢，呼氣，鬆左胯，右腳用力蹬地，繼而右拳由外向內旋轉然後向前發力。同時左掌變半握拳由內向外旋轉然後發肘勁，眼視前方，面向東（圖7-37）。

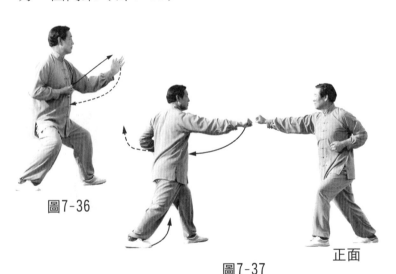

圖7-36

圖7-37

正面

第十五式　腰攔肘

●動作一●接上式，呼氣，重心左移，繼而收回右腳懸於襠內。右拳隨之合於右腰間，拳心向上；在右拳收回的同時，左拳變掌內旋向左側伸展。眼視左手，面向西北（圖7-38）。

●動作二●接上勢，呼氣，身體向左轉。右腳震腳落地，繼而提起左腳，面向西（圖7-39）。

●動作三●接上勢，吸氣，右腿屈膝下蹲，繼而左腳以腳後跟內側先著地向前鏟出，襠要開圓，頂勁領起，腰脊豎直，含胸束肋，氣往下沉。周身皆成合勁，眼視左側，面向西（圖7-40）。

●動作四●接上勢，呼氣，鬆左胯，給右胯，身體左轉，重心繼而左移。同時右臂由外向內旋轉，右腕內屈向前發平肘勁；左手隨之內收以掌

圖7-38　　　　　圖7-39　　　　　圖7-40

圖7-41

心合擊右肱在體前相交。眼視前方，面向西（圖7-41）。

【要點】

（1）提起右腳，收回右拳時要急速；然後右腳落地，左腳提起繼而向前鑱出時中間不能停頓，但應注意快中不亂，要有節奏感。

（2）右臂向前發平肘時，頂勁要領起，襠勁提起，中氣豎起，在扭腰旋背的基礎上向前發力，開始可練大圈，然後漸以寸勁為佳。

第十六式　大肱拳、小肱拳

●**動作一**●接上式，吸氣，鬆左胯，重心左移，身體繼續左轉，繼而提起右腳向前上步，點於身體右側。在右腳上步的同時，左手逆纏向身體左側外掤，掌心向外，指尖向上；右手先逆纏向外，繼而順纏向內合於右胯處，掌心向左，指尖朝下。目光先向左後向右，面向西（圖7-42）。

圖7-42

圖7-43　　　　　圖7-44　　　　　圖7-45

●**動作二**●接上勢，呼氣，鬆右胯，重心右移。同時右手逆纏向身體右側掤出，左手繼而順纏合於左胯前。目光先向右，後向左，面向東（圖7-43）。

●**動作三**●接上勢，吸氣，重心完全移至右腿，繼而提起左腿向左側開步。右手繼續外掤，左手內合於身體中線。眼視左側，面向東（圖7-44）。

●**動作四**●接上勢，呼氣，重心移至左腿，隨即提起右腳，向左腿後方插步。同時左手逆纏向身體左側掤出，掌心向外，指尖朝上。右手隨之順纏於身體中線，掌心向左，指尖朝下，眼視左手，面向東（圖7-45）。

●**動作五**●接上勢，吸氣，重心完全移至右腿，同時提起左腳向左側開步。右手逆纏向身體右側掤出，掌心向外，指尖朝上；左手順纏於身體中

線，掌心向右，指尖朝下。眼視前方，面向南（圖7-46）。

●**動作六**●接上勢，繼續吸氣，兩手繼續旋轉，左上右下。同時重心移至左腿，繼而提起右腳，以腳跟著地，腳尖外擺。眼視右側，面向西南（圖7-47）。

【要點】

（1）大肱拳類似雲手，不同的是：大肱拳在旋轉時以大臂為主，小肱拳在旋轉時是以小臂為主。皆是左右轉換不停地旋轉，步法要輕靈，轉換要靈活，眼隨手轉，左右皆同，大肱拳面向南。

（2）小肱拳動作和要點與大肱拳相同，只是方向路線的變化。大肱拳向左跨步運轉，小肱拳向右轉體180°，面北背南向左回轉，大小肱拳各連續做三次。

圖7-46　　　　　圖7-47

第十七式　玉女穿梭

●**動作一**●接上式，吸氣，重心移至左腿，身體左轉。同時右臂隨身體左轉由外向內合於身體左側，繼而左掌搭於右大臂內側。眼斜視右方，面向北（圖7-48）。

●**動作二**●接上勢，呼氣，重心繼續左移，身體右轉，繼而提起右腳點於左腳前方。兩手隨身體右轉屈肘合於身體右側，右前左後，右掌心向左，左掌心向右，兩手指均斜上。眼視前方，面向東（圖7-49）。

正面

圖7-48　　　　　　　　　　圖7-49

●**動作三**●接上勢，呼氣，左腿屈膝下蹲，五趾抓地，兩臂略內收，繼而提起右腳，腳尖略翹。眼視前方，面向東（圖7-50）。

●**動作四**●接上勢，繼續吸氣，身體繼續下

圖7-50　　　　　圖7-51　　　　　圖7-52

蹲，右腳向前踏出，重心略右移。眼視前方，面向東（圖7-51）。

●**動作五**●接上勢，呼氣，重心右移，繼而左腳跟步發勁。同時兩手略內收，掌根略變坐掌，向前方發勁。眼視前方，面向東（圖7-52）。

【要點】

（1）身體向右轉，同時收回右腳和兩臂，繼而提起右腳，然後兩臂內收，胸內含，氣往下沉。

（2）右腳向前邁出時，腳後跟先著地，左腳跟步兩掌向前發勁同步，呼氣。

（3）玉女穿梭同圖7-50～圖7-52，再連續做二次。

第十八式　倒騎龍

●**動作一**●接上式，吸氣，重心落於左腿，同

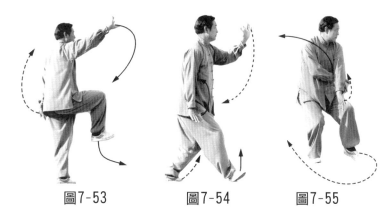

圖7-53　　　　　　圖7-54　　　　　　圖7-55

時提右腳。繼而兩手左下右上，左手下按至左腿外側，右手上掤於右側上方。眼視右手，面向東北（圖7-53）。

●**動作二**●接上勢，繼續吸氣，左腿屈膝下蹲，右腳落地，腳尖外擺45°。同時兩手左上右下，右手落於右大腿外側，掌心向下，指尖朝前；左掌置於左側前與頭同高，掌心朝前。眼視前方，面向東（圖7-54）。

●**動作三**●接上勢，呼氣，重心走下弧移至右腿，繼而提起左腳，點於右腳前方，身體繼續右轉。左手逆纏由上向下插，落於左膝上方，掌心向外，指尖向下；同時右手順纏合於左臂下。眼視左側，面向東（圖7-55）。

●**動作四**●接上勢，吸氣，重心移至右腿，身體急速向右旋轉90°，同時左腿提起隨身體右轉旋

於左側。兩臂在身體右轉的帶動下，右手由下向上撩，立掌於身體前方；左手隨即向下插，然後變勾手於左後。眼視前方，面向西（圖7-56）。

●**動作五**●接上勢，繼續吸氣，右腿屈膝下蹲，左腳隨即落地。繼而重心前移，頂勁領起，周身氣往下沉，含胸塌腰，沉肩墜肘，坐腕，指尖向上，面向西（圖7-57）。

●**動作六**●接上勢，呼氣，重心完全移至左腿，右腳提起搓地促步發勁，在右步前上的同時，右掌內收，繼而隨右步向前同時發勁，面向西（圖7-58）。

【要點】

（1）前者玉女穿梭將終，在腰脊右旋的帶動下右腳提起，隨即右腳外擺，以腳後跟先著地。右手隨之下按，左手前推，周身形成欲躍之勢。

圖7-56　　圖7-57　　圖7-58

（2）在重心右移的同時，左腳蹬地而起點於左側前方，周身下蹲，兩手左下右上有解脫之意。如左腳不點地也可直接旋空轉體180°，變成動作四姿勢。

（3）在重心前移的同時，身體下蹲，手向前發勁，勁達右掌外沿。右腳搓地、促步的目的是為輔助增大爆發力。倒騎龍同圖7-56～圖7-58，再連續做二次。

第十九式　掩手肱拳

●**動作一**●接上式，吸氣，鬆右胯，重心右移，同時兩腿屈膝下蹲，繼而身體右轉90°。兩手左下右上向兩側分開，左手落於左膝上方，掌心向下；右手外於右耳外側，掌心向外。眼視前方，面向北（圖7-59）。

●**動作二**●接上勢，呼氣，繼續鬆右胯，身體再向右轉90°，繼而提起右腳懸於襠內。在身體右轉的同時，兩手隨身體左上右下，右手落於右胯外側，掌心向下，指尖朝前。左臂屈肘於身體左側，掌心向前，指尖朝上。眼視前

圖7-59

圖7-60　　　　圖7-61　　　　圖7-62

方，面向東（圖7-60）。

●動作三●接上勢，吸氣，右腳震腳落地。同時兩手左上右下交叉於胸前，右掌心向左，左掌心向右，指尖斜向上。眼視前方，面向東（圖7-61）。

●動作四●接上勢，呼氣，右腳落地後，繼而左腳向左前方上步。同時兩臂向身體兩側分開，右掌向後，指尖朝前；左掌心向下，指尖斜上。兩膝外撐，兩胯內合，舒胸。眼視左前方，面向東（圖7-62）。

●動作五●接上勢，吸氣，兩手在身體兩側展平後，繼而兩襠兩膝內扣。同時兩手腕放鬆，兩肩關節鬆而內合，胸內含，兩手在鬆腕的前提下走上弧，向身體中線合，左手在前，右手在後。眼視前方，面向東（圖7-63）。

●動作六●接上勢，呼氣，右腳用力蹬地。同

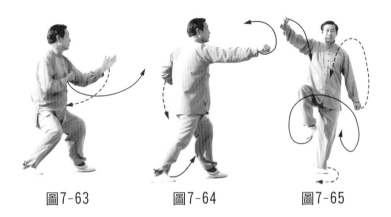

圖7-63　　　　　圖7-64　　　　　圖7-65

時，扭襠轉腰，在重心前移的同時，右拳前衝，左掌變半握拳，肘尖向後，身手俱下，抖肩發勁，面向東（圖7-64）。

【要點】

（1）兩手合於身體中線時，含胸，塌腰，襠要開圓，氣往下沉，全神貫注，勁蓄而後待發。

（2）右拳向前發勁時，扭腰旋背，抖肩向前彈出，但出拳不可太直，要自然向後略彈收。

第二十式　裹鞭炮

●動作一●接上式，吸氣，重心移至左腿，繼而提起右腳。同時兩拳隨身體右轉90°，右上左下。左拳落於左腿外側。拳心向裡；右拳上抬於身體右側，拳心向外。眼視前方，面向南（圖7-65）。

●動作二●接上勢，繼續吸氣，身體向右旋

圖7-66　　　　圖7-67　　　　圖7-68

轉180°，繼而右腳繼續上提。同時，兩拳隨身體
右轉，左上右下，在腹前交叉。眼視左側，面向北
（圖7-66）。

　　●**動作三**●接上勢，呼氣，右腳落地時震腳，
隨即提起左腳，在右腳下落的同時，身體下蹲。眼
視左側，面向西北（圖7-67）。

　　●**動作四**●接上勢，吸氣，身體繼續屈膝下
蹲，繼而左腳向左側橫開一步。眼視左側，面向北
（圖7-68）。

　　●**動作五**●接上勢，呼氣，身體繼續下蹲，同
時兩拳向身體兩側發勁。眼視前方，面向北。此動
作緊接，連續重複向左側蓋步兩次（圖7-69）。

　　●**動作六**●接上勢，吸氣，重心移至左腿，同
時提起右腳，兩拳由兩側隨身體右轉180°。繼而右
腳震腳落地，隨即兩手向上交叉下落於腹前，眼視

圖7-69　　　　　圖7-70　　　　　圖7-71

前方，面向南（圖7-70）。

　　●**動作七**●接上勢，同本式動作三面向北，要領相同（圖7-71）。

　　●**動作八**●接上勢，面向東南，同本式動作四面向北，要領相同（圖7-72）。

　　●**動作九**●接上勢，面向東南，同本式動作五面向北，要領相同，緊接，連續重複兩次（圖7-73）。

圖7-72

圖7-73

【要點】此式連續發勁六次，雖方向不同，發勁的要領完全相同。第一次是轉後發勁，第二、三次是蓋步後發勁。但要在一腳尚未落地，另一腳即起。雙拳向上時稍慢，向下砸拳時要快、要猛、要重，注意要隨著身體下蹲、鬆肩、沉肘，將勁力順達兩臂，不可用僵力和拙力。

第二十一式　獸頭勢

●動作一●接上式，吸氣，鬆左胯，重心左移，身體左轉，同時提起右腳向右前方上步約45公分，腳尖點地。兩拳隨身體左轉，右上左下，左拳落於左胯外側，拳心向前；右拳上抬於右側上方，拳心向上。眼視右拳，面向西南（圖7-74）。

●動作二●接上勢，繼續吸氣，右腿鬆胯，屈膝下蹲，繼而右腳以腳尖著地，向身體右後方跨步，隨即左腳內收點地。兩手隨身體右轉，右手劃後弧先下後上，行至右耳外側，拳心向前；左拳隨即向左外然後向上劃弧，繼而下落屈臂於左膝上方，拳心向裡，眼視左前方，面向西南（圖7-75）。

圖7-74

【要點】在鬆左胯的同

圖7-75　　　　　圖7-76　　　　　圖7-77

時，身體即左轉，繼而右腳上步以腳尖輕輕點於右前方。隨即向後跨步，在右腳後跨的同時，左腳搓地內收點於左前方。兩手隨著兩腿重心的交換左下右上合於身體兩側。此時周身皆成合勁，全神貫注左側，耳聽身後，左半身蓄而有待發之勢。

第二十二式　披架子

　　●動作一●接上式，吸氣，重心完全移至右腿，同時左腳向左前方伸出，在左腿伸出的同時，身體略右轉，繼而身體下蹲。兩拳合於身體中線，兩拳心左上右下。眼視左側，面向西（圖7-76）。

　　●動作二●接上勢，呼氣，鬆左胯，右腳用力蹬地，重心移至左腿，身體左轉。同時兩臂左上右下，向身體兩側發勁，左臂為主，右臂為輔，右拳心向下，左拳心向上。眼視左拳，面向西（圖7-77）。

【要點】兩臂向身體兩側發勁時，左肩發背靠勁，右臂發外開勁，兩臂協調對稱。

第二十三式　翻花舞袖

●**動作一**●接上式，吸氣，重心移至右腿。同時，提起左腿，左臂略內收，右拳略下沉。眼視左拳，面向西（圖7-78）。

●**動作二**●接上勢，呼氣，左腳繼而震腳落地，同時提起右腳。在身體左轉的同時，兩拳右上左下，右拳落於右側前方，左拳落於左胯外側。眼視右下方，面向西（圖7-79）。

●**動作三**●接上勢，繼續呼氣，右腳向右前方邁出，身體繼續左轉。右拳隨即向襠內下砸，拳頂向下；左拳落於左胯外側，眼視右拳，面向西南（圖7-80）。

圖7-78

圖7-79

圖7-80

●**動作四**●接上勢，吸氣，重心左移右轉，同時提起右腳懸於襠內。兩臂在身體右轉的同時，右臂屈肘由下向上撩，落於右腰間，拳心向上；左臂隨之由下向下略屈肘，由拳變掌置於身體左側前方。眼視左手，面向西（圖7-81）。

圖7-81

【要點】

（1）右腳蹬地而起，左腳落地，同時右腳向前邁步，緊接著連續下落兩聲。右腳落地時，正是右拳下栽時，一氣呵成。

（2）身體右轉，右腳提起和兩臂同時到達所需位置。

第二十四式　掩手肱拳

●**動作一**●接上式，呼氣，右腳下落震腳，隨即左腳點地，左腳尖點於右腳內側。眼視前方，面向西（圖7-82）。

●**動作二**●接上勢，吸氣，重心完全移至右腿，並屈膝下蹲。繼而提起左腳，向左前方邁出，襠勁開圓，胸內含。左臂和右拳有內含之意，兩肩略內收。眼視左手，面向西（圖7-83）。

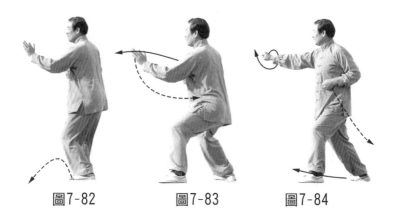

圖7-82　　　　　圖7-83　　　　　圖7-84

●**動作三**●接上勢,呼氣,右腳用力蹬地,同時扭襠轉腰。在重心前移的同時,右拳前衝,左手變半握拳,肘尖向後,身手俱下,抖肩發勁。眼視右拳,面向西(圖7-84)。

【**要點**】與第十四式掩手肱拳動作一、動作二要點相同。

第二十五式　伏　虎

●**動作一**●接上式,吸氣,鬆左胯,身體左轉,同時提起右腳點於右前方。繼而兩手右上左下,左手下落於左胯外側,拳心向裡;右臂略屈肘置於身體右側前方,拳心向上。眼視右拳,面向西北(圖7-85)。

●**動作二**●接上勢,繼續吸氣,左腿繼續屈膝下蹲,隨即提起右腳,身體繼續左轉。左拳向下

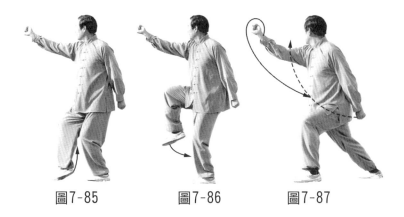

圖7-85　　　　圖7-86　　　　圖7-87

插，右臂向內引。眼視右側，面向西北（圖7-86）。

●動作三●接上勢，繼續吸氣，緊接著右腳向身體右後方跨步，身體繼續下蹲。左手繼續下插，右臂繼續內引。眼視右方，面向北（圖7-87）。

●動作四●接上勢，呼氣，鬆右胯，重心右移，在右移的同時，身體向右旋轉。兩臂隨身體右轉，左上右下，左臂屈肘於左側前方，拳心向裡；右拳下落於右胯外側，拳心向上。眼視左拳，面向西（圖7-88）。

●動作五●接上勢，先吸後呼氣，鬆左胯，身體隨即左轉下蹲。同時兩手左下右上，左拳落於左膝上方，拳心向上；右拳抬至右側上

圖7-88

方，拳心向裡。眼視左拳，面向西南（圖7-89）。

第二十六式　抹眉肱

●**動作一**●接上式，吸氣，右腳蹬地而起，身體螺旋上升，隨即重心移至左腿。在重心前移的同時，身體繼而向左旋轉180°，右腳懸於襠內。右拳變掌屈肘伸於右側前方，掌心向左，指尖朝前；左拳變掌落於右腰間。眼視前方，面向東（圖7-90）。

●**動作二**●接上勢，呼氣，右腳下落震腳，隨即提起左腳。左臂略內收，左掌繼續在左腰間。眼視前方，面向東（圖7-91）。

●**動作三**●接上勢，吸氣，右腿屈膝下蹲，繼而左腳向左前方約45°鏟出。眼視前方，面向東（圖7-92）。

圖7-89　　　　圖7-90　　　　圖7-91　　　　圖7-92

●**動作四**●接上勢，呼氣，鬆左胯，右腳用力蹬地，身體左轉。同時右掌向右側前方推出；左掌叉於腰間，隨之向左後方發肘勁。眼視右掌，面向東（圖7-93）。

【**要點**】右腳用力蹬地，身體左轉180°後，左襠鬆而扣，左腳五趾抓地。兩腳轉換後，周身氣往下沉，發勁要猛，完整一氣，勁達右掌根。

第二十七式　左右黃龍三攪水

●**動作一**●接上式，吸氣，身體左轉，同時右腳向前上步，點於右側前方。右手由推掌下垂於右膝上方變引勁。眼視右側，面向東北（圖7-94）。

●**動作二**●接上勢，繼續吸氣，身體繼續左轉。同時右腿插於左腿後方，右手引至身體中線。眼視右側，面向東北（圖7-95）。

圖7-93　　　　　　圖7-94　　　　　　圖7-95

●**動作三**●接上勢，呼氣，重心移至右腿，左腳向左側撤步。同時右手經左側向上劃弧，繼而向右掤出，緊接連續重複兩次（圖7-96）。

●**動作四**●接上勢，吸氣，重心移至左腿，隨即提起右腳懸於襠內。右手下引至小腹前；左手繼續叉於腰間，四指在前，拇指在後。眼視右側，面向東北（圖7-97）。

●**動作五**●接上勢，呼氣，身體向右轉90°，隨著轉體，兩手左上右下發斬手（圖7-98）。繼而身體向右旋轉90°，在旋轉的過程中，右腳震腳落地，繼而提起左腳。兩臂隨身體右轉，右手上起，叉於腰間；左手合於左膝外側，掌心向上，指尖朝前。眼視左側，面向東南（圖7-99）。

●**動作六**●接上勢，吸氣，左腳隨即落地，繼

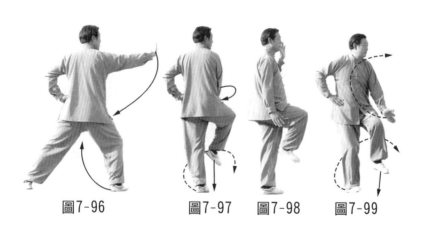

圖7-96　　　　圖7-97　　圖7-98　　　圖7-99

劃弧，由內向外於身體左側；右手繼續叉腰間。眼而右腳插於左腳後方。左手由上向下，經右側螺旋視左手，面向東南（圖7-100）。

●**動作七**●接上勢，呼氣，重心移至右腿，隨即左腳向左側橫開一步。然後左手隨重心右移，由上向下劃弧。眼視前方，面向東南。緊接著連續重複兩次（圖7-101）。

【要點】

（1）左右兩手在身體兩側劃弧時，要和步法協調配合。

（2）向外開時，有背靠之意。以腰催肩，以肩領肘，以肘帶手。

（3）內合時有引進之意，以手領肘，以肘帶肩，以肩隨腰。

圖7-100

圖7-101

第二十八式 左 衝

●**動作一**●接上式，吸氣，重心移至右腿，隨即提起左腳點於右腳內側，略偏前。同時兩手向兩側分開，然後由掌變拳下合於小腹前，拳背向上，拳心向下。眼視左側，面向東（圖7-102）。

●**動作二**●接上勢，繼續吸氣，重心完全移至右腿，五趾抓地，隨即提起左腳，兩拳略上提。眼視左側，面向東南（圖7-103）。

●**動作三**●接上勢，呼氣，左腳向左側蹬出。同時兩拳由內向兩側發勁，高與肩平，拳心向上。眼視左拳，面向東南（圖7-104）。

第二十九式 右 衝

●**動作一**●接上式，吸氣，身體向左旋轉

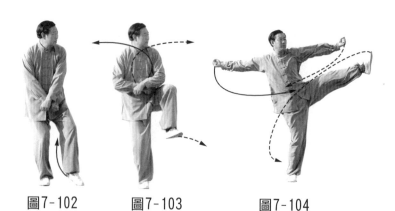

圖7-102　　　圖7-103　　　圖7-104

180°，繼而左腳著地，右腳隨之點於左腳內側。兩拳隨身體左轉合於小腹前。眼視右側，面向東北（圖7-105）。

●**動作二**●接上勢，繼續吸氣，重心完全移至左腿，繼而提起右腳。眼視右側，面向東北（圖7-106）。

●**動作三**●接上勢，呼氣，右腳向右側蹬出。同時兩拳由內向兩側發勁，高與肩平，拳心向上。眼視右拳，面向東北（圖7-107）。

【要點】

（1）單腳獨立勢，五趾抓地，鬆胯，收腹，左顧右盼，穩固平衡。

（2）左衝、右衝，勁達兩腳和拳背外側。

（3）左右換步、發勁時，愈快愈好，但勁要完整，力點要清。

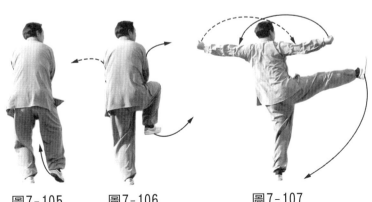

圖7-105　　圖7-106　　圖7-107

第三十式　掩手肱拳

●**動作一**●接上式，吸氣，身體向右旋轉90°，右腳下落懸於襠內。同時兩拳變掌，交叉於胸前，兩掌心向外，兩指尖斜向上。眼視前方，面向東（圖7-108）。

●**動作二**●接上勢，繼續吸氣，右腳下落震腳，兩腿微屈下蹲。眼視前方，面向東（圖7-109）。

●**動作三**●接上勢，呼氣，重心移至右腿，繼而提起左腳，向左前方開步。兩手隨之向身體兩側分開與肩平。眼視左手，面向東北（圖7-110）。

●**動作四**●接上勢，吸氣，身體向後略坐，重心繼續右移。同時兩手繼續外開，繼而雙順纏，由外向內合，右掌變拳落於胸前，左臂半屈肘落於左

圖7-108　　　圖7-109　　　圖7-110

膝上方。眼視前方，面向東（圖7-111）。

●**動作五**●接上勢，呼氣，鬆左胯，右腳用力蹬地。繼而右拳由外向內旋轉，然後向前抖肩發勁；同時左掌變半握拳，由內向外旋轉，然後向後發肘勁。眼視前方，面向東南（圖7-112）。

【要點】參看第十九式。

第三十一式　掃堂腿

●**動作一**●接上式，吸氣，身體右轉，右腿屈膝下蹲。同時兩手隨身體右轉，按地至右腿兩側。眼視左側，面向東南（圖7-113）。

●**動作二**●接上勢，呼氣，兩手隨身體旋轉繼續按地，左腿向前掃地180°。眼視左腳，面向西南（圖7-114）。

●**動作三**●接上勢，先吸後呼氣，重心移至左

圖7-111　　　　圖7-112　　　正面

圖7-113　　　　　圖7-114

圖7-115

圖7-116

腿，身體略右轉，兩手繼續按地。眼視右腳，面向東北（圖7-115）。

　　●動作四●接上勢，呼氣，兩手隨身體繼續右轉按地，繼而右腿向後掃地180°。眼視右腳，面向西南（圖7-116）。

　　【要點】掃堂腿是俯身按地，左右腿左合右擺先後掃出，愈快愈好，但快而不亂。

第三十二式　掩手肱拳

●**動作一**●接上式，吸氣，掃堂將終，繼而提起右腳懸於襠內。同時兩手隨身體螺旋上升，隨即右掌變拳落於右腰間，拳心向上；左臂屈肘於左側前方。眼視左手，面向西（圖 7-117）。

●**動作二**●接上勢，呼氣，右腳震腳落地，眼視左手，面向西（圖 7-118）。

●**動作三**●接上勢，吸氣，重心完全移至右腿，繼而提起左腳，向左方邁出，襠要開圓，胸內含。兩臂略內捲，周身成合勁。眼視左前方，面向西北（圖 7-119）。

●**動作四**●接上勢，呼氣，鬆左胯，右腳用力蹬地。繼而右拳由外向內旋轉，然後向前抖肩發勁；同時左掌變半握拳，由內向外旋轉，繼而向後發肘勁。眼視前方，面向西北（圖 7-120）。

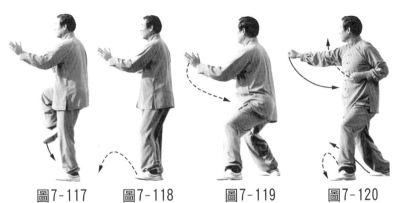

圖7-117　　　圖7-118　　　圖7-119　　　圖7-120

【要點】與第十九式要點相同。

第三十三式　全炮拳

●動作一●接上式，吸氣，重心全部移至左腿，隨即提起右腳，在重心左移時，身體略右轉。同時右拳內收於腰間，拳心向下；左拳略屈臂抬至左側上方，拳心向裡。眼視左拳，面向西（圖7-121）。

●動作二●接上勢，呼氣，右腳震腳落地，隨即提起左腳，身體略下蹲。眼視左拳，面向西（圖7-122）。

●動作三●接上勢，吸氣，右腿屈膝下蹲，左腳繼而向左前方邁出，身體右轉。兩拳向右下引，且下沉，眼視左前方，面向西（圖7-123）。

●動作四●接上勢，呼氣，身體繼續右轉，兩

圖7-121　　　　圖7-122　　　　圖7-123

手繼續右引下沉，待左手引到身體中線時，繼而鬆左胯，右腳用力蹬地。兩臂隨重心左移向左外側發背靠勁。眼斜視左側，面向西南（圖7-124）。

●**動作五**●接上勢，吸氣，重心向後全部移至右腿，隨即提起左腳，身體略左轉。左拳收於腹前，右拳伸向右上方。眼視前方，面向西南（圖7-125）。

●**動作六**●接上勢，呼氣，兩腳震腳落地，隨即抬起右腳。兩拳略內收。眼視右側，面向西（圖7-126）。

●**動作七**●接上勢，吸氣，兩腿屈膝下蹲，繼而右腳向右前方邁出。同時兩臂隨身體左轉，向左側引進。眼視右側，面向西北（圖7-127）。

●**動作八**●接上勢，呼氣，鬆右胯，左腳用力蹬地。兩臂隨身體右轉，待右手引至身體中心線

圖7-124　　　圖7-125　　　圖7-126　　　圖7-127

時，繼而向身體右外側發背靠勁。眼視右側，面向西北（圖7-128）。

【要點】此式向兩側發背靠勁時，襠勁要領起，扭腰旋背，先蓄後發，力點要清晰，達到鬆活彈抖，上縱輕靈，下落穩固為宜。

第三十四式　掩手肱拳

●動作一●接上式，吸氣，重心向後移至左腿，隨即收回右腳懸於襠內，待重心左移的同時，身體略右轉。兩臂內收，由拳變掌交叉於胸前，左掌在上，右掌在下。眼視前方，面向西（圖7-129）。

●動作二●接上勢，呼氣，右腳下落震腳，然後屈膝下蹲，隨即重心右移，眼視前方，面向西（圖7-130）。

圖7-128　　　　圖7-129　　　　圖7-130

●**動作三**●接上勢，吸氣，右腿繼續屈膝下蹲，繼而左腳提起向左前方邁出。同時兩手下分，然後向身體兩側分開，與肩平。眼視右方，面向北（圖7-131）。

●**動作四**●接上勢，繼續吸氣，身體屈膝下蹲。然後兩手由外向內合，右掌變拳落於右胸前，左掌屈肘於身體左側。眼視前方，面向西（圖7-132）。

●**動作五**●接上勢，呼氣，鬆左胯，右腳用力蹬地，同時扭胯轉腰。在重心前移的同時，右拳前衝，左掌變半握拳，肘尖向後，身手俱下，抖肩發勁，面向西北（圖7-133）。

【**要點**】與第十九式動作三、動作四、動作五、動作六要點相同。

圖7-131　　　　圖7-132　　　　圖7-133

第三十五式　搗叉搗叉

●**動作一**●接上式，吸氣，重心完全移至左腿，同時身體向右旋轉90°，繼而提起右腳向內收點於左腳內側。待身體右轉的同時，右拳回收於胸前，左手變掌向身體左側伸出。眼視右側，面向東（圖7-134）。

●**動作二**●接上勢，繼續吸氣，重心完全移至左腿，繼而提起右腳向右側邁出。眼視右側，面向東（圖7-135）。

●**動作三**●接上勢，呼氣，鬆右胯，左腳用力蹬地。兩拳隨身體左轉，右拳逆纏向右下側發勁，左肘隨之後帶發肘勁，面向東北（圖7-136）。

●**動作四**●接上勢，吸氣，重心全部移至右腿，隨即提起左腳，向右前方邁出懸於右腳前方。

圖7-134　　　　圖7-135　　　　圖7-136

兩手隨重心右移，右拳收於右內側。眼視左前方，面向東（圖7-137）。

●**動作五**●接上勢，呼氣，左腳震腳落地，落於右腳前方。在左腳落地的同時，左拳前伸，上抬至左側前方。右拳略上提。眼視前方，面向東（圖7-138）。

●**動作六**●接上勢，吸氣，重心完全移至左腿，屈膝下蹲，繼而提起右腳向右側跨步，身體左轉。同時右拳內旋、屈腕於胸前；左拳變掌略前探。眼視右方，面向東北（圖7-139）。

●**動作七**●接上勢，呼氣，鬆右胯，左腳用力蹬地，身體繼而左旋。右肘向右上方發肘勁，左臂向左行至左肋時，肘向下沉，面向北（圖7-140）。

【要點】搗叉搗叉跳躍速度要快，發勁時左右兼顧，第二搗叉也可發上挑肘。

圖7-137　　　　圖7-138　　　　圖7-139

圖7-140　　　　圖7-141　　　　圖7-142

第三十六式　左耳肱、右耳肱

●動作一●接上式，先吸後呼氣，重心完全移至右腿，繼而提起左腳向右側前方邁出一步。同時兩臂隨身體右轉，左拳向前發勁，拳心向下；右臂下落於右腰間，拳心略向上。眼視前方，面向東（圖7-141）。

●動作二●接上勢，繼續呼氣，身體即時左轉。同時收回左拳，擊出右拳，左拳心略向上，右拳心向下。眼視前方，面向東（圖7-142）。

【要點】此勢手腳同時到達，左腳落地時，正是左拳發勁時，在腰脊的帶動下，迅速完成左衝、右衝動作。

第三十七式　回頭當門炮

●動作一●接上式，吸氣，鬆右胯，重心右移。同時兩臂左下右上掤。眼視右側，面向南（圖7-143）。

●動作二●接上勢，先吸後呼氣，同時鬆左胯。繼而兩拳隨身體左轉。左上右下劃弧，左臂屈肘立拳於左前方，拳頂向上；右臂曲肘拳行至左腋下。繼而鬆右胯，身體右轉，兩臂隨身體下落成合勁，面向南（圖7-144）。

●動作三●接上勢，吸氣，重心完全移至左腿，收回右腳略外擺繼而提起，身體向右轉90°。眼視前方，面向西南（圖7-145）。

●動作四●接上勢，呼氣，右腳向右前方跳出落地，繼而左腳蹬地而起，向同一方向跳出，落於

圖7-143

圖7-144

圖7-145

右腳前方。身體向右旋轉180°，在身體旋轉的同時，右腿向後撤步，重心移至右腿。兩臂隨身體旋轉下落於身體兩側，成引進式。眼視左側，面向東北（圖7-146）。

●**動作五**●接上勢，呼氣，鬆左胯，右腳用力蹬地。兩臂隨身體左轉，向左側發背靠勁。眼視左手，面向東北（圖7-147）。

【**要點**】回頭當門炮是大轉身跳躍動作，發步要遠，轉換要快，落地要輕，發勁要猛，身體旋轉180°是在兩腳交換中完成的。

第三十八式　變勢大捉炮

●**動作一**●接上式，吸氣，重心右移，同時提起左腳懸於襠內。兩臂內收，拳心向上，面向東北（圖7-148）。

圖7-146　　　　圖7-147　　　　圖7-148

●**動作二**●接上勢，繼續吸氣，鬆右胯屈膝下蹲，同時左腳向左前方邁出。眼視左拳，面向東北（圖7-149）。

●**動作三**●接上勢，呼氣，重心完全移至左腿，同時右腳向右前方上步。繼而兩手隨身體左轉，收回左拳，擊出右拳，眼視前方，面向東北（圖7-150）。

●**動作四**●接上勢，繼續呼氣，身體繼續左轉，撤回左步，向左旋轉180°。即時提起右腳，眼視右側，面向西南（圖7-151）。

●**動作五**●接上勢，吸氣，左腿屈膝下蹲，右腳向右前方邁出，兩臂成引進勢。眼視右側，面向西南（圖7-152）。

●**動作六**●接上勢，呼氣，鬆右胯，左腳用力蹬地。兩臂隨身體右轉，向右外側發背靠勁。眼視

圖7-149　　　圖7-150　　　圖7-151　　　圖7-152

右拳，面向西南（圖7-153）。

【要點】同回頭當門炮，稍有不同的是，當門炮最後撤右步，變勢大捉炮最後是上右步。

第三十九式　腰攔肘

●動作一●接上式，吸氣，重心完全移至左腿，繼而收回右腳懸於襠內。在右腳回收的同時左拳變掌，兩臂向身體兩側伸開，右拳心向裡，左掌心向右。眼視前方，面向南（圖7-154）。

●動作二●接上勢，呼氣，右腳下落震腳，湧泉穴要虛。同時兩臂向身體中間合攏，右臂肱骨與左掌合擊。眼視右側，面向西南（圖7-155）。

【要點】震腳和合擊要同時完成。震腳時，左重則左虛，右重則右渺，氣往下沉，完整一氣，周身皆成合勁。

圖7-153　　　　圖7-154　　　　圖7-155

第四十式　順攔肘

●動作一●接上式，吸氣，重心完全移至左腿，左腳五趾抓地，且屈膝下蹲，同時提起右腳合於襠內。眼視右側，面向西南（圖7-156）。

●動作二●接上勢，繼續吸氣，左腿屈膝下蹲，同時右腳向身體右側橫開一步。眼視右側，面向西南（圖7-157）。

●動作三●接上勢，呼氣，鬆右胯，左腳用力蹬地，重心繼而右移，同時兩臂向身體兩側發肘勁。眼視右側，面向西南（圖7-158）。

【要點】重心右移、兩肘向兩側發勁要同時完成，舒胸，鬆肩，勁達兩肘尖。

圖7-156　　　　圖7-157　　　　圖7-158

第四十一式　窩底炮

●**動作一**●接上式，吸氣，重心完全移至右腿，繼而提左腳，蓋於右膝上方。在身體右轉的同時，右拳由上向下劃圓弧，落於右腰間，拳心向上；同時左拳變掌，伸向身體左前方，掌心向裡，指尖朝前，眼視左手前方，面向西南（圖7-159）。

●**動作二**●接上勢，繼續吸氣，右腿繼續屈膝下蹲，隨即左腳落地，右腳急速向右前方上步。眼視右側，面向西南（圖7-160）。

●**動作三**●接上勢，呼氣，鬆右胯，左腳用力蹬地，身體繼而左轉，右拳向右下方發勁，左掌變半握拳落於左肋間，拳心向裡。眼視右拳，面向西南（圖7-161）。

【要點】此勢是開中寓合，合中寓開，蓄發

圖7-159　　　　圖7-160　　　　圖7-161

互變，急緩相顧。

第四十二式　回頭井攬直入

●**動作一**●接上式，吸氣，重心移至右腿，隨即提起左腳點於右腳內側前方。繼而抬起兩臂隨身體右轉，右拳內收於小腹前，左臂上抬於左側前方，眼視前方。面向四（圖7-162）。

●**動作二**●接上勢，繼續吸氣，左腳裡合，身體向右旋轉270°。待左腳落地後，右腳隨即向後撤步，重心移至右腿。兩臂隨身體右轉，右拳落於腹側，拳心向裡；左臂屈肘下沉，拳心向內。眼視左拳，面向南（圖7-163）。

●**動作三**●接上勢，呼氣，重心完全移至右腿。同時提起左腳，兩拳隨身體右轉，落於小腹前，面向南（圖7-164）。

圖7-162　　　　圖7-163　　　　圖7-164

●動作四●接上勢，吸氣，身體繼續右轉，右腿屈膝下蹲，同時左腳向左前方鏟出。兩手隨身體右轉繼續向右側引進，右拳伸向右後下，左拳落於小腹前，面向南（圖7-165）。

●動作五●接上勢，呼氣，鬆左胯，右腳用力蹬地。繼而兩臂隨身體左轉，兩拳合於胸前，同時兩肘一齊由兩側向內發雙合肘勁。眼視前方，面向南（圖7-166）。

【要點】身體旋轉270°，雙肘向身體中間擊時胸內含，兩臂內捲是在腰脊向左轉的帶動下進行的，同時改變勁路成雙合勁。

第四十三式　收　勢

●動作一●接上式，吸氣，上式將終，兩拳由

圖7-165

圖7-166

內側，兩腳距離與肩同寬。繼而兩手突腕，向身體內向外旋轉，變掌下落。同時提起右腳，踏於左腳兩側分開，兩掌心向內，指尖相對。眼視前方，面向正南（圖7-167）。

　　●動作二●接上勢，繼續吸氣，兩臂徐徐不停地向身體兩側伸展，隨即兩臂上抬，然後下落，經兩耳外側，下合與兩肩平，兩掌心向下，指尖相對。眼視前方，面向正南（圖7-168）。

　　●動作三●接上勢，呼氣，鬆兩胯，兩膝微屈，繼而兩掌隨身體下蹲，漸漸由內向外下按至身體兩側，兩掌心向下，指尖朝前。眼視前方，面向正南（圖7-169）。

　　【要點】此式是長吸長呼，吸氣時氣鼓盪於皮，呼氣時含胸、束肋，氣歸丹田。

圖7-167　　　　　圖7-168　　　　　圖7-169

第四十四式　太極還原

接上式，吸氣，兩手漸外旋，落於兩腿外側。同時重心右移，收回左腳與右腳齊成立正姿勢（圖7-170）。

【**要點**】頂勁領起，周身放鬆，氣歸丹田，回歸無極。

圖7-170

第八章

陳式太極拳
金剛搗碓攻防動作圖解

一、攻防動作名稱

1. 屈臂坐掌
2. 迎門靠
3. 胸化擊胸
4. 胸腰折腕
5. 腹化落空
6. 胸靠
7. 上避下踹
8. 側肩靠
9. 裡合腿
10. 下捯小腹
11. 胸腰解脫
12. 下驚上取
13. 腰攔肘

14. 神仙大脫衣
15. 邁頭掃雪
16. 提膝摘金瓜
17. 雙峰貫耳
18. 撩陰掌
19. 黑虎掏心
20. 雙合肘
21. 花胸扣
22. 單手解脫
23. 穿心拳
24. 猿猴探果
25. 下跺腳
26. 外擺裡合

二、攻防動作說明

陳式太極拳套路的招招勢勢，無一處不包含著變幻萬端的技擊玄機，靈活運用，進退攻防，逢凶化吉，無所不勝。金剛搗碓在攻防實戰中運用尤為廣泛，可變化出層出不窮的奇招。這裡僅列舉其中40例實戰變化，讀者可舉一反三，自己琢磨其他招勢在攻防當中的奧妙。

圖8-1

1.屈臂坐掌

（1）甲乙雙方正面站立，乙方上右步，並以雙掌猛向甲方兩臂中節推出（圖8-1）。

（2）接上勢，甲方隨

圖8-2　　　　　　　圖8-3

即身體下蹲，以六合勁破乙方之直勁，周身氣往下沉，含胸，塌腰，沉肩，墜肘，屈雙臂，提雙手，將乙方來勁上合於兩肘之外側。並在雙臂上抬時，重心左移，繼而提起右腳直插乙方襠內（圖8-2）。

（3）接上勢，甲方右腳邁出的同時，兩手先順後逆纏搭於乙方兩臂內側，然後兩臂隨身體上提並外開，待乙方雙手脫落至甲方兩肘時，甲方身體螺旋下蹲。兩手隨之外翻，中氣上行，沉肩，墜肘，開胸，勁達兩臂，迫使乙方自動脫手（圖8-3）。

　　以靜待動速上迎，以豎破直力點清；

　　　周身靈軀將未動，閉目掩耳也不中。

（4）接上勢，甲方兩手不停地向身體兩側開到所需位置時，周身氣往下沉，胸要含，腰要塌，肩要沉，肘要墜。兩手掌下塌使勁達兩腕內側合於乙方兩臂。乙方此時兩臂受阻後形成進不得力、退則

圖8-4　　　　　　　圖8-5

怕擊的被動局面（圖8-4）。

（5）接上勢，此時甲方處在立身中正，氣貫周身，上下合為一體的攻守兼備情況下，身體繼而螺旋下蹲，胸繼續內含，兩手合於胸前（圖8-5）。

（6）接上勢，甲方繼而鬆右胯，左腳用力蹬地，身法形似靈貓撲鼠之勢，促步、頓腳、坐掌發力於乙方胸部，使乙方騰飛而出（圖8-6）。

　　開中寓合合中開，屈伸往來變無端；

　　發手要狠勁要短，閃戰驚彈周身圓。

圖8-6

2.迎門靠

（1）甲方成太極起勢站立姿勢，乙方上右步，以兩手抓住甲方雙手腕（圖8-7）。

（2）接上勢，甲隨即身體下蹲，重心左移，繼而提起右腳向乙方襠內插入。同時，含胸，塌腰，沉肩墜肘，屈臂提腕，使勁達於腕部，將乙方雙手拇指切開，解脫乙方的抓腕（圖8-8）。

（3）接上勢，甲方雙手走逆纏，卡住乙方兩腕部向兩側外伸，使乙方處於被動，迫使乙方雙臂隨自己兩手張開，將整個胸敞開，氣浮於上方（圖8-9）。

雙腕被抓不可怕，屈臂一提化烏有；

兩手展開像白鶴，輕輕牽引亂其根。

圖8-8

圖8-7　　　　　　　　　　　　　　圖8-9

圖8-10　　　　　　　　　　圖8-11

（4）接上勢，甲方繼續牽動乙方兩臂向甲身後引，同時甲方將右腳再次提起向前插，左手外撐，右手後甩，將力點集聚在右肩上，蓄而待發（圖8-10）。

（5）接上勢，甲方鬆右胯，右肩由上向下栽擊乙方前胸，將乙方擊發出去（圖8-11）。

　　　引進落空何擊處，袒露之胸任我走；
　　　鬆活彈抖突肩進，何愁敵人命不休。

3.胸化擊胸

（1）甲方以無極勢站立，乙方上右步，以雙手立掌推向甲方胸部。甲方鬆兩胯，屈膝下蹲，隨即將左腿向左後撤半步，同時雙手變拳由下向上合於腹前，以自己的腕部抵托乙方雙腕（圖8-12）。

（2）接上勢，甲方繼而含胸拔背，向上架起，以豎破乙方之直，將其推力脫空（圖8-13）。

圖8-12　　　　　　　　圖8-13

圖8-15

圖8-14

　　彼推我胸我不慌，周身皆合來抵擋；

　　雙腕相接非善意，向上一架妙機藏。

　　(3) 接上勢，當甲方將乙方雙掌向上架過肩時，乙方已經完全喪失進攻能力，甲方趁機將雙拳陡然外分，迅速變掌合於胸前（圖8-14）。

　　(4)接上勢，甲方雙掌合時，就意味著蓄而待發，隨即左腳用力蹬地，身體螺旋上升，將重心移至右腿，並將雙掌猛然向乙方胸部由下向上擊出（圖8-15）。

圖8-16　　　　　　　圖8-17　　　　　　圖8-18

敵出雙掌推胸間，先合後仰托上肩；

我非太極雙推手，轉換全在腰脊中。

4.胸腰折腕

（1）甲方面向乙方站立，乙方以雙側掌向甲方腹部，用力推出（圖8-16）。

（2）接上勢，甲方以合勁相迎，兩隻手由外向內攏住乙方雙肘。同時左腿向後退半步，胸內含，並將重心移至左腿，拉開正面接觸距離，引化乙方進攻（圖8-17）。

（3）接上勢，當乙方勁力推盡時，甲方不讓其換步再攻，隨即先以雙手虛虛攏住乙方雙肘，然後以兩掌托住乙方兩肘走外弧向甲方體旁合，牽動乙方身體前傾（圖8-18）。

（4）接上勢，繼而甲方將自己腹部向右下折疊乙方右手，甲方左手同腹部構成合勁，鬆右胯，身

圖8-19　　　　　圖8-20　　　　　圖8-21

體右轉，使乙方右手腕部在短時間內構成反90°之勢，摧其筋骨，迫使乙方倒地（圖8-19）。

　　雙手推腹不要緊，以梢攻中背拳理；
　　縱然拼命暴三焦，腰腿一調勁化了；
　　來勢兇猛要定神，禮讓為先退半分；
　　迎客雙手接住肘，腹手一折拜天尊。

5.腹化落空

　　（1）甲方面向乙方站立，乙方以雙掌弓步直推甲方小腹部（圖8-20）。

　　（2）接上勢，甲方隨即屈膝下蹲，同時左腳向後撤一步，先以引合勁迎住乙方攻力，甲方將重心移至右腿。同時含胸、突腹，以雙手自上而下按在乙方雙腕上，使乙方前推不能得力，甲方在下按的同時蓄而待發（圖8-21）。

圖8-22　　　　　　圖8-23　　　　　　圖8-24

　　推住小腹下狠心，弓步咄咄向前摧；

　　含胸突腹兩相迎，急縮皆可化千斤。

　　（3）接上勢，隨即甲方重心後移，左腿屈膝下蹲，兩手繼續下按乙方兩腕。由於甲方重心後移使乙方兩手失去重心，此時甲方繼而改變勁路，鬆右胯將乙方從甲方右側捌出倒地（圖8-22）。

　　玉手可壓千鈞掌，左胯一鬆引進身；

　　急速右轉雙手按，單膝跪地叫連天。

6.胸　靠

　　（1）甲方太極起勢站立，乙方上右步，雙手抓住甲方雙腕（圖8-23）。

　　（2）接上勢，甲方重心移至左腿，同時含胸、塌腰，並提起右腳向前上半步。繼而兩手屈臂上提，變雙逆纏向身體兩側展開與肩平（圖8-24）。

　　（3）接上勢，甲方屈膝下蹲，然後兩拳上抬，

圖8-25　　　　　　　　圖8-26　　　　　　　　圖8-27

繼而含胸屈臂變雙順纏由上向下合，待合至胸前時，兩拳背相對，隨身體下沉一齊向下栽，合於胸前（圖8-25）。

（4）接上勢，甲方兩手在身體兩側各劃一圈後落至胸前時，已將乙方雙腕緊緊卡住。然後甲方重心前移，雙拳變掌，先雙逆纏向下插，再向前變雙順纏，將兩手插於乙方兩肋處。此時乙方雙手已完全被解脫（圖8-26）。

（5）接上勢，甲方重心繼續前移，兩手變雙順纏搭於乙方兩背處，兩肘有向上之意，使乙方胸部更加裸露，氣浮於上（圖8-27）。

　　　屈身往來迎高招，豈知我如鐵塔牢；

　　　縱然敵有千鈞力，兩臂一伸拔鴻毛。

（6）接上勢，甲方將重心移至左腿，繼而抬起右腳繼續向前插，更加逼進乙方，隨即將乙方雙臂向上一架，兩臂繼而下落，然後兩手迅速將乙方

圖8-28　　　　　　　圖8-29

向己懷中帶來（圖8-28）。

　　　兩手似箭身似弓，機關全在腰脊中；

　　　意氣形體合為一，春雷未震敵先驚。

　　（7）接上勢，甲方速將中氣運至胸部，以迅雷不及掩耳之勢朝乙方胸部擊去，以胸靠將乙方崩發於外，跌倒在地（圖8-29）。

　　　速度要快勁要整，先蓄後發力點清；

　　　請來送去隨吾意，突胸開背向前崩。

7.上避下踹

圖8-30

　　（1）甲方太極起勢站立，乙方上右步，出右拳直攻甲方前胸（圖8-30）。

　　（2）接上勢，甲待乙方右拳擊來時，伸右手由下向上掤住乙方衝來之拳。

圖8-31　　　　　圖8-32　　　　　圖8-33

同時身體向右旋轉90°，重心移至左腿，右腳尖外擺，此時乙方進攻力量已被化解（圖8-31）。

　　莽莽撞撞衝來拳，氣勢洶洶打胸前；

　　轉身迎閉捋往上，一招進攻驚無險。

（3）接上勢，甲方重心右移，出左手捋住乙方大臂，同時含胸、收腹、提膝將乙方右臂向上領起，給乙方造成錯覺（圖8-32）。

（4）接上勢，甲方隨即以左腳內側直踹乙方膝蓋，一舉破敵（圖8-33）。

　　順著來勢向上提，驚愕之間一愣神；

　　擊我莫若會天地，提膝側腳直踹膝。

8.側肩靠

（1）甲方太極起勢站立，乙方上右步，出右拳，直攻甲方胸部（圖8-34）。

（2）接上勢，甲方伸右手自左向右接住乙方右

圖8-34　　　　　　圖8-35　　　　　　圖8-36

拳，甲方將重心移至左腿，抬右腿上步於乙方右腿內側。甲乙雙方兩腿相接為宜，同時甲方以左手搭在乙方大臂處，雙手將乙方右臂捋向甲方身體右側，使乙方喪失進攻能力（圖8-35）。

直拳而入並非閑，不知妙手太極玄；
轉體伸手撥雲霧，雲霧散處力化空。

（3）接上勢，甲方將乙方繼續向右捋，讓乙方失去反抗能力。同時迅速將重心移至右腿上，含胸、塌腰，周身上下蓄合，並將右肩沉下，落在乙方右肋處（圖8-36）。

（4）接上勢，甲方疾速不停地將重心繼續前移，繼而發肩勁或以平肩、突肩將乙方連根拔起，仰面朝天（圖8-37）。

一個出拳似流星，一個接拳急如風；
一引一上緊貼肋，腰脊一扭腳騰空。

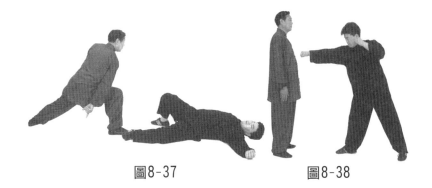

圖8-37　　　　　　　　圖8-38

9.裡合腿

（1）甲方以太極起勢站立，乙方上右步以右拳猛擊甲方胸部（圖8-38）。

（2）接上勢，甲方隨即出右手接拳，並且身體向右旋轉90°，縮小乙方正面進攻交鋒的身體面積（圖8-39）。

（3）接上勢，甲方避開乙方鋒芒後及時把乙方向身右側引，隨即把左腳插入乙方右腳後。左手搭在乙方右大臂上，此時乙方身體已有失重之感（圖8-40）。

流星撲面飛過來，
扭身一轉化入煙；
順勢拋出裡合腿，
勾打跌倒重心飛。

圖8-39

圖8-40　　　　　　　　圖8-41

（4）接上勢，甲方將乙方右臂繼續向上領，使乙方重心前傾於右腿。此時甲方收小腹，提起左腳，迅速以裡合腿勾打乙方右腳，同時兩手一齊向乙方胸前擊打，左腳同時到位，使乙方仰面跌倒於甲方左旁（圖8-41）。

　　不是五趾沒抓地，不是立足不太穩；

　　只是虛驚將敵誘，回頭一折面仰天。

10.下挒小腹

圖8-42

（1）甲方立正姿勢站立，乙方上右步出右拳直取甲方（圖8-42）。

（2）接上勢，甲方待乙方拳衝到時，速出右手刁住乙方右手腕，向右外化力去。同時甲移重心

於右腿，提左腳插入乙方右
腿後，並將左小臂搭在乙方
右大臂外側，手掌內旋貼於
乙方右臂內側向外用力（圖
8-43）。

圖8-43

　（3）接上勢，甲方隨即
將乙方右臂下合，使乙方右
臂由直變彎，有向乙方小腹部擊打之意（圖8-44）。

　　匆匆拳來匆匆迎，兩手相接向外領；

　　縱然你有撼天力，不近我身不算贏。

　（4）接上勢，甲方移重心於左腿，以左膝部向
乙方右腿窩合去，先移動乙方重心，使乙方失去平
衡。同時將乙方右臂折彎橫於小腹部，繼而甲方兩
手一齊向乙方胸腹部捌擊（圖8-45）。

　　出手不怕當頭炮，英雄最怕亂下盤；

　　若是中節遭捌勁，頭重腳輕癱成泥。

圖8-44　　　　　　　　　圖8-45

11.胸腰解脫

（1）甲方成太極起勢站立，乙方突然從甲方身後將甲方緊緊抱住，意欲將甲方掀起摔倒（圖8-46）。

（2）接上勢，甲方受到如此攻擊，立即將中氣下行，身體隨內氣一起下縮，屈膝，鬆襠，塌腰，穩固重心，以防摔倒。同時把雙手由掌變勾手隨兩臂上抬，身體上下形成對拉之勢（圖8-47）。

　　　敵人突然摟後腰，長蟲蛻皮最得妙；

　　　哧溜一聲滑出去，三國關公傳此招。

（3）接上勢，當乙方雙手脫至兩腋下時，甲方身體已由困境中解脫，即迅速向右扭腰轉身，並以右肘橫打乙方頭部，從而脫離乙方的摟抱（圖8-48）。

　　　背後下手最狠毒，胸腰解脫誓不休；

　　　宜將勝勇追窮寇，扭腰一肘擊頭顱。

圖8-46　　　　　圖8-47　　　　　圖8-48

12.下驚上取

（1）甲方太極起勢站立，乙方上左步，出左拳直取甲方胸部（圖8-49）。

（2）接上勢，甲方待乙方衝拳至胸前時，重心右移，身體略右轉，然後即出左掌。身體隨左掌左轉接住乙方左拳，同時提左腳向左前方上步約30公分，腳尖外擺起（圖8-50）。

（3）接上勢，甲方左手將乙方左手先向上領起，身體隨重心左移，繼而提起右腳上步插於乙方左腳內側，以右膝抵住乙方左膝，並將右手搭於乙方左臂外（圖8-51）。

　　黑虎掏心取中腔，
　　揚手上步來格擋；
　　雙手把定黑虎爪，
　　黑虎被鉗亂慌慌。

圖8-49

圖8-50

圖8-51

（4）接上勢，甲方隨即實施上捌下驚，以大捋之法，右手及右腿以順纏將乙方身體向上拔起，徹底將乙方左腿懸空。甲方屈身下蹲，以大捋將乙方捋倒於地（圖8-52）。

　　一個上捌中節亂，一個下驚取下盤；

　　雙手合住大捋勁，黑虎躺地如死蝗。

13.腰攔肘

（1）甲方以太極起勢站立，乙方上右步，出右拳，直取甲方胸膛（圖8-53）。

（2）接上勢，甲方待乙方右拳來到，立即向右略一轉身，以避乙方拳鋒，並出右手接乙方右拳在腕部，將乙方衝來的右拳壓於乙方體右側。同時移重心於左腿，右腳尖翹起，左手搭於乙方右臂外側（圖8-54）。

圖8-52　　　　　圖8-53　　　　　圖8-54

（3）接上勢，重心移至右腿，同時提左腳插於乙方身後，並以雙手將乙方右臂下按至右外側，隨即將左手插於乙方身後（圖8-55）。

圖8-55

　　唯有太極定四方，憑你拳打正中央；

　　抬手迎風壓下去，腰腿閃入敵後方。

（4）接上勢，甲方對乙方施打腰攔肘，甲方先將乙方右手向下一按，使乙方重心略一錯位，隨即以左手在乙方後背上用力，將乙方引向自己懷中。未等乙方反應過來，甲方右臂變橫肘照乙方胸間橫打，將乙方擊飛出去（圖8-56、圖8-57）。

　　向下一按動腳掌，後心一托懷中躺；

　　不知咋起腰攔肘，一發發到半空揚。

圖8-56　　　　　　　　圖8-57

14.神仙大脫衣

（1）甲方以太極起式站立，乙方從甲方背後上去，雙手一個大摟抱，將甲方身體連同雙臂一起摟住，意欲將甲方掀翻（圖8-58）。

（2）接上勢，甲方被乙方抱定之後，急速鬆胯屈膝下蹲，氣往下沉。同時以兩臂向外開，身體上下形成對拉，將乙方兩臂向上托起，待乙方兩臂托至與肩平時，摟抱已失去了作用（圖8-59）。

太極金剛亭亭立，背後閃出人偷襲；

休道鐵箍多緊扣，我會神仙大脫衣。

（3）接上勢，甲方以兩臂將乙兩臂向上架起後，乙方失去了進攻能力。甲方兩臂已從困境中解脫，不待乙方再次採取措施，甲方迅速向左或向右轉體，並以左肘或右肘順勢向乙方左肋或右肋部順擊而出（圖8-60）。

圖8-58　　　圖8-59　　　　　　　圖8-60

兩臂架起破偷襲，身體一轉就開擊；

左右皆能順攔肘，令敵插翅也難飛。

15.邁頭掃雷

（1）甲方以太極起式站立，乙方上右步，出右拳直取甲方胸膛（圖8-61）。

（2）接上勢，甲方待乙方拳到時，向右略一轉身，以右手上迎乙方右拳腕部，將其先向右側外引，以化解乙方衝力。隨即甲方將重心移於右腿，提左腳直插乙方右腿後，以左膝部緊貼乙方後腿窩處，並將左手搭在乙方右大臂外側構成捋狀，把乙方重心引於偏右腿之上（圖8-62）。

太極起勢如金尊，一著可以破千軍；

當心敵手閃電拳，旋背轉身難進身。

（3）接上勢，甲方中氣運起，先將身體重心移於左腿，以左膝突然內合，擊乙方右腿窩。隨即捋

圖8-61　　　　　　　圖8-62

圖8-63　　　　　　　圖8-64

乙方右臂的雙手換勁，左手勾其右大臂，右手推其右手腕令其右臂彎曲，失去重心（圖8-63）。

（4）接上勢，運行中甲方兩手發力，以乙方右小臂橫打乙方胸腹部，使乙方在下部受驚及上部捌勁的作用下平飛出去（圖8-64）。

下驚亂其生根腳，上捌打其正胸膛；

上捌下驚一齊動，邁頭掃雪除禍殃。

16.提膝摘金瓜

圖8-65

（1）甲方以太極起勢站立，乙方乘其不備，突然上右步，伸雙手去抱甲方左腿或右腿，意欲掀翻甲方（圖8-65）。

（2）接上勢，甲方突然受到乙方攻擊，立即重心移於右腿，然後甲方雙手直達乙方腦

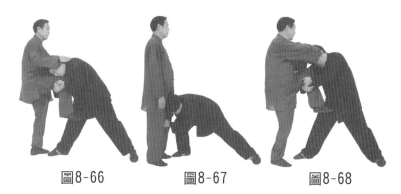

| 圖8-66 | 圖8-67 | 圖8-68 |

後，抱住乙方頭顱向下摜去。此時，甲方收腹，胸內含，提起被乙方抱住的腿，用膝蓋撞擊乙方下頦，達到手膝相合為一體（圖8-66）。

> 惡虎撲食取下盤，妄圖將我來掀翻；
> 腳下生根穩住勢，任憑爾等用力搬；
> 雙手閃電插腦後，暗移重心藏機關；
> 不識合勁真威力，提膝摘瓜一瞬間。

17.雙峰貫耳

（1）甲方以太極起勢站立，乙方乘甲方不備，突然雙手抱住甲方一條腿，意欲掀翻甲方（圖8-67）。

（2）接上勢，乙方雙手把甲方左腿迅速抱起，甲方速將重心右移，含胸，收腹，屈臂，並將雙手握成丁字拳，從左右兩側向乙方兩太陽穴合擊（圖8-68）。

敵人行動如電閃，我有慧眼早察顏；

左膝順著向上提，兩手握成丁字拳；

不待敵人淫風至，擺好圈套任敵鑽；

惡意之徒來侵犯，雙峰貫耳命歸天。

18. 撩陰掌

（1）甲方以太極起式站立，乙方上右步，出右拳直打甲方。甲方隨即以右手相迎，並向右引，同時重心移至左腿，右腳翹起（圖8-69）。

（2）接上勢，重心移至右腿，右手迎著乙方右臂，繼續向身體右側外捋，隨即提起左腳向乙方身體後側邁出。同時左手由下向上劃弧捌住乙方右拳，向身體左上方撩起（圖8-70）。

（3）接上勢，甲方重心不停地左移，身體繼續左轉，左手將乙方右臂猛向左側外撥，同時右手隨腳一起前上，右膝擊乙方小腹，右手由下向上撩於

圖8-69　　　　　　圖8-70

| 圖8-71 | 圖8-72 | 圖8-73 |

乙方陰部，一舉取勝（圖8-71）。

太極變化本無端，聲東擊西全不管；

人身何處不可擊，擊時何人敢阻攔？

不抬不架不躲閃，單刀直入取中盤；

休言不可摘青桃，我手偏取海底間。

19.黑虎掏心

（1）甲方以太極起勢站立，乙方上右步，出右拳直打甲方。甲方待乙方的拳衝來時，即用左手由上往下按乙方右手，向左側外撥，同時提左腿插於乙方右腿外側（圖8-72）。

（2）接上勢，甲方重心繼續左移，身體左轉，扭腰旋背，右腳用力蹬地。同時將右手變拳逆纏，直搗乙方的心窩，使乙方仰面倒地（圖8-73）。

一葉小舟飄江中，兩腳把定望水流；

莫道前方征途險，自幼修煉太極拳；

圖8-74

圖8-75

迎面衝來一惡拳，氣勢兇猛撲胸前；

豈知我有黑虎拳，最善掏心懲愚頑。

20.雙合肘

（1）甲方以太極拳起勢站立，乙方上右步，出右拳攻擊甲方。甲方待乙方拳衝至胸前時，繼而重心左移至左腿，並出右掌接住乙方右拳，以四指攏住乙方右拳背，以拇指卡於乙方拳腕內側，向身體右外側領去，將乙方進攻力量化空（圖8-74）。

（2）接上勢，重心右移，繼而提左腳向左前方上步，插於乙方身後，甲方左手先搭於乙方右大臂外側。然後屈肘置於乙方大臂下，手腕內合，四指內勾，使乙方右臂受阻，身體前傾（圖8-75）。

蠻力再大無須提，有心才能尋時機；

伸手搭住敵手背，一折即可破頑敵。

（3）接上勢，甲方重心繼續左移，左臂和右掌

圖8-76

圖8-77

一起向內合，含胸塌腰，屈雙臂將勁達於左肘和右
手腕，合成一勁達於乙方右腕部，使乙方腕部折彎
90°，令其負痛，失去反抗力（圖8-76）。

　　左肘卡住右手捋，牽出右臂藏殺機；
　　確保擒拿胸前移，內外六合見神奇。

21.花胸扣

　　（1）甲方以太極起勢站立，乙方上右步，出右
拳直擊甲方。甲方隨即重心左移，出右手向上劃弧
搭住乙方右腕關節向右側外領，右腳尖翹起（圖
8-77）。

　　衝拳出手勢難收，全身之力集拳頭；
　　一旦驚覺化勁起，幾番心機全作休。

　　（2）接上勢，甲方重心右移，上左腿插於乙方
右腿外側，緊貼乙方右腿，隨重心左移，左手自乙
方右臂腋下穿出，纏繞，卡住乙方右大臂和肘關

圖8-78

圖8-79

節。同時以右手用力將乙方手腕拿住，四指在上，拇指在下（圖8-78）。

（3）甲方含胸，塌腰，鬆兩胯，以右手將乙方腕關節向乙方右臂內側折扣。同時右手從乙方腋下穿出蓋在右手上面，速用力往自己腹上頂，使左手、右手及腹部三勁合一，使乙方無法解脫（圖8-79）。

右手擒住敵手腕，左臂速把敵臂纏；

雙手一齊用合力，挫傷手腕折斷筋。

圖8-80

22.單手解脫

（1）甲方兩腳成弓步，左手由後向前掤，右腕被乙方卡住，緊緊抓住不放鬆（圖8-80）。

圖8-81　　　　　　　　　　圖8-82

（2）接上勢，甲方突遭襲擊，迅速回頭，隨即右手腕由下先逆後順向上走外弧繞乙方手掌劃一圈，解脫被乙方抓住的手腕（圖8-81）。

　　　抓住手腕且放鬆，重心後移螺旋行；

　　　不怕死握不放手，一開一合自落空。

23.穿心拳

（1）甲方左臂向前掤出，乙方突然上右步，出雙掌推住甲方左臂（圖8-82）。

（2）接上勢，甲方速將乙方雙手向前上掤，同時鬆胯，提右腳點於乙方右腿內側，隨後手由掌變拳，由下向前上衝，朝乙方心口打去。同時將左手、右拳、右膝三勁合一，擊倒乙方（圖8-83、圖8-84）。

　　　左掤受阻我且警，速沉速仰快如風；

　　　沉仰之後並未了，隨之身法一齊到；

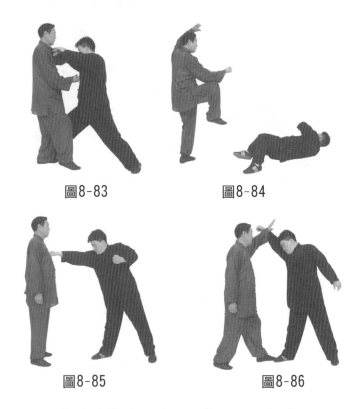

圖8-83　　　　　　圖8-84

圖8-85　　　　　　圖8-86

莫嫌禮節吾不周，上驚下取君須曉；
周身相隨齊並進，著物好似風吹草。

24.猿猴探果

（1）甲方以太極起勢站立，乙方上右步，出右拳直打甲方（圖8-85）。

（2）接上勢，甲方待乙方拳擊到時，以左手將乙方右拳向自己左側撥開，同時左腳前上（圖8-86）。

圖8-87　　　　　　圖8-88　　　　　　圖8-89

（3）接上勢，甲方左手隨即繼續將乙方右臂向外掤，同時右腳蹬地屈膝上提，以膝蓋撞向乙方陰部，右拳由下向上直打乙方咽喉，一舉擊倒乙方（圖8-87）。

　　　　不招不架只一捶，上打咽喉下頂陰；

　　　　拳膝上下齊並進，含胸收腹如接吻。

25.下跺腳

（1）甲方以太極起勢站立，乙方上右步，出右拳直擊甲方。甲方隨即重心左移，身體右轉，右腳尖翹起。同時右手先左後右向右外側逆纏上掤，搭於乙方右手腕（圖8-88）。

（2）接上勢，甲方迅速重心右移，繼而含胸、塌腰、收腹、鬆胯提膝，同時左手速搭於乙方右大臂，繼而右捋（圖8-89）。

（3）接上勢，甲方兩手向上驚掤，同時左腳斜

圖8-90

圖8-91

下跺乙方右足骨關節，使乙方負痛倒地（圖8-90）。

神力蒼茫向太虛，金剛直立斷不移；
縱然襲來驚天力，伸手即化險為夷；
收腹提膝合住勁，上驚下取順拳理；
攻其不備出奇腿，一腳跺碎足骨肌。

26.外擺裡合

（1）甲方以太極起勢站立，乙方上右步，出右手直取甲方。甲方重心右移，身體右移，左腳向前邁出30公分，左腳尖翹起，同時右腿鬆胯屈膝（圖8-91）。

圖8-92

（2）接上勢，甲方重心速左移，隨即右腳提起直插乙方右腿後，同時兩手將乙方右臂向右側繼續外捋（圖8-92）。

（3）接上勢，甲方扭腰旋

圖8-93　　　　　　　　　　圖8-94

背，即兩手捋乙方右臂合於乙方胸前。同時兩手協同右腿一齊使開合勁，讓乙方失去重心倒地（圖8-93）。

　　出手接拳須認真，左腳先虛右腳跟；
　　輕靈著地倒插步，撐腰旋背撩後跟。

27.關公解帶

　　（1）甲方以太極起勢站立，乙方從甲方背後突然進攻，雙手直插甲方雙肋，將甲方緊緊抱住（圖8-94）。

　　（2）接上勢，甲方迅速屈膝下蹲，將兩手攀住乙方兩手（圖8-95）。

　　（3）接上勢，甲方隨即含胸、塌腰、鬆胯，繼續屈膝下蹲。同時縮身下沉和兩手一起下開，將乙方兩手由內向外翻，使乙方雙手被迫鬆開（圖8-96）。

圖8-95　圖8-96　　　圖8-97　　　　圖8-98

（4）接上勢，甲方乘乙方力量被化解之機，迅速將右腿後插於乙方襠內，穩固重心，隨即向右轉身，用右肘擊倒乙方（圖8-97）。

> 雙手摟抱我腰間，屈膝下蹲如閃電；
> 解開雙手不算完，閃擊此時正得閒；
> 雙手抵住敵兩腕，中氣下行往外翻；
> 擇情發出左右肘，高低大小君酌情。

28.白蛇吐信

（1）甲方以太極起勢站立，乙方上右步，出右拳擊打甲方，甲方重心左移，右腳向前邁出30公分左右，同時右手先順後逆劃弧，將乙方右拳向右外掤（圖8-98）。

（2）接上勢，甲方重心右移，提左腳插於乙方右腿外側，左手接換外掤的右手，再向左側外掤出，騰出右手先逆纏後順纏，向右外側劃弧落於右

腰間（圖8-99）。

（3）接上勢，甲方扭腰旋背將橫於腰間的右掌以迅雷不及掩耳之勢，直插乙方咽喉，一舉將乙方制服（圖8-100）。

圖8-99

　　上步換手急速快，先天靈氣運指尖；
　　我以白蛇吐長信，不打下巴專鑽咽。

29.迎面掌

（1）乙方上右步，出右拳直攻甲方面部。待乙方拳行至甲方面前時，甲方即速上右步30公分左右，同時出右掌將乙方右拳隔開向上方掤出（圖8-101）。

（2）接上勢，甲方隨即上左步插於乙方右腿外

圖8-100　　　　　　　圖8-101

圖8-102

側，並出左手將乙方右手再向左側掤出，同時右手收回坐掌，蓄於身體右側（圖8-102）。

（3）接上勢，甲方即時左腳用力蹬地，鬆左胯，重心左移，同時右手出掌發勁，蓋於乙方面部（圖8-103）。

　　兩眼仔細須看清，龍飛鳳舞變身形；
　　一舉平地起風雷，頓時掌起血腥飛。

30. 觀音錯膀

（1）甲方以太極起勢站立，乙方上右步，出雙手抓住甲方雙臂用力向後推去（圖8-104）。

（2）接上勢，甲方重心左移，出右步插於乙方右腿內側。同時兩手由下向上螺旋外翻，將乙

圖8-103

圖8-104

方兩手格於自己兩臂外側，使乙方力不著點（圖8-105）。

（3）接上勢，甲方迅速扭身轉體，兩手順乙方的勁力，將乙方兩手向身體兩側推開。左手向左側放長，右手按住乙方右大臂，卸掉乙方推來的勁，使乙方重心失控，身體右傾（圖8-106）。

（4）接上勢，甲方借乙方失去重心之機，隨即將乙方向右側捌，右膝磕擊乙方右腿。同時向右側合勁，一舉捌倒乙方（圖8-107）。

屈臂上抬化直衝，上步左右重心清；
靈機一動向右轉，腰脊一轉滾地平。

圖8-105　　　　　　　　圖8-106

圖8-107

圖8-108

圖8-109

31.左擒拿

（1）甲方以太極起勢站立，乙方上左步出左拳直打甲方。甲方迅速出左腳30公分，並出左手將乙方左拳向其左側掤出，拇指在下，四指在其拳背，以大拇指卡住乙方腕部內側（圖8-108）。

（2）接上勢，甲方將重心移於左腿，提右腳落於乙方左腿外側，以右膝部抵住乙方左膝部，讓其不得進退，同時右手搭於乙方左大臂（圖8-109）。

（3）甲方將捋乙方的左手自腕部向其內折，同時將搭於乙方的右臂與左手合勁下採，將乙方擒拿（圖8-110）。

敵人出手細觀察，
方能上步將敵拿；
左右兩手往回折，
勁達四梢挫關節。

圖8-110

32.背折靠

(1) 甲方以太極起勢站立，乙方上左步，出左拳，直擊甲方，甲方重心右移，出左腳30公分左右，同時出左手搭於乙方左手腕，向左上外掤（圖8-111）。

(2) 接上勢，甲方重心左移，隨即向左扭腰旋背，提右腳插於乙方左腿外側，同時右手自乙方左腋下穿出，橫於乙方胸前（圖8-112）。

(3) 接上勢，甲方含胸、塌腰、鬆胯下蹲，右背先順纏，將背靠於乙方左腋下，同時逆纏後發，將乙方靠翻在地（圖8-113）。

引進插襠緊逼身，蓄而後發步要穩；

先順後逆抖肩發，一閃一驚人揚飛。

圖8-111　　　　　　　　　　圖8-112

圖8-113

33.上挑肘

（1）甲方站立，乙方上右步，出右拳向甲方進攻。甲方迅速上左步30公分左右，腳尖翹起，並出左掌接住乙方右拳（圖8-114）。

（2）接上勢，甲方重心左移，繼而上右步插於乙方襠內，並將右手搭於乙方大臂內側，立肘緊貼其胸（圖8-115）。

（3）接上勢，甲方不停地將身體向左旋轉，鬆左胯，右肘屈臂上挑，直打乙方胸部，使乙方跌倒在地（圖8-116）。

快如閃電擊拳來，形勢嚴峻無虛閑；
迎頭出手架向天，屈臂上挑打胸間。

圖8-114

圖8-115

圖8-116

34.下採肘

（1）乙方出左拳直攻甲方，甲方隨即出左腳30公分左右，出左手迎接住乙方左手，向左側挪出（圖8-117）。

（2）接上勢，甲方繼而上右步緊逼乙方左腿外側，並將右小臂橫於乙方大臂外側（圖8-118）。

（3）接上勢，甲方鬆左胯，屈膝下蹲，以右肘橫採乙方左臂肘關節，將乙方採倒於地（圖8-119）。

> 左拳攻來左拳迎，身體一轉全化空；
> 急速上步貼右臂，屈身下採臂正中。

圖8-117　　　　　　　　　圖8-118

圖8-119

35.反擒拿

（1）乙方上右步出右拳，直攻甲方，甲方出掌將乙方右拳向左上側外掤，同時上左步30公分左右，左腳翹起（圖8-120）。

（2）接上勢，甲方身體右轉，右手抓住乙方右拳，由外向內旋轉。甲方並上右步，右掌貼於乙方右拳外（圖8-121）。

（3）接上勢，鬆左胯，身體左轉，同時左手鬆開，搭於乙方右拳背，隨同身體左轉，一起向外拿，將乙方拿倒（圖8-122）。

接手內旋須認真，旋轉腰脊要留神；
兩手倒把勁莫丟，一起外拿倒地平。

圖8-120

圖8-121

圖8-122

圖8-124

圖8-123

圖8-125

36.前栽靠

（1）甲方以太極起勢站立，乙方上右步，兩手抓住甲方雙手（圖8-123）。

（2）接上勢，甲方重心左移，提右腳插於乙方右腿內側，同時兩手由內向外螺旋外翻，屈臂上提，使乙方手力盡失（圖8-124）。

（3）接上勢，甲方重心右移，同時兩手抓住乙方兩手腕走下弧，繼續由內向外旋轉，將乙方兩手引向身體兩側，使乙方身體前傾（圖8-125）。

（4）接上勢，鬆右胯，身向左轉，氣往下沉，以右肩向前下擊，一舉將乙方擊倒在地（圖8-126）。

敵人雙手抓我腕，死勁拿住似鐵鉗；

雙臂一起展開肱，兩扇門開全暢通；

穩穩沉下丹田氣，雙拳內旋用逆纏；

沉肩束肋弓開盡，腳蹬腰擰鳥難飛。

圖8-126　　　　　　圖8-127

圖8-128

圖8-129

37.魯班推磨

（1）乙方上右步，出右拳直攻甲方。甲方上左步約30公分，同時以左手將乙方右拳向左外掤出（圖8-127）。

（2）接上勢，甲方重心左移，提右腳前上，並將右手自乙方腋下由內向外穿出，橫於乙方右大臂外側（圖8-128）。

（3）接上勢，甲方鬆右胯，右手將乙方右臂向右合，同時左手將乙方右手向下後上托，然後兩手構成同一方向，一舉將乙方捌倒在地（圖8-129）。

　　見拳飛來把手伸，牽動四兩化千斤；

　　左右兩手纏住臂，魯班推磨撩翻地。

38.雙手解脫

　　（1）甲方以太極起勢站立，乙方上右步，兩手抓住甲方雙腕（圖8-130）。

　　（2）接上勢，甲方隨即上右步，插於乙方右腿內側，並屈臂提起雙拳，切開乙方抓腕的雙手（圖8-131）。

　　（3）接上勢，甲方突然含胸、塌腰、屈膝下蹲，同時旋背360°，繼而合於胸前（圖8-132）。

　　（4）接上勢，甲方提起右步繼續往乙方襠內插，左腳用力蹬地，舒胸，氣往下

圖8-130

圖8-131

圖8-132

圖8-133　　　　　　　　圖8-134

沉，即蓄即發，出雙掌擊打乙方胸部，一舉將乙方
擊倒（圖8-133）。

　　　雙手已被抓住腕，腰腿速動來周旋；
　　　切開兩手抬於肩，閃戰驚彈歸泰安。

39.順攔肘

　　（1）乙方上左步，出左拳。甲方隨即上左步約
30公分，同時出左手將乙方左拳向甲方左外側掤
出（圖8-134）。

　　（2）接上勢，甲方重心左移，上右步，插於乙
方身後，緊逼乙方左腿，時右手自乙方後背腋下穿
出，用右肘擊打乙方前胸，將乙方擊倒在地（圖
8-135）。

　　（3）接上勢，鬆右胯，左腳用力蹬地，身體
先左後右發順攔肘，一舉將乙方擊倒在地（圖
8-136）。

圖8-135

圖8-136

> 對面飛來一隻拳，接手相迎在上邊；
> 左引右穿橫胸前，發肘好似箭離弦。

40.穿心肘

（1）乙方上左步，出左拳，直擊甲方胸部。甲方待乙方拳到時，及時上左步約30公分，以左掌將其拳向左外側捌出（圖8-137）。

（2）接上勢，甲方重心左移，隨即上右步

圖8-137

插於乙方襠內，同時右手搭於乙方左大臂內側（圖
8-138）。

（3）接上勢，甲方身體突然左轉，引動乙方重
心，迅速雙手將乙方雙手拋開，左手輔助右肘一
齊向乙方心口發肘勁，一舉將乙方打倒在地（圖
8-139）。

　　手足變幻求無間，虛實開合意在先；
　　輕沉兼備勁蓄好，先天之氣運肘尖。

圖8-138

圖8-139

附　錄

陳式太極拳老拳譜名稱

陳長興太極拳歌訣

縱放屈伸人莫知　　情靠纏繞我皆依
劈打推壓得進步　　搬撂橫採也難敵
勾掤逼攬人人曉　　閃驚巧取有誰知
佯輸詐步雖云敗　　引誘回衝致勝歸
滾拴搭掃靈微妙　　橫直劈砍奇更奇
截進遮攔穿心肘　　迎風接步紅炮捶
二換掃壓掛面腳　　左右邊簪壓根腿
截前壓後無縫鎖　　聲東擊西要熟識
上攏下提君須記　　進攻退閃莫遲遲
蒙頭蓋面天下有　　攢心剁肋世間稀
教師不識此當理　　難將武藝論高低

陳長興太極拳兌歌

懶紮衣立勢高強　　　　　丟下腳雲步單鞭
七星拳手足相顧　　　　　探馬拳太祖留傳
當頭炮勢衝人怕　　　　　中單鞭誰敢當先
跨虎勢那移發腳　　　　　拗步勢手足和便
獸頭勢如牌挨進　　　　　拋架子短當休延
孤身炮下帶著翻花舞袖
腰攔肘上連著左右紅拳
玉女穿梭倒騎龍　　　　　連珠炮打的是猛將雄兵
猿猴看果誰敢偷　　　　　鐵甲將軍也難走
高四平乃封腳套子　　　　小神拳使火焰攢心
斬手炮打一個順攔藏肘
窩低炮再打個井攬直入
庇身拳吊打指襠勢　　　　　剪膁踢膝
金雞獨立　朝陽起鼓　　護心拳專降快腿
拈肘勢逼退英雄　　　　　嚇一聲小禽休走
拿陰捉兔硬開弓　　　　　下插勢閃驚巧取
倒插勢誰人敢攻　　　　　朝陽手遍身防腿
一條鞭打進不忙　　　　　懸腿勢誘彼輕進
騎馬勢衝來敢當　　　　　要要步往裡就蹉
抹眉紅蓋世無雙　　　下海擒龍　　　上山伏虎
野馬分鬃　　　　　張飛擂鼓
雁翅勢穿壓一腿　　　　　劈來腳入步連心
雀地龍按下朝天蹬　　　　立起鷂子解胸
白鶴亮翅　　　　　黑虎攔路

胡僧托鉢　　　　　　燕子銜泥

二龍戲珠　　　　　　賽過神槍

丘劉勢左搬右拳　　　鬼蹴腳丟　　　補前掃後

轉上紅拳　霸王舉鼎　韓信埋伏左右山

前衝後衝　觀音獻掌　童子拜佛　翻身過海

回回指路　敬德跳澗　單鞭救主　青龍獻爪

餓馬提鈴　六封四閉　金剛搗碓

下四手秦王拔劍　　　存孝打虎　鍾馗伏劍

佛頂珠　　反堂莊　　望門簪　　掩手肱拳

下壓手　　上一步封閉捉拿

往後一收推山二掌　　羅漢降龍

左轉身紅拳右跨馬　　　右轉身紅拳左跨馬

左搭袖　　右搭袖　　　回頭摟膝拗步

打一掌轉身三請客　　掩手肱拳雙架樑

轉身橫拳丹鳳朝陽　　回頭高四平

金雞曬膀托天義　左搭肩　　右搭肩

天王降妖　　　　　　上一步鐵翻竿

下一步子胥拖鞭　　　上一步蒼龍擺尾

雙拍手神仙摘乳

仙人捧盤　夜叉探海　劉海捕蟾

玉女捧金盒　丟手　收手　刷掌

搬手　推手　直符送書　回頭閃通背

打一窩裡炮　掩手肱拳

回頭插腳　五子轉換

鬢邊斜插二枝花　　　　收回去雙龍抹馬

窩裡一炮誰敢當　　　　上一步邀手不差

摟膝一拳推倒　收回看肘　　交手可誇
招上顧下最無佳　　　　　　偷腳一腿跳殺
急三槍捶打如風快　　　　　急回頭智遠看瓜
往前收獅子抱球　　　　　　展手一腳踢殺
回頭二換也不差　　　　　　直攢雙拳轉回身
護膝勢當場安定　收回看肘　並看誰敢當我大捉立下
上一步蛟龍出水
後一打反上情莊　　　　　　急三捶往前掤打
開弓射虎誰不怕　　　　　　收回來馬前斬草
上一挑又帶紅沙　　　　　　刺面安定滿天星
誰敢與我比高下
（此是長拳熟習者得之耳）

頭套（十三勢）

金剛搗碓	懶紮衣	單鞭	金剛搗碓
白鶴亮翅	摟膝拗步	斜行拗步	掩手肱捶
金剛搗碓	披身捶	青龍出水	肘底看拳
倒捻紅	白鶴亮翅	摟膝拗步	閃通臂
掩手肱捶	懶紮衣	單鞭	雲手
高探馬	左右插腳	左蹬一腳	青龍戲水
踢二起	懷中抱月	左蹬一跟	右踢一腳
掩手肱捶	小擒拿	抱頭推山	單鞭
前招後招	野馬分鬃	玉女穿梭	懶紮衣
單鞭	雲手	擺腳跌叉	金雞獨立
倒捻紅	白鶴亮翅	摟膝拗步	閃通臂
懶紮衣	單鞭	雲手	高探馬

十字腳　　指襠捶　　左右黃龍攪水　單鞭
雀地龍　　上步七星　　下步跨虎　　轉身擺腳
當頭炮

二套

懶紮衣　　單鞭　　　護心拳　　前趙拗步
操手單鞭　拗步　　　斜行拗步　倒捻紅
拗步　　　閃通背　　炮捶　　　單鞭插腳
壓腳　　　炮拳　　　單鞭　　　二起根子
掩手肱拳　左插腳　　披身指襠　七星
五子轉運　左右拗步　攪手摻步　單鞭
左插腳　　倒捻紅　　拗步

三套（大四套捶）

懶紮衣立起高強　　　　拉下單鞭鬼也忙
出門先使翻身炮　　　　望門簪去逞英豪
反堂莊　　　　　　　　後帶著掩手紅拳
騎馬勢下連著窩弓射虎　左拗步十里埋伏
右拗步誰敢爭鋒　　　　披身拳勢如壓卵
指襠勢高挑低掤　　　　金雞獨立且留情
護心拳八面玲瓏　　　　六封四閉勢難容
轉身劈打縱橫掤　　　　上一步二換跟打
倒回來左右七星　　　　翻花炮打一個孤雁出群
下插勢誰敢來取　　　　翻花舞袖如長虹
分門壓去喪殘生　　　　轉身一捶打倒

兩腳穿椿難停　　　　　舞袖一推往前攻
回頭當炮沖

四套（紅拳）

太祖立勢真高強　　　丟下斜行鬼也忙
上十堂打金雞獨立　　刀對槍死在當場
懶紮衣往裡就採　　　護心拳蓋世無雙
喝一聲小擒打休走　　一條鞭打進不忙
滾替腳眼前遮過　　　抓面腳死在胸膛
上三路黃鶯拿嗉　　　下三路抓神沙使在臉上
即便抬腳轉隨腰還　　二龍戲珠賽過神槍
跟子就起忙把頭藏　　雀地龍按下急三捶
打進著忙　　　　　　上一步打蛟龍出水
下一步打正應情莊　　騎馬勢轉步吊打
虎抱頭去時難防　　　要知此拳出何處
名為太祖下南唐

五套

懶紮衣　　　單鞭　　　護心拳　　　前趨拗步
回頭披身　　　　　　　指襠
七星大掉炮　　　　　　抽身打一炮
雁窩　　　　拗攔肘　　大紅拳　　　左山右山
前衝後衝　　　　　　　掩手肱拳
拗步單插腳　　　　　　擺腳一蹬蛇
金雞獨立　　　　　　　朝天蹬

倒捻紅	拗步	閃通背	雲手	高探馬
十字腳	猿猴看果	單鞭	七星	跨虎
當頭炮				

六套（炮捶架套）

懶紮衣	單鞭	護心拳	前趟拗步
回頭披身	指襠	斬手炮	翻花舞袖
掩手肱拳	拗攔肘	大紅拳	玉女穿梭
倒騎龍	連珠炮	掩手肱拳	
上步左右鼓邊炮		獸頭勢	拋架子
掩手肱拳	伏虎勢	回頭抹眉肱拳	
上步黃龍		左右黃龍三攪水	
前衝後衝		掩手肱拳	
全炮捶		掩手肱拳	
上步倒插	二朵花	抹眉肱拳	
上步當頭炮		變勢大掉炮	
斬手炮	順攔肘		
窩裡炮	井攪直入		

陳家溝太極老拳譜

⑴ 無極勢	⑹ 金剛搗碓	⑽ 下勢
⑵ 三開三合	⑺ 懶紮衣（掤、捋、	⑾ 金剛搗碓
⑶ 氣運丹田	攦、拿、按）	⑿ 白鶴亮翅
⑷ 青龍轉身	⑻ 大六封四封	⒀ 前趟摟膝
⑸ 陽陰螺旋	⑼ 丹變	⒁ 初收

(15) 斜行拗步　　(41) 斜行　　　　(67) 金雞獨立

(16) 再收　　　　(42) 擊地捶　　　(68) 朝天蹬

(17) 摟膝拗步　　(43) 神仙一把抓　(69) 倒捲肱

(18) 斜行　　　　(44) 精力六合　　(70) 上步白鶴亮翅

(19) 掩手肱捶　　(45) 踢二氣　　　(71) 摟膝拗步

(20) 金剛搗碓　　(46) 右懷中抱月　(72) 海底針

(21) 束力再待　　(47) 左懷中抱月　(73) 閃通背

(22) 七寸靠　　　(48) 右蹬一跟　　(74) 掩手肱捶

(23) 背脊靠　　　(49) 掩手肱捶　　(75) 六封四閉

(24) 青龍出水　　(50) 白鶴亮翅　　(76) 懶紮衣

(25) 雙推手　　　(51) 小擒拿　　　(77) 丹變

(26) 三換掌　　　(52) 抱頭推山　　(78) 下雲手

(27) 肘底看拳　　(53) 三換掌　　　(79) 退步高探馬

(28) 倒捲肱　　　(54) 大六封四閉　(80) 單擺蓮

(29) 上步白鶴亮翅(55) 丹變　　　　(81) 指襠捶

(30) 摟膝拗步　　(56) 前招　　　　(82) 黃龍攪水

(31) 海底針　　　(57) 後招　　　　(83) 白猿獻果

(32) 閃通背　　　(58) 野馬分鬃　　(84) 六封四閉

(33) 掩手肱捶　　(59) 玉女穿梭　　(85) 丹變

(34) 大六封四封　(60) 懶紮衣　　　(86) 太山升氣

(35) 丹變　　　　(61) 六封四閉　　(87) 鋪地錦

(36) 中雲手　　　(62) 丹變　　　　(88) 上步七星

(37) 高探馬　　　(63) 上雲手　　　(89) 轉身跨虎

(38) 右插　　　　(64) 雙擺腳　　　(90) 當頭炮

(39) 左插　　　　(65) 跌叉　　　　(91) 金剛搗碓

(40) 右蹬一跟　　(66) 揚蹬　　　　(92) 收勢

陳照丕先生傳

陳照丕（1893年4月8日～1972年12月30日），字績甫，陳式太極拳第18代傳人，享年80歲。

陳照丕自幼從師於叔父陳發科學習太極拳，十分好學，拳技、拳理俱佳，精於肘靠，21歲時開始在甘肅、河北等地授拳。

1926年，照丕先生回到家鄉，任溫縣國術社教練。

1928年8月，應北平著名藥店同仁堂老闆樂佑申和樂篤同兄弟之邀，到北平教授太極拳。當時，清末翰林院大學士、河南同鄉會李慶臨在北平，以太極拳發源於自己的故鄉為榮，投書《北平晚報》，文中聲稱，太極拳發源於河南溫縣陳家溝，先輩陳王廷、陳長興等威震全國，聲名遠揚。如今，有陳長興第4代孫陳照丕漫遊到京，暫下榻北平南門外打磨場杜盛興號內，並希望北平武術愛好者前往切磋拳技，莫失良機，以免失之交臂。此文一出，轟動北平，來訪者應接不暇。陳照丕於是在宣武樓立擂，連打17天，以全勝威震北平，被北平市政府、朝陽大學、中國大學等競相聘請，陳照丕先生先後在17家單位任國術教練。

1930年，陳照丕又受到中華民國南京市市長魏道明的特別邀請，由北平赴南京，先後在南京市政府、僑務委員會、全國民營電業聯合會等傳授陳式太極拳。此外，他還兼任了中央國術館名譽教授。

1933年，陳照丕擔任全國運動會國術裁判、全國

第二屆國術國考評判委員。

1934年，陳照丕先生所著《陳氏太極拳匯宗》由南京市仁聲印書局出版發行，對陳式太極拳的理論與套路都做了系統闡述。

1937年，七七盧溝橋事變，抗日戰爭爆發，中華民國首府南京次年淪陷。陳照丕返回故鄉。

1938年，陳照丕到河南洛陽，先後任第一戰區司令部、河南省教育廳、河南省直稅務局等部門國術教練。

1942年，陳照丕應黃河水利委員會委員張含英（後任中華人民共和國水利部副部長）之邀，前往陝西省西安市，擔任黃河水利委員會武術教官。

1945年抗戰結束，陳照丕隨黃河水利委員會遷往河南省開封市。

1948年，開封市解放，陳照丕參加革命工作，任黃河修防段保管員，繼續傳授太極拳。

1958年1月，陳照丕退休回到溫縣，受溫縣體委之聘，在縣直機關、工廠、一中、城小輔導拳術。

1960年，陳照丕參加全國武術大會，被授予「全國太極拳名家」稱號。

1964年，他當選為全國武術協會委員。

1970年，溫縣體委重建業餘體校，陳照丕應聘擔任武術教練，所授弟子主要有王西安、朱天才、陳小旺、陳正雷等人。

1972年9月，陳照丕和弟子王西安一起參加在河南省登封縣舉辦的、剛剛恢復的全省武術比賽。同年11

月率隊參加了在山東省濟南市舉辦的全國武術比賽。同年12月30日，因患黃膽性肝炎醫治無效，在溫縣人民醫院病逝。

陳照丕先生一生致力於陳式太極拳事業，藝高德高。特別是退休之後，為新中國培養了王西安、朱天才、陳小旺、陳正雷等陳式太極拳高才。所著《太極拳入門》、《太極拳引蒙》、《陳式太極拳理論十三篇》等，極人地豐富了太極拳的理論寶庫。

陳照奎先生傳

陳照奎（1928年1月24日～1981年5月7日），陳式太極拳第18代傳人，享年53歲。

陳照奎係著名陳式太極拳家陳發科幼子，4歲隨父前往北平，7歲從父學拳。他練拳的特點是架勢較低，手法胸腰折疊，發勁較多，主要練新架，難度較大，精於擒拿、閃、戰、彈、抖。

1942年，陳照奎於北平市志成中學畢業後，在家中練拳並開始幫助父親授拳。

20世紀50年代初，陳照奎到北京市第五建築公司材料科工作，工作之餘，得機練拳，十分勤奮。

1962年，陳照奎應其父陳發科弟子、上海市體育宮主任顧留馨之邀，前往上海市傳授陳式太極拳術，後又到南京授拳。

1965年2月，陳照奎返回故鄉溫縣陳家溝，從陳照

丕學習太極單刀、陳克忠學習太極槍等器械套路，後又
到北京市進行傳授。

　　1973年秋，陳照奎應溫縣陳家溝大隊業餘體校校
長王西安及父親生前好友陳茂森之邀，到陳家溝傳授太
極拳術。

　　1974年，應陳家溝業餘體校及大隊黨支部之邀，
再次回陳家溝授拳。

　　1978年，第三次應邀到陳家溝授拳，留住4個多
月。之後，開始在鄭州、開封、焦作等地傳授陳式太極
拳新架一路、二路及推手技巧等。

　　1981年5月7日，陳照奎因腦溢血醫治無效在焦作
市礦務局第二醫院病逝。

馮志強先生傳

　　現年78歲的馮志強是北京武術協會陳式太極拳研
究會的會長。他從8歲開始練武術，先後拜名師學練過
少林椿拳、通臂拳、心意六合拳等，最後跟陳式太極拳
大師陳發科練陳式太極拳。他練武40多年，對中國北
方各主要拳種流派深通其道，尤其對陳式太極拳有很高
的造詣，功法嚴謹，技藝高超。

　　馮志強1928年生於河北束鹿縣（今辛集市）的一
個農民家庭。他的曾祖父擅長武術，在清末的科舉考試
中中過武舉。馮志強的曾祖父有兩把大刀，各重75公
斤，每日舉大刀練功，年過80歲時力氣仍不減當年。

馮志強受曾祖父的薰陶，從小喜歡武術。在他8歲的時候，鄉舅王雲開始教他練少林樁拳。這種拳也叫「童子功」，兩腿屈曲成騎馬蹲襠的架勢，然後打擊木樁。雖然它並沒有很高深的技巧，但這種「童子功」卻為馮志強以後練武打下了堅實的基礎。

馮志強11歲時來到北京，在一家修理電器的店鋪裡當學徒。他白天做工時也不忘練手臂的力量，店鋪裡有砸鐵皮用的鐵砧，重50多公斤，他能雙手舉起來。但這種力沒有身內的功法，屬於一種拙力、蠻力，缺乏底力。由於沒有名師的指點，馮志強雖苦練數年，功夫卻不見大的長進。

馮志強17歲的時候，經人介紹拜會了京城的名拳師韓曉峰。22歲時，他又結識了練形意拳的田秀臣。經過田秀臣的介紹，馮志強拜心意拳名師胡耀貞為師。胡耀貞與陳發科是很要好的朋友，經胡耀貞的力薦，馮志強在24歲的時候，正式拜陳發科為師，學練陳式太極拳。

當時陳發科身邊有十幾個徒弟，每天早晚在他的家裡練拳。他住著三間房子，其中兩間壁為練功房。馮志強練拳時，陳發科坐在椅子上靜觀不語，關鍵動作才下來講解示範。他授拳極嚴厲，動作稍有失誤，便要以重做10遍相罰。

陳式太極拳的動作裡，鬆氣震腳的動作比較多，開始馮志強的內氣沒有修煉成，鬆氣震腳威力不大。一年以後，他內氣充盈，再發功時渾身顫抖，鬆氣震腳，透著周身的內氣，房子被震得嘩嘩直掉土。做擺蓮腳這個

動作時,聲音就像放鞭炮一樣。

陳發科對馮志強十分器重,特別指導他在陳式太極拳推手上下工夫。經過陳發科的悉心指教,馮志強在做推手時,能靈活地使用周身之氣,發力時兩手稍稍一撥,能把對方推出幾公尺開外,真是四兩撥千斤。

1953年,馮志強和幾位師兄弟勸陳發科公開傳授陳式太極拳,陳採納了徒弟們的意見,與胡耀貞等著名的拳家在京成立了「首都武術研究會社」,成員有50多人,馮志強是其中之一。陳發科於1957年染病去世,享年70歲。陳發科在逝世前,曾囑咐馮志強要用心練拳,虛心學習其他拳種的長處,不斷豐富陳式太極拳。後來馮志強一直牢記師父的教誨,不論練拳還是教拳,不忘融各家之長,虛心好學,使陳式太極拳成為很受歡迎的拳種。

1979年,馮志強應陳式太極拳的故鄉 —— 河南溫縣陳家溝的邀請,到陳家溝指導陳式太極拳的普及推廣工作。從那時起,他全身心地投入了輔導陳式太極拳的工作。

1981年,馮志強受北京市體委和武協之邀為美國三藩市武術團輔導,傳授陳式太極拳,這是他輔導的第一個外國武術團體。以後他先後接待了數十批來中國學武的外國及港、澳武術愛好者。並且,先後出訪美國、日本、墨西哥、新加坡等國家,傳授和表演陳式太極拳。如今,跟他學過拳的外國人已數以萬計。

在馮志強和武術界同仁的共同努力下,1983年6月,成立了北京市陳式太極拳研究會,馮志強被推選為

會長。之後，他又被聘請為北京梅花樁拳、通臂拳和技擊研究會的顧問。由於他對陳式太極拳研究有很深的造詣，中國許多地方的陳式太極拳研究會或武術協會，紛紛聘請他為顧問或技術指導。

近幾年，馮志強在中國武術界的聲望越來越高。他在電影《中華武術》和《陳式太極拳》中的表演受人矚目。他所著的《太極刀》、《陳式太極拳實戰技術》等深受讀者歡迎。

馮志強為了普及陳式太極拳，取傳統套路的精華，結合多年教拳的實踐，自編自創了一個新的套路，名為陳式太極拳48式。這個新套路不僅是對傳統套路的刪繁就簡，而是透過對傳統套路的分析，根據內氣的運行，技擊特點的發揮，進行了科學的重新編排。這個套路一推出，就深受中外太極拳愛好者的喜愛。

馮志強近年還披露了他根據陳發科和胡耀貞兩位師父的傳授而編創的「混元氣功」。這套功法對於一般練習者的作用是強身壯體，調養生息；對於習武者則可強內氣，長功力。它是武術氣功中不多見的優秀功法。

馮志強先生身體強壯，氣質豐滿，他將為推廣普及中國武術做出更大的貢獻。

王者風範

——記陳式太極拳第19代傳人王西安

　　王西安，陳式太極拳代表人物、「四大金剛」之一，在當今中國乃至世界武術界赫赫有名。王西安武功超逸絕倫，性格極像電視劇《亮劍》中的主人公李雲龍，一身凜然正氣，王者風範！面對強手，敢於亮劍，並且戰無不勝，罕有人匹，是中華武林奇峰一座！王西安為人俠骨柔腸。重仁義為至上，視金錢如糞土。見人有難，他必出手相助；見有不平事，他必然要管；他沒有名人架子，鄉親們誰都可以使喚動他。在他的身上，處處閃現著中華民族的傳統美德。

　　著名武術家馮志強1992年曾說：「西安是陳式太極拳第19代傳人中最優秀的代表，其武德、技藝卓爾，堪稱一代大家。」但是，由於王西安不事張揚，尤不喜宣傳，他的平生事蹟鮮為人知。筆者長期在溫縣電視臺工作，認識他已有25年，每次採訪，他總說「沒啥沒啥。」2005～2006年，筆者得寬餘，花費8個月時間，方對他有了較為深入的瞭解。

（一）一封信引發的風波

　　河南省溫縣陳家溝是太極拳的發祥地，世人眼中的藏龍臥虎之地。全村600戶人家，散居在青風嶺的溝溝壑壑之間。黃河在村南千古流淌。自明末清初，陳家溝

陳氏第9代祖陳王廷創編太極拳之後，村人世代習武，流風綿長。幾百年來，陳家溝名手輩出，傲然屹立於中華武術之林。然而，1965年初春，附近一個村莊向陳家溝提出了挑戰。有人給上級體委寫信，說陳家溝少有人練拳了，練的人都不中，陳照丕沒有培養出接班人；現在練拳最好的人在我們村，我們村練得比較棒。建議上級體委撇開陳家溝，重視他們村。陳家溝果真沒有蛟龍，也沒有猛虎了嗎？既然是附近村莊反映情況，應該有事實根據，不會全是空穴來風。上級體委派人到陳家溝探訪究竟。陳式太極拳一代宗師、72歲高齡的陳照丕聽後呵呵一笑，完全不以為然。他一生在武林道上行走，1928年曾在北京宣武門立擂17天，未逢敵手，名震京華。這種事情，見得多了。

　　老人告訴體委的同志，他教出的徒弟王西安、陳小旺、陳正雷、朱天才、陳世通等，個個功夫已至精妙之境。尤其那個王西安，更是出類拔萃。陳照丕的徒弟們更是憤憤不平。「不識字摸摸招牌，反了天了！敢來陳家溝眾多太極拳高手頭上動土！」「是騾子是馬，拉出來遛遛！」眾怒沸騰。然而，陳照丕不說話，沒人敢越雷池一步。王西安當時21歲，血氣方剛，咽不下這口氣。他背著老師，約上要好夥伴陳得旺、王天寶找去了。路上，陳得旺提醒王西安，常言道：「沒有金剛鑽，別攬瓷器活。既然他們敢向陳家溝叫板，不知道水有多深哩！」「害怕，你回去。」王西安睨他一眼，「只要會游泳，不怕他水深。」進村一打聽，得知一位楊姓的老者功夫最好。三人徑直找上門去。老者有50多

歲，問：「你們是哪裡人？」「陳家溝的人。」「來這兒幹啥？」「學拳。」老者笑了，說：「陳家溝的太極拳過去很厲害。不過近些年不中了。」

一聽說話口氣，王西安心想，果不其然，就是他在作俑。於是，懇請老者教拳。老者爽快，說：「咱都是一家拳，教你們也是理所應當。」老者教，他們學，幾乎每天晚上都去。過了個把月，王西安提出推手。老者一個愣怔：「你們會推手？」「會一點兒。」搭上手王西安又收手了，「行家一出手，便知有沒有。」他實在不忍心傷了這位有了年紀之人。老者臉色通紅，喃喃地說：「我老了，不中了。俺兒子中，他功夫厲害。」王西安給兩個夥伴遞個眼色，那就等他兒子。

老者的兒子在新鄉工作，是個警官，據說曾經戰勝過許多名家高手，蜚聲黃河南北。中秋節楊警官回來了。王西安他們趕過去，要求學習推手。一說推手，楊警官頓時來了興趣，說推手如何聽勁、接勁等，扳著指頭，一一例數自己的輝煌戰績，滿口濺唾沫星，神采飛揚，末了還順便捎帶一句：「你們陳家溝不行了。」王西安一臉虔誠，說：「這回我們總算找到好老師了。」楊警官笑道：「走，我讓你們體會體會。」將他們領往東廂房。進門之際，陳得旺暗扯王西安的衣角，低聲說：「怕不中啊！」王西安將他的手打過一邊，大步跨過門檻。進得屋內，楊警官將外衣一脫，問：「你們誰先來？」王西安說：「我先來。」兩人在屋子中央站定。怪不得陳得旺擔心。王西安178公分的個頭，不能算低，但是瘦，像根竹竿。與楊警官比起來，他成了侏

儒。楊警官身高足有195公分，膀闊腰圓，鐵塔一般，即使不會武功，三五人怕也難近其身。何況他身懷太極絕技呢。

　　兩人交手。楊警官上去就是一招順纏大挒，欲一舉制服王西安。王西安聽勁走化，本想趁機打出肘靠，可對方太過高大，搆他不著，便移步換形，順勢跟進擠勁。大出意外，楊警官輕輕「咦」了一聲，知道遇上了硬手，再不敢高傲，忙潛心斂神，與王西安周旋。未走兩圈，王西安已將楊警官逼至牆角，他身子一側，快如閃電，一記橫肘早擊將出去，楊警官來不及反應，人已進了裡屋。裡屋門上掛有布簾，王西安看不見裡面情形，但聽「哎呀」、「撲通」兩響，之後半天沒有動靜。王西安慌了，忙叫一聲「楊老師」，掀簾入內。「叫同志！」楊警官在床下答應。王西安拉他起來，他連聲埋怨：「你會太極推手，為什麼說不會？」臨別，西安還挺有禮貌，說：「楊老師，再見。」楊警官再次糾正：「請叫楊同志」。事情並沒有完。

　　幾天後的一個傍晚，三個不速之客來找王西安。王西安正在吃飯，看來了幾個人，雖然面善，但不認識。忙問：「你們來幹啥？」「幹啥！我們和楊警官是一個村的，來向你討教幾招。」王西安將碗一放，說：「走，去黃河灘！」王西安的父親王松林一看事情不好，慌忙去找陳照丕，說王西安要吃大虧，快去救他。不料陳照丕聽後拈鬚微笑，說：「這一來，以後他們再不敢小瞧陳家溝了。」待王松林回到家裡，王西安已在後院的大皂角樹下練拳了。父親將兒子喚回屋來，端著

煤油燈，將兒子渾身上下仔細察看一遍。問：「傷著沒有？」王西安說：「他們的功夫比楊警官差遠了，根本不經打。直問我：咋！你不姓陳？」在陳家溝，姓王和姓陳有什麼區別嗎？

（二）極具神秘色彩的學拳經歷

1952年7月的一天，陳家溝一戶人家的後院，一個8歲的孩子在爬樹。這是棵椿樹，一摟粗，15公尺多高，頂端枝葉繁茂，冠蓋如雲，枝丫間有一個鳥窩，一對老喜鵲剛剛孵出一窩小喜鵲。孩子要上去掏小喜鵲。樹下，幾個小夥伴仰臉張望。鳥窩伸手可及，孩子爬上去了，卻伏在樹上不動了。他看見不遠處，陳茂森正在院落裡打太極拳，那拳打得美妙無比，孩子看迷了。「快掏呀！掏呀！」同伴在下面叫。他似乎聽不見，專注地看著。樹葉遮住了陳茂森的身影，他便往另一根樹枝上移。剛剛移過去，身子還沒站穩，只聽「唏嚓」一聲，樹枝折了，孩子跌落下來，重重摔在地上。雙目緊閉，小臉泛綠，沒了呼吸。「哎呀，死了！」小夥伴們發一聲喊，撒腿跑了。不一會兒，孩子的母親驚慌失措地趕了來，可是，哪裡還有孩子的蹤影？地上只有一根樹枝。母親長出一口氣，對跟在身後的孩子的小夥伴們說：「沒事。不知道又瘋哪兒去了。」真是知子莫若父母。此刻，孩子正站在陳茂森家門口，瞪著小黑眼珠，隔著門縫偷看陳茂森練拳呢。

這孩子就是王西安。他看得心癢難耐，終於忍不住，推門而入。請求道：「茂森叔，您教我打拳吧。」剛才還在盤架走拳的陳茂森，聳聳肩膀，兩手一攤：

「打拳？我不會打拳。我是閑了，隨便活動活動筋骨。」
王西安第1次吃了閉門羹。他是陳家溝人，但他不姓
陳。王西安生於1944年，祖籍滎陽縣汜水鎮許村。祖
父王書乾、父親王松林，爺兒倆整日扛柄鐵叉，四處給
人打牆為生。後因久在陳家溝幹活，落戶陳家溝。

　　多少年了？陳家溝陳姓人家將太極拳視為「獨得之
秘」，只在族內代代相傳，外人難窺門牆。只有兩次例
外：一次是清道光初年（1821年），陳氏第14代陳長
興打破門規，收河北省永年縣人楊露禪為徒。楊露禪將
太極拳帶出了陳家溝，太極拳在社會上迅速傳播開來，
並逐漸形成了楊、孫、吳、武四大流派。一次是清道光
末年（1850年），陳氏第15代陳清萍招贅趙堡鎮，太
極拳在陳家溝附近村莊廣為傳播。此後，陳家溝陳氏依
舊墨守成規，不傳外姓。這種情形，並沒有因為新中國
的成立而有些許改變。

　　王西安偏偏就迷上了太極拳。幼小時，他最愛聽
大人們講太極拳的故事。村裡有一個教拳場，他天天到
那裡玩耍，人家不教他，他就在旁邊模仿比劃，回到家
自己練。後來，他一去，人家便坐地歇息，只顧說話。
再後來，乾脆將大門給關上了。一次次吃閉門羹，反而
激起了王西安的倔強天性。8歲的孩子立下誓言：「我
非要學好太極拳不可！」那時候他就想著將來要成名成
家。他特別喜歡看《三國演義》小畫書，關雲長千里走
單騎，過五關斬六將；張翼德當陽橋上一聲吼，嚇退曹
兵幾十萬。他崇拜得不得了。心想：學好太極拳，長大
也當這樣的蓋世英雄。一次在課堂上，他又偷偷看開了

小畫書，猛聽一聲喝：「王西安，出去！站在教室外邊去！」張奎元老師下了命令，他只得乖乖服從。站在外面他並不安生，聽得牆外有響動，便悄悄溜過去，爬到牆頭一看，原來有人在練太極劍。他一下子又被吸引住了，一邊看，身體一邊隨著來回扭動。忽然，一隻大手揪住他的耳朵、扣住他的腮幫，提住他往教室拖的是張奎元老師。張老師訓斥他：「罰你站，你還亂跑？」他疼得絲絲兒吸涼氣，還要辯解：「您……您叫我站在教室外，沒說叫我站哪兒呀。」

除了上學，王西安的心思全在太極拳上。他的小夥伴陳啟亮會練拳，他成天纏住陳啟亮學拳。一天傍晚，父親給他幾枚硬幣，叫他去買火柴。「記住，買火柴」。父親叮嚀道。「買火柴，買火柴」。他隨口念叨往外跑。出門碰見了陳啟亮，他問：「啟亮，懶紮衣這一勢，我咋弄不好？」陳啟亮叫他做一遍，糾正道：「記住！手腳運動，都要用纏絲勁。」「纏絲勁，纏絲勁」。他一路比劃一路走。到了代銷店，他將錢遞上櫃檯，只是不說話。售貨員問他：「買啥？」他搔搔頭，忘了。只得又回來問父親。王西安就這樣學了6年拳。

1958年，陳照丕告老還鄉，他要遵循祖訓：趁餘閒，教下些弟子兒孫，成龍成虎任方便。一踏進陳家溝，老人驚呆了，冷冷清清，偌大個村莊，不見練拳走架人！老人的心碎了：自己辛辛苦苦在外傳拳幾十年，而在家鄉，卻沒有幾個人練了，陳式太極拳快要斷續了！老人瘋了一般，找村幹部，找縣體委，自費在自家辦起了太極拳培訓班。

　　不論姓陳姓王，不論年長年少，不論是男是女，只要學，統統收；不論颱風下雨，不論白天黑夜，不論寒冬酷暑，只要來，統統教。陳照丕說：「只要能發揚光大陳式太極拳，割我的肉，要我的命都行！」這一年，王西安14歲，高小畢業，在家務農。趁此機會，他高興地進了培訓班。他練了一趟拳，陳照丕一看，就知道這孩子身上具有非同一般的天資稟賦，將他收在門下，重點培養。他開始接觸到陳式太極拳最為精粹的部分，真有一步登天的幸福感。

　　練！王西安家後院的大皂角樹，高不見頂，蔭遮全院，又遮鄰居半個院。王西安黎明即起，在這株皂角樹下，一口氣就練5遍拳，一天不練30遍不甘休。

　　冬天，他光著脊樑在樹下盤架，頭上冒熱氣，渾身濕漉漉，脫下鞋，裡面能倒出水來。夏天，他只穿褲頭，赤腳在樹下走架，汗水如同小泉一般往外冒，流到嘴裡顧不得擦。樹下被他踏得明晃晃，像塊打麥場。農閒時節，他背一袋乾糧，獨自來到黃河灘，面對滔滔黃河練拳。餓了，啃口乾糧；渴了，喝口河水；困了，躺在放羊人搭的小庵棚裡打個盹，醒來繼續練。啥時乾糧吃完，啥時才回家。

　　有天晚上，他在後院的大皂角樹下練拳，連續練了數遍，感到疲倦，便回房躺在椅子上閉目養神。忽然從樓上下來一個白鬍子老漢，光光的頭，圓圓的臉，慈眉善目，說：「孩子，你練的不對，應該是這樣。」說著拉開架勢，做了一個單鞭動作，拳勢舒展大方，美，真美，美極了！他正要往下問，白鬍子老漢卻不見了，

他急得一翻身坐起來，醒了，原來是做了一個夢。趕緊穿衣下床，反覆演練單鞭一式，果然湧來萬千靈氣。他覺得奇怪，便把所做的夢告訴了母親。母親說：「咱家的大皂角樹上住有神仙，神仙見你心誠，來教你練拳哩。」他的母親忙去樹下燒香，祈禱神靈保佑她苦心的兒子，成全她有志的兒子。至今王西安還說：「我不信迷信。可是這樣的夢做過兩次，一輩子都不會忘。」「夢是心頭想」。他在夢中還想著練拳。

練器械，那時沒有器械。家裡的切菜刀、燒火棍等，他拿起來就練，當刀、當槍、當劍，在院子裡舞弄。「春秋大刀」中有一招「舞花豎刀翻身砍」，須提刀空翻360°並變提刀為豎刀，很難掌握。許多人跌得鼻青臉腫也沒有學會，王西安也不例外。有人索性將豎刀改為壓刀，不空翻了。王西安不同意，他說：「這不是變味了嗎？」專程到開封找到精熟刀法的陳克弟，詳盡請教了動作要領，掌握了演練方法。回來時，正是收麥季節。忙，他不顧一天的勞累，夜晚在打麥場上掄木鍁，一掄就是20天，將一路「春秋大刀」舞得氣勢雄偉，威猛無比，人稱「大刀王」。後來春秋大刀成為他參加名家表演時的保留節目。

學拳的開始幾年，陳照丕老師只准徒弟們盤架，不准推手。他說：「功夫都在拳上」。有一天，老人忽然放話：「你們可以練練推手了」。雙人推手是檢驗拳勢正確與否、習練肌膚靈敏和徒手搏擊的有效途徑，但是難免摔跟頭。早些年，王西安與他的小老師陳啟亮推手，儘管他個子大，但陳啟亮抓住他跟拎小雞一樣，

摔他沒商量。他爬起來，眼一瞪，又上了，跌得眼冒金星還要上。現在，小老師不再與他交手，推不過他了。他是誰強專找誰。當時，在馬坊院餵牲口的陳祿有，功夫很好。有幾個師兄弟們都敗在他的手下。王西安開始還不相信呢，不料交手一開始，他便躺到了攪料的大鍋裡。他算是認定陳祿有了，天天晚上去馬坊院，天天被摔得身上青一塊、紫一塊。回來躺在床上過電影：陳祿有如何動，自己如何走，如何摔的跤，琢磨應對的辦法。兩個月後，陳祿有這個山頭又讓他給攻下了。

熟悉王西安的人都知道，他有一個：點凡事愛琢磨。常見他閉著眼，一聲不吭，默默地比劃一個動作，這是他在琢磨問題。啥時眼睜開了，就是這個問題解決了。有一天下雨，他約了幾個夥伴來他家切磋推手，人都到齊了，他卻彷彿入定老僧，坐在板凳上一動不動。大家不管他，只管在屋裡亂翻，翻出一小袋花生，邊吃邊聊。半天，他睜開眼，將幾個小板凳往牆根一挪，在屋當中一站，說「來吧」。大家輪番上陣，他只用「小鬼推磨」一招，將夥伴們一個個扔倒在地。那時他的母親已經去世，父親回來一看，桌腿歪了，幾個板凳不是撐折，就是腿斷。要命的是花生，那是來年的種子呀！全吃光了。父親氣得渾身顫抖，攥著要打。愛琢磨的特點，是伴隨王西安成功的秘訣。他的拳藝如春園之草，與日俱增。崢嶸歲月，方顯英雄本色。

陳家溝在黃河灘邊，冬季風多、沙多，有時兇猛的風沙刮來，遮天蔽日，十步之內，不辨形物。1966年初冬，「文化大革命」的「風沙」刮到了窮鄉僻壤的陳

家溝。練太極拳被說成「四舊」，嚴令禁止。陳照丕苦心經營起來的熱火朝天的練拳活動，如同滿灘茂盛的青草突遭霜凍，蔫了。陳家溝，又不見了練拳走架人。陳照丕在劫難逃。他是地主成分，早年擔任過國民黨南京武術館名譽教授，雙料的「黑五類」，第一個被揪出批鬥，掛黑牌遊街示眾。常去陳照丕家學拳的人，有的不來了；原與陳照丕關係親近的人，有的疏遠了。老人心情很不好。王西安照樣去，似乎一切都沒有發生。「西安，你要注意哩。陳照丕與咱不是一個階級。」不止一人提醒王西安。王西安說：「我不怕，大不了也批鬥我。恩師遭受磨難，我愛莫能助，已經十分愧疚，再不去看望老人，心裡咋能放得下？」他的新婚妻子是陳照丕的堂侄女，他隨妻子管陳照丕叫五伯。他安慰五伯：「您不是國民黨員，沒剝削過人，沒實質性問題……這是運動，運動來了一陣風，風一過就安穩了，五伯，您要想開啊……」

　　1967年初春，天還冷，農閒，陳照丕被批鬥的次數越發頻繁。當時他已是74歲高齡了，一生走南闖北，幹出許多驚天動地的大事，何曾受過這等屈辱！一天夜裡，老人被批鬥回來，越想越不是滋味，終於不能自持，走出家門，撲進了村頭的水井中……好在那年天旱，井水只有半人深，陳照丕沒有死。但是，井中安放的接引泉水的竹筒，上面削得尖尖的斜茬，將他的左腳戳穿個穿洞，鮮血將整個井水都染紅了。天明救上來，老人已經奄奄一息……王西安心急如焚！慌忙四處尋醫抓藥，為五伯治病。

　　五伯身體需要滋補，但那時物質匱乏，餅乾、雞蛋糕、紅白糖都是稀罕物，很難買到。他托熟人，找關係弄來。沒錢，借。他每天都要去伺候五伯；雞下的蛋，一個不能吃，讓五伯吃。他在幹部會上說：「陳照丕是黑五類，我們應當批判他，但我們是批判他的靈魂，不是摧殘他的身體。我們是共產黨人，要講人道主義……」「王西安欲蓋彌彰！」幾個蓄意整治王西安的人，貼出大字報，譏他是「地主階級的孝子賢孫。」揚言：「要把王西安打翻在地，再踏上一隻腳！」

　　群眾的心向著王西安，因為大家想做而不敢做的事，王西安做了。那幾個人的鼓噪，不過是幾隻蒼蠅的嗡叫而已，沒人回應。可是他們不甘心。一次批鬥大會，「黑五類」被一個個揪出來，頸上掛著黑牌，低頭彎腰，站在會場一側。王西安眯著眼，吸著小旱煙蹲在會場前排。突然有人喊：「王西安站出來！」王西安兩眼一睜，兩道電光射過去，隨即又眯上了眼，繼續吸他的小旱煙，不理睬他。那人一見王西安犀利的目光，先自怯了三分，可口號喊出來了，眾目睽睽之下，怎麼收場呢？只得鼓起十二分勇氣，上前拉扯王西安。「爬過去！」王西安隨手一擋，那人踉蹌後退，差點跌到。王西安霍地站起來，小煙袋一指：「反了天了你！」那架勢，頂天立地，威風凜凜，大有張飛橫矛立馬當陽橋的氣概！正是「黃口孺子，豈聞霹靂之聲？」那人和他的幾個同夥噤若寒蟬。從此，再沒人敢找王西安的麻煩。

　　1967年，王西安任陳家溝大隊民兵營長，後又擔任陳家溝大隊黨支部副書記。他一當上村幹部，便思謀

要把練拳活動重新抓起來。他成天琢磨這個事。辦法到底叫他給想出來了。全村民兵集合，營長王西安宣佈：「從明天起，所有民兵到大隊部院內集中練拳。來者記工分，不來者扣工分」。他敢做這個主！理由冠冕堂皇：「毛主席號召備戰備荒為人民。備荒好辦，我們搞好生產，多打糧食。備戰呢，我們民兵沒有槍，平時不能訓練，敵人打進來咋辦？所以，我們要練好拳，到時候才能召之即來，來之能戰，戰之能勝。」村幹部中有人犯嘀咕，怕惹出事端，王西安一拍胸脯：「出了問題我負責！」黨支部書記張蔚珍支持他。民兵的練拳活動開展起來了。

「男女老少都要練，全民皆兵嘛。」王西安再一次拍板。於是，陳家溝村的院落裡、林木間、溝壑處、黃河灘，到處出現了練拳的身影。父教子、兄教弟、夫教妻、母教女、姐教妹，熱火朝天。孩子們是未來的希望，村辦學校的體育課，教練太極拳。

陳照丕的身體康復後，王西安請老人出山教拳，自然要給一個說法：「發揮他的一技之長嘛？」如何使群眾性的練拳活動深入持久地開展下去呢？王西安有的是辦法：村裡成立業餘武校，他自任校長。分兩個班，一個班以基幹民兵為主，目的是深造；一個班以男女青年為主，目的是提高。以武校為「點」，帶動全村這個「面」。隔一段時間搞一次比賽，農閒多比，農忙少比。春節期間，人們的主要活動就是上場參加比賽，下場觀看比賽。比賽名目繁多，隊與隊比，戶與戶比，劃分年齡段比……優勝者張榜公佈，大喇叭裡表揚。那

年月，精神獎勵遠比物質獎勵來得刺激。老百姓樂樂呵呵，比著賽著練習太極拳。陳家溝何曾出現過如此普及的群眾性的練拳活動？幾百年來第一次。民謠道：「喝喝陳溝水，都會蹺蹺腿。」「會不會，金剛大搗碓。」真正變成了現實。王西安由衷地笑了。

　　1972年底，陳照丕老人因病逝世。王西安又前往北京，請著名太極拳大師陳照奎回村教拳。陳照奎精通太極理論和擒拿術及各種技擊方法，擅長精巧細膩的攻防技術。他練的拳人稱「新架」，乃其父──近代陳式太極拳代表人物陳發科窮畢生精力所創。這套拳法纏絲多、發勁多、架子低、難度大，可以有效地縮短練功週期。村裡專門派一位巧婦為陳照奎做飯，割肉買菜，熱情招待。陳照奎從此年年返鄉，一住數月，將自己平生所學及心得，盡授村中弟子，且教拳認真，不知疲倦。現在陳家溝新一代所練的新架一路、二路及擒拿等技巧，皆陳照奎所傳。

　　提起這段歷史，陳家溝的父老鄉親不無感慨，說：「沒有王西安，就沒有陳家溝陳式太極拳今天的繁榮。」作為大隊幹部，王西安為陳家溝的經濟發展，同樣做出了極大的貢獻。1973年，陳家溝小麥畝產400公斤，當時全縣第一。新鄉地區在陳家溝召開現場會，推廣陳家溝興修水利、提高糧食產量的經驗。領導在臺上講，瞭解內情的外村幹部在台下咕噥：「這經驗俺學不來。水泥、化肥是國家計畫物資，俺費九牛二虎之力也弄不來一袋，陳家溝卻能整汽車往家拉。人家有王西安呀。」不錯，王西安能弄來緊缺物資。靠啥？靠拳。焦作礦務

局供應處處長吳秀寶喜歡太極拳，「文化大革命」前便常來陳家溝跟陳照丕學拳，吃住都在王西安家，兩人因拳結緣，成為知己。陳家溝地處青風嶺，莊稼澆水困難，想修地下管道，但搞不來水泥。王西安找吳秀寶來了。吳秀寶說，袋裝水泥是計畫物資，不能給你，散水泥可以，品質是一樣的。王西安不客氣，問：錢咋說？吳秀寶說，袋裝水泥每噸100元，散水泥每噸20元。於是，王西安教吳秀寶練太極拳，吳秀寶派人將倉庫裡的散水泥重新裝袋，裝了滿滿兩汽車。王西安押車回來了。水泥，總共拉來了幾十車。地下管道修成，地能澆了，可是沒有化肥，產量還是上不去，王西安又去找吳秀寶。吳秀寶笑道，礦務局不生產化肥呀。但忙還是要幫的，便寫了一封信。王西安拿著信直奔開封化肥廠，找到供銷科長。供銷科長看了信，先說他沒權批指標，後說辦法還有一個：生產化肥時，會散落一些零星化肥在地上，可以去掃。但不是隨便誰都可以去掃的。供銷科長看看王西安，說：「我們這裡許多人想學太極拳，你能教我們嗎？」「太能了！」王西安忙給張蔚珍打電話，讓派幾個人來掃化肥。當時，化肥每噸180元，王西安以每噸30元的價格，將100噸化肥運回了陳家溝。化肥，總共去掃了3次，拉來300噸。

　　王西安以拳為媒，弄來20噸鋼材，在村裡辦起了麵粉廠；弄來電杆和電線、開關、燈泡等電料，村裡通了電；弄來幾百噸煤，解決了村辦磚瓦窯的燃料問題；弄來汽車底盤、發動機、氣泵，村裡裝配了兩部跑運輸的汽車。……這些物資，都是當時的緊缺物資，王西安

以很便宜的價格甚至不出錢拉到了陳家溝。比如對陳家溝需要的20噸鋼材，焦作礦務局的領導說：「算我們支援農民兄弟，不要錢。」提起這段歷史，陳家溝的父老鄉親同樣無不感慨，說：「誰要忘了吳秀寶、王西安，誰就是沒良心。」

「文化大革命」的10年，是王西安拳藝突飛猛進的10年。他曾練得吐血，吃不下飯，喝口水都往外吐。陳照丕老人心疼地說：「西安，你下工夫太狠了。」精心幫他調理方好。他練到啥程度？夜裡走路，樹葉「沙沙」一響，他渾身一激靈，「啪啪」朝樹上就是幾個肘靠，胳膊打得黑青不知道疼。後來，他的闌尾炎發作，在焦作住院，手術前打針，麻醉師按常規操作，針紮下去，他渾身一緊，那針紮不進拔不出。換了兩名麻醉師，連紮幾次，折了3根針，也沒能注射成功。麻醉師納悶了：從來沒有出現過這種現象呀。王西安的內弟是該院醫生，聽說後趕過來，請麻醉師再試一次，依然如故。內弟猛然醒悟：姐夫身上有太極功夫。告訴麻醉師：「不要怕他受疼，挨住肌肉慢慢紮」。

順便提一句，在王西安將陳照奎請來教拳時，有人還對陳照奎說：「王西安太聰明，眼睫毛都是空的，你教人可不敢叫他看見，他只要看見一次，那玩意兒就成他的了。」陳照奎一聽就火了：「什麼時代了？你還翻看老皇曆！陳式太極拳傳播緩慢，不就是這個原因嗎？」

（三）神奇的太極功夫

1972年7月，為迎接河南省武術表演大會，新鄉地

區對全區的武術項目進行檢閱，16個縣市的武術代表隊彙集豫北重鎮新鄉。王西安率領陳家溝18個男女青年代表溫縣參加表演。鑒於陳式太極拳的聲名，地區已確定陳家溝為赴省參賽隊。因此，溫縣隊的表演放在最後的閉幕式上。按照大會的安排，先進行太極拳套路表演，然後是器械單練、對練。出乎人們的意料，套路表演剛完，王西安手持「春秋大刀」上場，秩序亂了。人群中，有人嗷嗷叫：「這拳練得不怎麼樣，能代表新鄉地區嗎？」「隨便挑個縣，都比溫縣強！」更有甚者，故意亂擠亂擁，有人跌倒了，有人喊爹罵娘，幾個員警都控制不了場面。閉幕會草草收場。

更嚴重的事態發生在當天晚上。陳家溝的隊員住在地區體委大院。吃過晚飯，一夥鬧事者扒著體委大門的鐵欄柵，叫喊：「王西安，你出來，咱倆比比！」「王西安，諒你也不中！」隊員們群情激憤。王西安更是怒火中燒，照他的性格，早就豁出去了。但他是領隊，大家都看著他呢！處置不當，後果不堪設想。他勸大家：「咱不理他，鬧一會他就不鬧了。」可是1個小時過去了，他們非但不走，反而愈發張狂，話語愈發不堪入耳。叫囂「王西安如果縮頭不出，我們就撢到溫縣，踏平陳家溝！」

王西安肺都氣炸了！找到體委負責人，請他下令將大門打開，讓挑釁者進來。如此景況，體委負責人豈肯鬆口！王西安說：「你不讓他們進來，他們不甘休，我們心裡也不舒服。請你相信陳家溝，相信我王西安，絕不會出問題。」話說到這份上，體委負責人勉強同意，

指示：「讓鬧事者選出代表來」。幾個彪形大漢趾高氣揚闖了進來。一樓會議室的門打開了，把室中央的茶几等物搬到別處。雙方都站著，一方在南邊，一方在北邊，劍拔弩張！體委負責人吩咐都坐下，先練拳。

　　常言說：「來者不善，善者不來。」這幾個人絕非等閒之輩，有練長拳的，有練形意的，有練大洪拳、小洪拳的，在本地都是響噹噹的人物。王西安冷眼瞧去，其中一個留著絡腮鬍了的人功力深厚，是個勁敵。挑戰者們演練結束，便急不可耐地提出過招。王西安也不搭話，上場演練太極拳。剛起勢，有人就說：「你不要練了，我們見過，娘兒們紡線的功夫。」他繼續練，走至「白鶴亮翅」，突然一個敦實壯漢衝上來抓住他的右臂，譏笑道：「一根棍似的，這動作有啥用處？」話音未落，王西安一翻腕，他便跌了個嘴啃泥。

　　他爬起來，一臉疑惑，看著王西安，有些怕了。王西安說：「剛才失禮了。這次請你坐回去」。話中帶刺，壯漢本想咽下，可臉面要緊，拉開架勢撲過來。王西安於晃動中，身子只一扭，便聽「呼」、「嘭」兩響，壯漢身不由己地跌坐在王西安指定的沙發上。挑戰者面面相覷，大驚失色。體委負責人說：「怎麼樣？行了吧。」「我來試試」。絡腮鬍子邁步而出。王西安想：「把這個傢伙一收拾，鬧劇也該收場了。」絡腮鬍子30歲掛零，身量和王西安相仿。他果然有些功夫，上來左拳一晃，直取王西安的咽喉，這一拳卻是虛的，右拳直奔西安腹肋而去。王西安眼觀六路，耳聽八方，一見對方出手，動若脫兔，雙手一捋，擋過來拳。絡腮鬍子已

到跟前，王西安更不怠慢，肩膀一抖，側肩靠！王西安怕傷他，這一靠只用了七成力量。即使這樣，絡腮鬍子竟然騰空飛起，「咚」！身子撞到窗戶上，「嘩啦」！玻璃碎了，頭磕在窗欞上，頓時起了一個血包。挑戰者們個個不寒而慄，更無一人再提比試，羞慚慚地對王西安等抱拳施禮，皆狼狽而逃。

1972年9月，王西安參加在登封舉行的河南省武術表演賽，獲得了大會最高獎——優秀表演獎。從此一發而不可收。他20多次參加河南省、全國武術大賽，20多次蟾宮折桂，奪取第一名。他是首屆全國太極拳推手錦標賽冠軍，首屆全國太極拳名家邀請賽冠軍。他只獲得過一次第二名，那是1982年，在河南省推手錦標賽上，他與同門師兄弟攜手打入同級別決賽，人們期待觀看一場高水準的精彩比賽，他卻棄權了。他說：「我們不論誰得冠軍，都是陳式太極拳的榮譽。」

王西安的太極拳套路演練，剛起來如龍起淵澤，虎嘯山林，柔起來若綿綿春雨，潤物無聲，氣象萬千，美輪美奐。王西安的技擊技術極佳，跌打擲放，只在一抖之際，迅、猛、靈、脆，威力驚人。他和陳小旺、陳正雷、朱天才被中國武術界譽為陳式太極拳「四大金剛」。著名武術家李天驥、孫劍雲曾言：「陳家溝王西安，深得太極三味。」王西安聲名大振之初，曾有許多武林人物找他切磋技藝。那時他年輕氣盛，不管對方多大名望，多高地位，來者不拒。他著實了得，一氣吞吐之間，對手無不鎩羽而歸。

1973年春節前夕，已是臘月二十七日了，下著小

雪，王西安出差到鄭州，在朋友張茂珍家裡遇見一個練風雷拳的好手。此人在河南頗有聲望，大家都認識。寒暄之後，此人提出與王西安過招。原來，他早想和王西安試手，聽說王西安在此，特地趕來，只為一鬥。王西安想，快過年了，有個閃失，面子上都不好看，連連推辭。他不肯放過機會，便說：「陳照丕打的拳我見過，並不怎麼樣。」這一下激怒了王西安，王西安雙目一瞪，說：「那咱就試試！」他巴不得這一聲呢，將外衣一摺，門戶一立，揮拳便打了過來。王西安一接、一引，又往上一領，他的前胸盡空，王西安雙掌只是一個彈抖，他整個人飛起來，撞到南邊門上。那門裝得可能不結實，竟將門也撞倒了，連人帶門一齊倒在雪地上。門外養有雞，地上有雞糞，把他一身弄得髒兮兮的，爬起來尋思片刻，自言自語說：「他拿我右手時，我的左手幹什麼去了？怎麼不用左拳打他！」王西安說：「你回去問你老師吧。」

　　王西安任陳家溝太極拳學校校長時，一天，來了一個人。王西安教學生，他蹲在一邊看，連看兩天，一言不發。第三天他開口了：「太極拳慢啊。」一聽是外地口音，王西安心念一動：這人有來頭。便問他是哪裡人，幹什麼的？這人率直，自報家門，說自己叫李景彪，徐州人，練長拳的。聽說王西安太極功夫厲害，便來看看虛實，沒看出個所以然來。

　　李景彪提出要去王西安家吃飯。王西安好客，便領他回家。飯沒做成，兩人閒聊，李景彪又問：「你這拳怎麼個用法？」王西安早知其意，說：「你來試試。」

李景彪道聲「得罪了」，揮拳便進，王西安步走身移，「啪」地抖出一個驚彈勁，李景彪應聲倒地。王西安拉他起來，他說：「太極拳看著慢，動起來卻快，快得出奇。」執意要拜王西安為師。後來王西安去徐州，方知李景彪在徐州一帶極負盛名，徒眾逾千。

由於王西安身法奇快，明鬥無人能勝，有人便趁王西安不備之機，突然發難。山東有一位知名武術家，來溫縣住了3天，連續與西安交手幾次，不能取勝。一次正和王西安說著話，突然擰住王西安手臂，猛往後扳，他滿以為勝券在握，便說：「我看你怎麼辦！」王西安說：「你作死哩，快鬆手！」他不鬆。王西安身子略一沉，隨之一抖，打出一個濺靠，將他打起1公尺多高，頭下腳上往下栽，王西安順手一帶，他穩穩站到了地上。嚇得他臉色煞白，喘息半天，兀自驚魂不定。後來他對人說：「王西安的功夫，我沒遇見過第二人。」

王西安在演示太極功夫時伸出一條胳膊，弟子使出吃奶的勁，硬是拉不下來。他讓學生用力擊打他的肚腹，溫縣張喜奎說：「第一拳如打在棉花上，無聲無息。第二拳如打在鼓上，咚咚作響。第三拳打不得呀，如打在石頭上。老師不動，揭得膀痛；老師一動，栽個跟頭。」

在溫縣，有一個「王西安鬥老外」的故事，至今仍為人們津津樂道。1982年秋天，一個東南亞國家武術代表團訪問陳家溝，住在溫縣招待所。王西安等人作陪，每天教他們練習太極拳。代表團中有兩位武術教練，名片上寫有頭銜：一個是國家武術隊教練，一個是亞洲幾

個國家的武術總教練。據說總教練的頭可開碑，掌可斷石，一身硬功，走過10多個國家未遇對手。兩位教練都會太極拳，很想與陳家溝人較量較量。

　　一天清晨，王西安吃了飯，上街信步閑走。忽然招待所一個服務員來喊：「王大師，你快去吧，外國人和陳家溝人在比武哩。」他忙趕到招待所後院的一個屋子，只見師弟正和教練推手，雖然不至於落敗，但想贏下來也難。那位總教練靠在桌旁，一條腿來回晃蕩，喝著啤酒，一臉得意。王西安說：「師弟，你歇歇，我來。」他一上，教練連連被推得倒退。總教練不服氣了，抓起啤酒空瓶往頭上一砸，酒瓶粉碎，玻璃四濺。他指指王西安，又指指自己。翻譯說：「他要和你來幾招。」王西安微微笑道：「來就來唄。」總教練走上前來，卻不是推手，拿出拳擊的架勢，來回蹦跳，虛晃幾拳，呼呼生風，猛然進步前衝，一記重拳直搗王西安面門。王西安一個側引，同時一掌遞出，恰好坐在他的肚腹上，他一口氣上不來，仰面跌倒，休克過去。

　　縣政府辦公室主任許雲龍忙派人請醫生，批評王西安出手太重，「出人命咋辦？」王西安說：「他裡外沒傷，1分鐘就緩過來了。」果然，不到1分鐘，總教練一個鯉魚打挺站立起來，給王西安行了一個90°的鞠躬禮，表示要好好向王西安大師學習太極拳。

（四）享譽世界的太極拳王

　　國外的一些武林人士，對貌似軟綿綿的太極拳，開始常懷輕慢之意。王西安用自己的太極功夫告訴他們：陳式太極拳柔起來似棉，剛起來似鐵。好看的動作裡

面，隱藏著神鬼莫測的玄機，「破之而不開，撞之而不散」。

王西安是陳家溝陳式太極拳走出國門講學傳拳的第一人。他第一個將陳式太極拳帶到日本，第一個將陳式太極拳傳至歐洲。1983年7月，應全日本太極拳協會會長三浦英夫的邀請，王西安訪問日本。

在名古屋，王西安正在講解陳式太極拳的健身作用，一個名叫宮井的空手道教練問：「太極拳是很好的健身術，技擊行不行呢？」王西安說：「既然是拳，當然可以技擊？」「我可以領教一下嗎？」「請。」宮井邁步上來，伸出鋼鉤般的十指，猛抓王西安雙臂，想用空手道的技法摔倒王西安。王西安早有準備，內力暗運，雙臂硬似鐵棍，隨之一鬆，柔若無骨，宮井似乎抓了個空，就在他一愣神的當兒，只見王西安身形一動，宮井跌了個屁股墩。他爬起來，再次撲向王西安。王西安閃身橫跨一步，早到宮井背後，小臂一橫，宮井被擊出3公尺多遠，仆倒在地。

他單腿跪地，看著王西安，自知不敵，卻心又不甘。王西安笑道：「空手道善於擒拿。這樣吧，我給你一條胳膊，你隨便擒拿。」此話正合宮井心意。他抖擻精神，兩手拿住王西安手臂關節，猛然發力，接二連三地發力。王西安呢，依然面帶微笑，任他擺弄。宮井使出渾身解數，就是擰不動那隻手臂。王西安手一合，他便「撲地」跪到了地上。宮井一臉迷惘，說：「你來試試我。」王西安單手抓住他的手腕，略一領，他便被提溜起來，咧著大嘴叫喚。宮井仍不服輸，他抓住王西安

的手，按照王西安的方法，掙得滿面通紅，依然擰不動那隻沉重如山的手臂。宮井惱羞成怒，突然彎腰屈體，欲用一個大挎背的摔法，摺倒王西安。王西安有感即應，手臂隨之一鬆，向上一領，接著沉肩墜肘，胯部不知怎麼一晃，宮井又被彈飛出去。兩人交手伊始，全場很靜，靜得連人們的呼吸聲都可以聽見。這時，全場響起了經久不息的熱烈掌聲。

　　1989年3月，王西安訪問法國。在巴黎一家武館的練功房裡，王西安身著白色練功服，給50多個學員講授並演示著陳式太極拳新架一路。王西安一邊講解，一邊觀察著下面的學員。這些學員，來自法國、英國、德國、俄羅斯、義大利等國家，個個都是稱雄一方的武術教練。其中，還有幾位法國知名教練。

　　此日的前一天晚上，王西安接到中國駐法國大使館告誡：有幾個拳師蓄謀，要與他一決高下，要他警惕。他在觀察。一般來說，他的眼睛掃上兩個來回，誰是刺兒頭，便能猜出幾分。此時，他已心中有數。王西安演示到單鞭這一動，突然有人高叫：「王先生，太極拳憑空比劃，在實戰中恐怕派不上用場吧！」他抬眼看去，果然是那個黑人拳師，眉毛一揚，朗聲道：「何以見得？」黑人拳師出列，來到王西安面前，說：「單鞭兩手展開，沒力量了。怎麼打人？」王西安講了單鞭用法，黑人拳師笑了：「我可以試試嗎？」他是練拳擊的，身高體壯，少說也有100公斤，比西安整整高出一頭，運動服裹不住身上一塊塊鼓凸的肌肉。王西安仰臉看著地，也笑了，說：「試就試唄」。王西安做出單鞭

動作，黑人拳師抓住王西安的手臂，身子一側，驟然發力。王西安比他更快，在他力量似發未發之際，順勢一纏一引，臂膊一動，黑人拳師那碩大的身軀，騰空而起，重重摔在地板上，「嗵」地一聲響，如同倒了一堵牆。王西安忙過去拉他，不料他站起後，一拳直擊王西安下頜！說時遲，那時快，但見王西安身形一晃，讓過來拳，順勢一個側肩靠，黑人拳師又是騰空而起，摔得更重。所有學員瞠目結舌，呆若木雞。

王西安再一次上前將黑人拳師拉起，問：「先生，是否再試一次？」黑人拳師雙腿打顫，渾身哆嗦：「不……不，王先生，學生再……再不敢冒犯您了。」事後他說：「老師擊打的一那間，我像遭受電擊一般，頭腦裡一片空白，不知道怎麼就摔出去了。」

還有人挑戰。一個法國教練提出：「王老師，太極拳確實很厲害，但是，如果被拿住怎麼辦？」王西安笑道：「拿不住的，不可能被拿住。你來試試？」金髮碧眼、身材高大的法國青年上來了，卻說：「王先生，我只是試試，你別打我。」王西安含笑點頭，請再上來一個教練。兩人分別抓住王西安的一條胳膊，拿住腕關節和手關節，同時用力擰向背後，往上，再往上。王西安問：「拿緊沒有？」答：「拿緊了」。王西安兩膀一抖，兩手同時解脫出來，兩個法國教練雙雙前仆倒地。「神了！」「精彩！」這是翻譯喊出來的。「真是不可思議！」學員們晃頭驚歎。

講課繼續進行。忽然王西安聽得腦後風響，立即周身鼓盪，看也沒看，手臂向後一揚，就像早年聽見樹葉

響動肘擊樹幹一樣，聽得背後一聲悶響，有人倒地。王西安依舊講課不停，僅吐出一句：「功夫不到家。」原來，俄羅斯拳師安德列見王西安武功深不可測，便欲拜師，於是繞至背後偷襲，想再做一次驗證。他萬萬沒想到，拳頭沒挨著王西安，自己結結實實吃了一肘，倒地半天沒能爬起來。他捂著半個臉來到王西安面前，恭恭敬敬地說：「王先生，我要拜您為師，學習太極拳。」王西安一看，安德列的左臉腫得像饅頭似的，左眼眯成了一條線，忙說：「對不起，失手了。」這個安德列也真有股子勁。王西安要回國了，他竟然跟著來到了中國，來到溫縣陳家溝，跟王西安，學習太極拳。

從1983年至今，王西安的足跡遍及30多個國家和地區，僅法國就去了15次，日本去了8次，美國去了5次。他是腳板上綁大鑼，走到哪，響到哪。

西班牙摔跤選手傑夫，很想與王西安交手。於是，他參加了王西安的太極拳培訓班。在學習中，他老是抱怨教得太慢了。王西安便過去重點輔導，他抓住王西安就使一個摔法，王西安順勢而發，一個捋勁加採勁，傑夫便站立不住，跪在王西安腳下。傑夫對翻譯說：「能與王先生這樣世界級的高人過招，敗了，也是一種幸福。」

王西安的太極拳藝，在世界上獲得了極高的評價。法國報紙讚揚他「已經站到了武術的巔峰」。美國《美南新聞》雜誌撰文，稱王西安是「世界太極拳王」。日本報紙說他是「武術的化身。」……王西安在國外講學傳拳，到處是鮮花、美酒，到處是笑臉、掌聲，人們為

能一睹太極拳大師的風采而感到榮幸和自豪。

1989年，王西安第一次訪問法國時，應邀在巴黎最大的體育館——可容納12000人的百合喜體育館做太極拳表演。400法郎一張門票，十分昂貴，但是早已被搶購一空。

表演已經開始了，許多人仍然聚集在體育館大門外，不肯散去。法國國家武術聯合會理事長拉克先生說，這是百合喜體育館建成8年來第一次爆滿。

2001年，王西安訪問西班牙巴賽隆納，巴賽隆納市政府原本將講學安排在一家大型武術館，可是到那裡一看，館裡館外人山人海，不要說講學，連擠進去都難。巴賽隆納市政府急調建築工人，在市中心公園臨時搭台。王西安就在公園的簡易舞臺上，為熱情的巴賽隆納市民演練了他們稱之為東方神拳的陳式太極拳。

崇拜王西安的太極拳迷們，更是不遠千里萬里，趕來向王西安學拳。往往他在一個國家講學傳拳，附近幾個國家的拳迷都來了，他走到哪，他們跟隨到哪。有一次在巴德納，他的弟子閻素杰上街，幾個老外跟隨在後邊盯梢，她還以為是小偷呢。一問，原來他們是從法國屬地留尼汪島來的，比中國還遠哩。剛下飛機，正要打聽王大師在哪個武館教拳，一眼看見了閻素杰衣服上的陳式太極拳標誌，便尾隨而來。

在風光秀麗的美國海濱城市休士頓，吃了多日的西餐大菜，王西安想找一家中餐館，喝一碗羊肉湯。他拉著翻譯出了賓館。「快，太極拳王出來了。」突然有人喊。王西安正在詫異，只見大街上，有男有女，有老有

少，手中高舉著小本子，蜂擁而來。「拳王，簽名！」「先給我簽，拳王！」一時間，街道上亂成一團。等王西安緩過神來，早已被圍得水洩不通。翻譯忙打圓場；「女士們，先生們，請讓開一點，一個一個來」。有人要求簽名，有人拉他合影，照相機哢嚓不停。王西安擠在人群中，只能任人擺佈。遠處「嗚哇—，嗚哇—」尖銳的警笛響起，警車呼嘯而至。擁擠的人群一哄而散。王西安在兩名員警的護送下回到賓館。一碗羊肉湯沒能喝成。

在日本，日本天皇裕仁的弟弟三笠宮殿下，看了王西安的太極拳表演後，隆重地將王西安接進皇宮做客。三笠宮癡迷太極拳，對王西安的拳藝讚賞不已。他說：「你的力量是從身體內部發出來的，你練的是真正的太極拳。」

在法國，法國總統希拉克聽說王西安的威名，利用晚上時間，專程到巴黎十三區政府禮堂觀看了王西安的表演。他握住王西安的手說：「久聞大名，王西安先生，你的太極拳讓法國人著了魔，希望你能將太極拳傳授給熱衷於她的法國人民。」

在十幾個國家成立了王西安拳法研究會或王西安武館。法國的巴德內市市長授予王西安永久榮譽市民的稱號。日本的大阪市市長贈送王西安城市的金鑰匙，但是，當他們邀請王西安定居國外傳拳時，王西安婉言謝絕。他說：「陳式太極拳是一種民族文化，它的根深深地紮在陳家溝，讓這條根盤結得更牢固，生長得更粗壯，是我義不容辭的責任。」

（五）一門冠軍弟子

王西安一直堅持在家鄉傳拳。他在1981年任河南省武術館教練兼溫縣體委教練，後任溫縣武術館副館長兼總教練。國內外陳式太極拳愛好者紛紛慕名而來，從他學藝。他被譽為陳式太極拳的「守門人」、「護根者」。

2006年5月，第二屆東亞武術交流大會在北京舉行。來自中國、日本、朝鮮、韓國、蒙古和香港、臺灣等國家和地區的上千名武林好手參加比賽。王西安的弟子囊括了太極拳專案套路和推手比賽的金牌。大會組委會秘書長孫德玉感慨地說：「王西安大師教的徒弟就是不一般。」其實，早在20年前，中國武術界人士就注意到一個現象；在國內外重大太極拳比賽中，王西安的弟子上來一個拿冠軍，再上來一個還是拿冠軍。尤其在推手方面，更顯示出超群的實力。其後，這個現象愈發突出。王西安的弟子，弟子的弟子，在賽場上叱吒風雲，所向披靡。奪冠人數之多，技藝之高超，令人歎為觀止。武術界人士將這個現象稱之為「王西安現象」。

有道是「將門出虎子」。王西安的長子王戰海，16歲第一次上陣，便勇奪河南省交手擂臺賽冠軍。17歲和19歲兩次摘取全國太極拳推手錦標賽金牌。他盡得父親拳藝真諦，功夫純厚。在第一屆中國河北永年國際太極拳聯誼比賽大會上，他奪得70公斤級冠軍後，興猶未盡，向大會提出建議：「應該設立一個總冠軍，讓各級別的冠軍再打一番，決出個王中王。」自然，他的這個建議沒被大會採納。

　　王西安的次子王戰軍，14歲便是河南省青少年運動會的太極拳冠軍得主。17歲參加河南省太極拳推手錦標賽，當時，焦作市有一位太極名將，與他同一級別，同住一室，都想拿冠軍，倆人還鬥嘴呢。名將說：「戰軍，你小孩子家，你不中。」王戰軍說：「你不中。我年輕，功力大。」結果，名將敗北，王戰軍摘金。從此，他只要參加比賽，冠軍就是他的。他是全國太極拳推手錦標賽4連冠，河南省太極拳推手錦標賽6連冠。國際太極拳推手大賽5連冠。在1995年河南省太極拳推手錦標賽上，他一場未打，便拿金牌，因為對手逢他不戰，自動棄權。他在中央電視臺表演的丹田彈物和站弓步10人推不動，創造了兩項中國電視吉尼斯紀錄。武林同道稱他為「常勝將軍」。溫縣體委稱他為陳式太極拳「霸天王」。2006年6月9日，王戰軍在鄭州迎戰日本相撲第一高手曙太郎。曙太郎身高203公分，體重223公斤。王戰軍太極運氣，丹田一轉，曙太郎的千鈞之力化為烏有。一戰曙太郎倒地，再戰曙太郎膽寒，自動認輸。曙太郎對經紀人說：「對方的功夫太深厚，我不是他的對手。」

　　有道是「名師出高徒」。王西安培養了一大批響噹噹的當代中國武林的太極好手。

　　與王戰海、王戰軍並稱「太極三傑」的張保中，6次勇奪全國太極拳錦標賽冠軍。1999年，在哈爾濱舉行的全國太極拳推手錦標賽上，他以70公斤體重打85公斤以上級別，這個級別有一位厲害角色，人稱「東北太極王」。《哈爾濱市報》預言：王戰軍沒來，冠軍非

「東北太極王」莫屬。決賽中，張保中或採或採挒，或肘或靠，變化多端，出手乾淨俐落，以1分未失的絕對優勢，戰勝「東北太極王」。

人稱「冠軍專業戶」的張福旺，先後20多次獲得河南省和全國太極拳大賽冠軍。在第二屆中國溫縣國際太極拳年會上，他連戰連捷，最後以一招漂亮的背折靠，將對手打得雙腳離地，跌下擂臺，奪得冠軍。裁判本該喊「停」，卻不由喊出了一個「好」字，全場掌聲雷動。萬金良樁功紮實，在賽場上立如松，動如風，立於不敗之地。王戰國內功深厚，太極八法運用嫻熟，在賽場上屢戰屢勝。還有人稱「太行三虎」的陳大虎、陳二虎、陳三虎，10年不敗鑄輝煌。人稱「巾幗英雄」，多次出國講學傳拳的閻素杰、陳春愛，山東的傅君，廣東的劉武，江蘇的李海濱，河南的張金山、李利清、徐建政，還有新秀申思、宋振偉、常軒瑋、徐勝、劉武等，不勝枚舉。

王西安的200多個入門弟子，全都是各省市或河南省或全國、國際太極拳大賽冠軍。他的弟子的弟子奪取冠軍的人次，多得難以計數。一個人培養出數以百計的冠軍弟子，在當今中國武壇，並不多見。

王西安的洋弟子亦風流。日本的野口敦子、田中、譚上、崗崎、神田；法國的大阿蘭、小阿蘭、菲利浦德拉日；美國的金太陽、李書東等，都是本國或國際上的太極拳大賽冠軍。

此外，王西安10多次率焦作市代表隊參加河南省武術比賽，6次率河南省代表隊參加全國武術大賽，每

次都奪取冠軍，總數第一、團體總分第一。他被國內外50多家太極拳組織聘為會長、顧問或總教練。由於長期的研究和實踐，王西安的拳法已與其老師所授有了很大的差異，形成了自己的獨特風格，既雄渾大氣、凌厲狠辣，又輕靈中和、不露痕跡。

　　王西安教拳，最講精神。他常說：「拳打精神。」「練武之人，精神第一。」他要求學生演練時，舉手投足都要全神貫注，不可有絲毫的懈怠。人的神情表現不止於眼，但眼神最能表現練拳神情，他非常注重學生的眼神。比如「懶紮衣」這個動作，目光必須隨右手中指徐徐而行，手運至頭，目光至頭，牢牢盯住中指尖，不能隨便張望。這樣，「懶紮衣」一式便會從前到後皆有精神。他曾說：「無情無景乾枯燥，拳不活潑咋提高？」教學生練習推手，要求學生要有敢打敢拼、壓倒一切的精神。張保中在溫縣中國太極拳年會的比賽中，一次踝關節脫臼、一次膝關節脫臼，兩次都是繃帶一紮，上陣廝殺，奪取冠軍，他十分讚賞。他經常以此作為生動的教材，教育學生們樹立敢於拼搏的精神。他說：「拳書上講：『潑皮大膽方能取勝。』劉伯承元帥講：『兩強相遇勇者勝。』講的就是精神。」

　　王西安教拳，最重「心中有拳」，「意在拳先」。他看學生練拳，經常說的話是「心中有拳」。什麼是「心中有拳」、「意在拳先」呢？就是拳書上講的「練拳時無人當有人」。他說：「練拳須明理，理明拳自明」。比如「金剛搗碓」變「懶紮衣」，意在被對方抓住雙腕後如何解脫。傳統做法是兩手拉開解脫，他改為

穿掌解脫，同時又能封住對方，效果更好。接勁後，插
襠引進，速度要快，快則處處得機，腰、肩、肘、手，
隨意使用；慢則沒有攻防價值，反而會被對方所制。明
白了拳勢運動的道理，打起來自然剛柔相濟，快慢相
間，螺旋纏絲，有情有景，練一遍有一遍之功，練一日
收一日之效。他將自己幾十年的練拳心得，毫無保留地
傳授給學生們。他說：「我學拳走了不少彎路，不能再
叫學生們走彎路了。」

王西安教拳，最有耐心。常見他吸著菸，眯著眼睛
看學生練拳，發現不對，將菸頭一扔，過去糾正。然後
學生再練，他再看，再糾正。一個動作，他能這樣反反
覆覆給學生擺弄幾個小時。他有這個耐心。他對自己的
耐心非常自信，說：「我要教不會就沒人能教會了。」
有一動叫「六封四閉」。傳統做法是左手只捋不轉，而
王西安的創新是：左手在捋的過程中加上螺旋纏絲。這
一轉，拿的是對方的反關節，威力很大。並且不能光用
手臂，要和腰襠勁結合起來。

他的學生申思，才10歲，練了3個月，一直做不
好。他想，這才叫怪哩！孩子個子低，以前他站著看，
這回他蹲著看，一看他笑了，說：「明白了。」原來
申思沒有結合腰襠勁，腰襠勁結合起來，左膝自然豎起
外擺。問題迎刃而解。他鼓勵學生，讓學生覺得自己就
是最棒的。有一個學生練了幾年，推手總是敗在師弟手
下，有些灰心。他說：「我看了，你用的拿法很好呀，
只是合力不夠，加強一點就成功了，你中嘛。」

王西安教拳，最討厭學生偷懶。有一年，他帶10

多個學生在溫縣游泳地訓練。正是三伏季節，十分炎熱。開訓不久，有人通知他去縣政府開會。他一走，學生們也走了，到樹林裡玩去了。中午吃飯，他得知消息，大發脾氣，命令道：「去！都去大操場練拳，練10遍！」同事們忙勸王西安：「大熱天，別叫中暑了。就是練，也該叫孩子們吃了飯呀。」他一擺手：「都別管！」操場上，無遮無攔，天上沒有一絲雲，地上沒有一縷風，太陽懸在頭頂，火鏊一般烤！空氣熱灼灼的，彷彿劃一根火柴都能點著。學生們在太陽底下練拳，汗如雨下。他搬一把籐椅坐在樹陰下，不時喊：「張保中，腳不對，抬高點！」「陳二虎，雲手慢了，要快！」10遍拳練下來，學生們一個個如同從水缸裡撈出來一般。王西安仍沒有好臉色，訓斥道：「要想本事超過別人，別人練10遍，你就得練20遍，別人練20遍，你就得練100遍！」

（六）俠骨柔腸

有一次，王西安回陳家溝，剛到村口，陳大保攔在了車前。他忙停車，問：「大保，有啥事？」原來，陳大保在黃河灘放羊，幾個地痞去黃河灘兜風，用摩托車撞擊羊群尋開心。陳大保上前制止，他們將他打了一頓，揚長而去。陳大保住院看病，花去800多元。他報案到派出所，然而，事情遲遲沒有得到處理。鄉親們給他出主意：「你去找西安。」「你上車。」王西安一聽就來氣。拉著陳大保直奔派出所。民警一看他來了，忙說：「王大師，您走吧，我們一定處理好。」王西安說：「你們處理，我在這兒等著。」民警趕緊將那幾

個地痞弄來調停，賠償陳大保900元。王西安問：「大保，中不中？」大保說：「中！」「中咱就走。」

王西安鄉情濃如酒。陳家溝的鄉親們有事，不論大小，他總是跑前跑後，幫忙解決。有一次，他正和朋友們在一起吃飯，陳紅打來電話，「西安哥，沒公共汽車了，我回不去了，你開車來接我回家。」他二話不說，放下飯碗，開車就走。還有一次，他正接待外賓，陳紅找來了，說摩托車被扣了。「為啥？」「沒交養路費。」他從皮夾裡摸出200元交給陳紅，說：「我脫不開身，你自己去辦吧。」

鄉親們遇到難事都找他。打官司找他，家有病人住院找他，孩子沒工作找他，甚至賣頭豬也找他。有一年賣豬難，王生雲的妻子看見他，老遠就喊：「西安叔，你去弄張紙條子，叫俺把豬賣了。」他答：「我就去，你等著。」王生雲的妻子又喊：「多弄幾張，好幾家哩。」他跑到收購站弄來幾張條子，將街坊鄰居的賣豬難問題解決了。他的徒弟說：「老師，這些雞毛蒜皮的小事都找你，多煩人呀。」他說：「你不懂。能給鄉親們辦點事，心裡挺舒坦哩。」

他在縣城碰見陳家溝人，必拉著去吃飯、喝酒。他在飯店吃飯遇見陳家溝人，不管大人、小孩，錢一律由他付。他出國回來帶的巧克力、糖果之類物品，街坊鄰居家家都有。他心裡念著鄉親們。

「福旺，跟我練拳吧。」張福旺弟兄四個，他最小，父親去世，家庭困難。王西安將張福旺帶到縣城學拳，一切費用由他負擔。後來又推薦張福旺到外地教

拳。現在張福旺娶妻生子，一座三間大樓房蓋起來了，辦一個家庭武館，日子過得紅紅火火。

2006年4月13日，焦作市一位領導來溫縣視察工作，想與王西安在一起吃頓飯，他沒有去。但他買了一個大蛋糕，回陳家溝祝賀李老太太80大壽。王西安小時家貧，街坊鄰居對他照顧多多。李老太太家養有蜜蜂，他拿一塊饃蘸蜂蜜吃。王西安至今還說：「真甜啊。」他對李老太太十分尊敬，逢年過節都去問候，臨走撇下300元或500元。李老太太患青光眼，他花1000多元人民幣，從日本捎來矯治眼鏡。對於街坊鄰居的老年人，王西安隔三差五送上幾個零花錢，春節時換成嶄新的票子送去。罰過他站的張奎元老師，幫過他忙的吳秀寶先生，王西安經常買禮物前去看望。

有一次，王西安開車，送欽成民回陳家溝。欽成民懷揣兩瓶五糧液，卻淚眼模糊，似乎很不開心。王西安逗他：「50歲的人了，1公尺7高的漢子，哭鼻子，就這點兒出息？」欽成民心裡過意不去呀！他是江蘇邳州人，會木工，家窮，1974年到陳家溝，愛上了太極拳。王西安見他孤身一人，頓起惻隱之心，管他吃，管他住，管教他學拳。那時王西安兼任陳家溝太極拳學校校長，將他弄到學校，一邊做木工一邊練拳。有人有意見，說：「太便宜這個外地小木匠了。」欽成民怕連累王西安，便想到別村幹活。王西安說：「你幹你的，有我哩！」

後來王西安到縣城工作，欽成民跟著到了縣城。王西安拿出3,000元，幫他開個小吃部。幹了幾年，生意

賠了，王西安又拿出1萬元，幫他在黃河灘承包了20畝地。那裡有井有房，欽成民將老婆孩子接來，心想，總算有個家了。可是新家剛建立，要啥沒啥。王西安給他拉來桌椅板凳。那時，他穿的鞋、褲子、運動衣，甚至襪子，都是王西安給的。隔幾天，西安去看他一次，每次都帶些豬肉，說：「你肚子裡沒油水，吃點肉補補。」春節前，王西安開車來了，後備箱一打，往外搬東西：菸、酒、油、肉，水果等全有了。王西安還給他父子糾正拳架，指點精妙，交代他好好練拳，「我保你拿全國冠軍，保你兒子拿全國冠軍。」2002年，王西安又跑上跑下，疏通各方，將欽成民一家的戶口落到了陳家溝第三村民小組。如今，欽成民父子頭上都罩著全國冠軍的光環。他的兒子欽祥剛連續7次獲得全國和國際太極拳大賽冠軍，現在山東教拳，1個月掙5000元。他以40多歲的年紀出征，先後3次獲得省級比賽的冠軍。他在陳家溝辦個家庭太極拳輔導站，學生盈門。日子好過了，他來感謝恩人和老師王西安。可是王西安不收他的酒，說：「你留著喝吧，你也該享福了。」反而請他喝一頓酒，又開車把他送回去。

　　王西安愛護學生，正像將軍愛護士兵。他在日本見到一種精巧別緻的護膝，就給學生張保中買了回來。有一個學生離婚了，他見面就問：「結婚了沒有？結婚一定告訴我，我還要去喝喜酒哩。」宋振偉參加比賽，拿不出路費、報名費，他早早就告訴他：「你練你的拳，少操這份心，有我哩。」牛傑是農村孩子，沒出過門，去北京比賽，他帶著牛傑遊故宮，逛頤和園，吃飯時專

點牛傑沒吃過的菜，讓牛傑開開眼界。焦作的齊和平，孩子患顱腦積水，看了8年，負債累累，也沒能挽回孩子的生命。屋漏偏逢連陰雨，緊接著，妻子也去世了。王西安給他送去兩萬元，說：「和平，買輛車跑出租吧。不要灰心，慢慢來。」齊和平沒有買計程車，擺了個地攤賣羊肉串。王西安又把自家的鋼絲床送去。他見齊和平就說：「缺錢，說一聲，要多少我給。」山東的傅君，出差去偃師時出了車禍，大腿骨折。當時王西安正在鄭州教外賓練太極拳，聽說後立即趕到偃師人民醫院，給傅君交住院費2000元。並建議傅君到白馬寺骨科醫院治療，又替傅君交住院費2000元。2006年7月，傅君和齊和平通電話，說起老師，兩個多次奪得全國冠軍的硬漢子，在電話中泣不成聲，「咱老師太好了！」

　　弟子們到溫縣，都是王西安掏錢請客吃飯，上好菜，喝好酒。弟子們想出錢也不可能，王西安早給服務台交代過了：「誰的錢都不準收，賬我結！」王西安在家鄉教拳，從不收費。王西安說：「我的錢是在國外講學傳拳掙的。足夠花了。」「錢這東西是身外之物，生不帶來，死不帶走。要那麼多錢幹啥？」

　　南去的列車，在漆黑的夜裡風馳電掣般地向前行駛，王西安帶弟子們乘車去香港參加邀請賽。主辦單位專門給他買了軟臥車票，他將車票退了，他要和弟子們在一起——他一直都是這樣。於是，他和弟子們打撲克、玩「拱豬」，誰輸在誰的耳朵上掛紙條。不一會兒，他的兩隻耳朵上便掛滿了小紙條。列車長路過，見他們玩得熱鬧，停住腳步觀戰，立時就看出了蹊蹺，笑

道：「你們幾個調皮鬼，欺負人家老同志。」弟子們都樂了，說：「這是俺老師王西安。」「什麼？他就是大名鼎鼎的武術家王西安！」原來王西安就在本次列車上！列車長驚喜不已，邀請王西安到他的辦公室敘談。

王西安教拳嚴厲，學生們都有些怕他。但閒暇時，他和學生們鬧成一團，不分你我。有一次，他的學生小東給他送來兩條黃河鯉魚。他很高興，小東卻說：「老師，我這兩條魚您不能白吃，我得換您一樣東西。」他笑道：「我就知道你小子沒安好心，說吧，要啥？」「我要兩瓶好酒。」他將房門鑰匙給宋振偉，說：「去給他拿兩瓶瀘州大麯。」小東說：「不中。再上點檔次。」結果，兩條魚換他兩瓶茅臺酒。更調皮的是陳三虎，常常摟住他的脖子，口叫「老師」，掏他的菸吸，吸了菸還要錢，「弄10塊，叫我買兩筒飲料喝。」

王西安這人，看似嚴厲，其實心最軟。他去沁陽神農山遊覽，見獼猴啃樹皮，一問，管理員說經費不足，獼猴吃不飽。又問：獼猴愛吃啥？答：「胡蘿蔔。」回來他就買了5噸胡蘿蔔，讓人開拖拉機送到神農山。

他的徒弟崔得水，有一次與他一塊去小浪底水庫釣魚。兩人運氣不佳，在小浪底蹲了一天一夜，只撈上來幾條幾公分長的小鯽魚。回來時，路邊有賣魚的，金黃色，地道的黃河鯉魚。他便想買幾條，叫崔得水去問價格。崔得水和小販討價還價，講好35元全買走。他過來付款，將46元零票全塞給了小販。崔得水說：「我這半天白磨嘴皮子了。」他說：「你看人家臉曬多黑，不容易哩。」

　　有一年，他到法國訪問，在北京火車站見一中年男子帶個小孩，可憐巴巴地向行人乞討，說錢被小偷掏了，回不了家了。他掏出兩張百元鈔遞過去：「夠你買車票和路上吃喝了，趕緊回去吧。」1個月後，他從法國回來，那個中年男子領著孩子還在，說的還是同樣的話。他一搔頭皮笑道：「上當了。」一天，有個叫楊麥昌的人來找他，說自己是溫縣永安公司經理，做捲閘門生意的，山東淄博欠他16萬元貨款，要不回來，請他幫忙。他說：「我不認識你呀。」楊麥昌說：「一回生，兩回熟，這不就認識了。我早就打聽過了，你在那裡有熟人。」王西安給在淄博當稅務局局長的弟子掛個電話，對楊麥昌說：「你去吧。」楊麥昌16萬元貨款一分不少要回來了。後來，王西安在武術館蓋車庫，用楊麥昌的捲閘門，他就怕楊麥昌不要錢，以陳二虎的名義將捲閘門裝上。後來楊麥昌知道了，要將800元錢退回來，說：「嗨，我咋能要你的錢！」王西安執意不要，說：「拿回吧，你做生意不容易。」

　　當然，王西安不是一味地慈悲。對於不法之徒，他挺身而出，見義勇為。有一年，他去南京參加國際武術邀請賽，在揚州開往南京的公共汽車上，兩個流裡流氣的年輕人，逼迫兩個農民讓座，不讓，就拉，拉不起，就打。車內一時亂了起來。王西安見不得欺負人，尤其見不得欺負鄉下人。一股怒火直衝腦門，站起來喝道：「你們兩個想幹啥？來後邊坐！」一個塊頭很大的傢伙惡狠狠地來了，一邊走一邊罵：「骨頭癢了不是？老子專治骨頭癢！」他來了，王西安卻坐下了。他以為王西

安膽怯了，伸手就抓王西安的頭髮。王西安出手如電，一個順手牽羊，「咚！」大塊頭跪在了車板上。他還想掙扎，怎奈何王西安手如鐵鉗，略一用力，他便疼得牙縫吸氣，方知遇上了武林高手。低聲求饒：「我們錯了。」「知錯就好。」王西安鬆了手，車內秩序一路井然。

　　2006年春天，有一天王西安開車去鄭州，在路上見前面一輛車將一位騎三輪車的老人撞倒。老人躺在路上，那輛車卻逃了。王西安一看老人沒有生命危險，打一把方向，繞過老人，追了上去，看清車牌號，立即打電話報警。之後，又折回來，見警車已到，員警正將老人往車上抬，方悄悄離開。性情剛直，是非分明，眼裡揉不得半粒沙子；俠骨柔腸，施恩不圖報，心地純真得像一個孩子。這就是王西安。

（七）著書立說

　　王西安自習拳始，50多年來孜孜以求，鑽研太極拳理。他勤於筆耕，發表的論文有：「陳氏太極拳之三個階段」、「關於推手比賽的幾點建議」、「關於推手中存在的幾個問題」。出版著作有：《陳氏太極拳老架》、《陳氏太極拳老架技擊秘訣》、《陳氏太極拳推手技法》。並錄製了9種關於陳式太極拳的教學光碟。他的著作和光碟，均發行於國內外。2006年8月，王西安撰寫的《陳氏太極拳新架一路》、《陳氏太極拳新架二路及單刀單劍》兩部書稿，已交河南科學技術出版社，即將付梓。

　　王西安的著作，論述精闢，解釋詳要，且有異於過去和現今的同類著作。過去的同類書中大都只講走架的

運行路線和要點，現今的同類書中加上了呼吸法、內勁運行法和技擊法，他的著作則集同類著作之長，更有發展。發展有四：其一，細緻詳盡地講述了每招每勢的理法所在、意念方向和運動快慢。其二，系統地講述了每招每勢的技擊運用方法。比如金剛搗碓一動，他就列舉了40例實戰變化，並附有攻防動作圖解。其三，對許多拳勢運行路線做了既符合拳理，又更實用的改動。其四，對太極拳理論做了進一步的探討。比如聽勁論、懂勁論、沾黏勁論等太極拳十大勁論，解脫論、驚閃論等太極拳十大技擊要論。發前人所未發，實為開山之論。

王西安一貫認為太極拳是拳，拳是武術，武術是以技擊作為標誌的。他的著作，有異於其他同類著作的關鍵之處在於：對太極拳的技擊理論和實踐做了極為可貴的研究和探索。在健身大行其道、武術技擊功能退化的今天，無疑是盛夏中的一縷清風，寂林中的一支響箭。著名武術家馮志強有言：「太極拳理論博大精深，招勢變幻神秘莫測。西安的成功在我看來，要緊的在悟性好。其著述中處處閃現其對運動走勁的獨特感悟。」王西安50多年的習拳心得，全都凝結在他的著作之中，初學者細覽可粗窺門徑，有志者可循序漸進，至登堂入室。因此，他的書在國內外一版再版，供不應求。

說起王西安寫書，還有一段小插曲。1986年，溫縣編撰《陳氏太極拳志》，其中為王西安立傳，傳中說：「……王西安十分好學，以能者為師，遍訪高手，技擊功夫高超……」對他評價很高。那時，與他同一代的太極拳師已有個別人出書。有人據此說，王西安拳法好，

文化不好。「啥？我文化不中！」他坐不住了，「我就不信我寫不出書！還非寫得讓人叫好不可！」

他開始寫書了。他有相當深厚的太極拳理論基礎。因為他從小就愛收集太極拳理論書籍，手頭很有幾部紙張發黃、毛筆抄寫的古本，他成天翻閱。前輩用文言文寫的文章，算不上多艱澀，但他啃起來很困難。讀多了，他讀懂了，融會貫通了。他有一肚子的習練太極拳的心得體會。因為他愛琢磨，每招每勢他都能講出個所以然來，並且有許多獨到的見解。但是，一旦拿起筆來，他就知道難了。那小小的筆桿，不聽他的使喚，想好的一大堆話，就是流不到筆端；老實說，有不少字他不會寫。他連連歎息：「上學太少了。」看來，想出一本好書，比他奪取全國冠軍要難。

王西安豈會退縮，他是一個凡事不幹則已，幹就一定要幹出個名堂的人。他耐下心來，開始學習文化知識，讀文學書籍，讀太極拳理論書籍，讀運動力學、運動心理學、運動生理學、運動解剖學……他一拿起書，常常就忘記了時間，尤其是夜晚，一坐就是大半夜，有時甚至坐到天明。他盡情地吮吸著知識的瓊漿，滋補著自己的學養。

他讀書，再不像過去，不認識的字、不懂的詞一晃而過。現在，字典就在手邊，隨時檢索，一個也不放過。他出門不忘帶書，手不釋卷，勤奮異常。因為在候車室看書，他曾經三次丟了旅行包。但他出門常常忘帶字典，便走到哪裡買到哪裡。他家裡的字典，少說也有幾十本，各種版本都有，不知道的人，還以為他有收

藏字典的愛好呢。他查字典十分有趣。他不會拼音，複雜的部首也搞不懂，他是怎麼查的呢？比如要弄明白「再」字的意思，他去音節表中找「在」字，尋著「在」字，也就找著「再」字了。查成語、詞彙用的也是這個辦法。雖然慢，他說：「記得牢。」至於不認識的字，又弄不清部首，那就只好問人了，問過了他還要再去查字典。有人說：「你不相信人，就不要問。」他說：「我這是為了加強記憶。」他的文化知識，就是這樣一點一滴積累起來的。

　　他寫書，像教學生一樣認真和耐心。每寫一動，他都要反覆比劃，反覆尋找合適的表述語言，直到滿意為止。比如，太極拳運動中有許多出腿的動作，說蹬出，不行，說伸出，也不能盡意。他大費腦筋，最後由在田裡鋤地想到了「鏟出」，正合實際。他高興地連連說：「美，用這個詞真美。」

　　1992年，他將第一部書稿《陳式太極拳老架》送到河南科學技術出版社，申請出版。一位編輯看完書稿，問：「這是你寫的？」他以為人家嫌書寫得不好，忙說：「我沒寫過書，文化不中，一字一句擠牙膏擠出來的。」這位編輯說：「寫得太好了，文字流暢，見解新穎。」這位編輯組織出版過多部武術書籍，自然識貨，又向他預約了兩部書稿。3本書一出版，又兩次被譯成法文在國外發行。一個只上過6年學的高小畢業生，寫出這些大受讀者歡迎的作品，可以想見，其中有著多少汗水、多少心血和多少的不眠之夜啊！

　　王西安寫文章寫上了癮。他利用出差之機，赴太

原，到洪洞，三訪晉城市東土河村，寫出了「陳卜遷居陳家溝歷史淵源」考辨。資料詳實，論據充分有力，謀篇佈局，順暢嚴謹，並且文采飛揚。

王西安不僅寫練拳的書，還寫小說呢。他撰寫的「楊露禪三下陳家溝」，洋洋18萬言，目前已經完成，正在修改。他說：「結構上有些問題，需要平衡一下。」他竟然能說出「結構平衡」這樣的文學術語，並且在實踐中運用。拳術大師王西安，真叫人刮目相看。

光陰荏苒，日月流轉，他已不是當年的王西安了。年過6旬，歲月的煙塵在他的臉上刻下道道痕跡，他顯得有些老了，但睿智的頭腦裡儲藏了各種知識和學問。他比過去更加成熟，有閱歷，也更加聰慧了。

不，他依然是當年的王西安。一身凜然正氣，王者風範，俠骨柔腸，熱心助人。打起拳來，依然「兩腿跌叉股挨地，二腳踢起滿天飛。」沒底跟頭翻起來，接連就是四五個。他又帶了10多個10來歲的小徒弟，計畫5年內將他們培養成全國冠軍。他正醞釀寫作《陳式太極拳800問》，計畫3年內成書。他計畫組織一個義務表演隊，到全國各地弘揚陳式太極拳。真是老驥伏櫪，志在千里，烈士暮年，壯心不已啊！

作為朋友，我祝願王西安先生取得更大的成就，在陳式太極拳的發展史上樹起一座里程碑！

崔春冬

2006 年 8 月

歡迎至本公司購買書籍

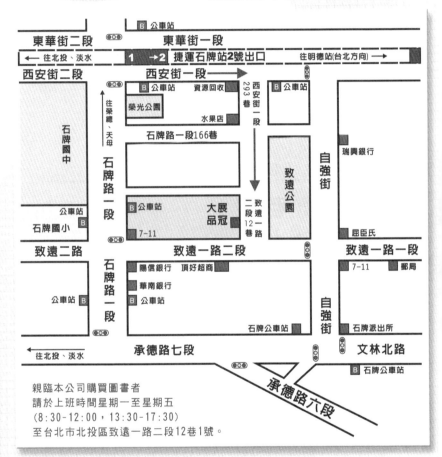

親臨本公司購買圖書者
請於上班時間星期一至星期五
(8:30-12:00，13:30-17:30)
至台北市北投區致遠一路二段12巷1號。

建議路線

1. 搭乘捷運

　　淡水信義線石牌站下車，由月台上二號出口出站，二號出口出站後靠右邊，沿著捷運高架往台北方向走(往明德站方向)，其街名為西安街，約80公尺後至西安街一段293巷進入(巷口有一公車站牌，站名為自強街口，勿超過紅綠燈)，再步行約200公尺可達本公司，本公司面對致遠公園。

2. 自行開車或騎車

　　由承德路接石牌路，看到陽信銀行右轉，此條即為致遠一路二段，在遇到自強街(紅綠燈)前的巷子左轉，即可看到本公司招牌。

國家圖書館出版品預行編目資料

陳式太極拳老架／王西安　著
——初版——臺北市，大展，2020〔民109.05〕
面；21公分——（陳式太極拳；15）
ISBN 978-986-346-294-1　（平裝）
1. 太極拳
528.972　　　　　　　　　　　　109002976

陳式太極拳 老架

著　　者／王　西　安

責任編輯／韓　家　顯・韓　雅　楠

發 行 人／蔡　森　明

出 版 者／大展出版社有限公司

社　　址／台北市北投區（石牌）致遠一路2段12巷1號

電　　話／(02) 28236031・28236033・28233123

傳　　真／(02) 28272069

郵政劃撥／01669551

網　　址／www.dah-jaan.com.tw

E-mail／service@dah-jaan.com.tw

登 記 證／局版臺業字第2171號

承 印 者／傳興印刷有限公司

裝　　訂／佳昇興業有限公司

排 版 者／千兵企業有限公司

授 權 者／河南科學技術出版社

初版1刷／2020年（民109）5月

定　價／450元

大展好書　好書大展
品嘗好書　冠群可期

大展好書　好書大展

品嘗好書·　冠群可期